叢書・20世紀の芸術と文学

実相寺昭雄
才気の伽藍

鬼才映画監督の生涯と作品

樋口尚文

アルファベータブックス

実相寺昭雄　才気の伽藍

目次

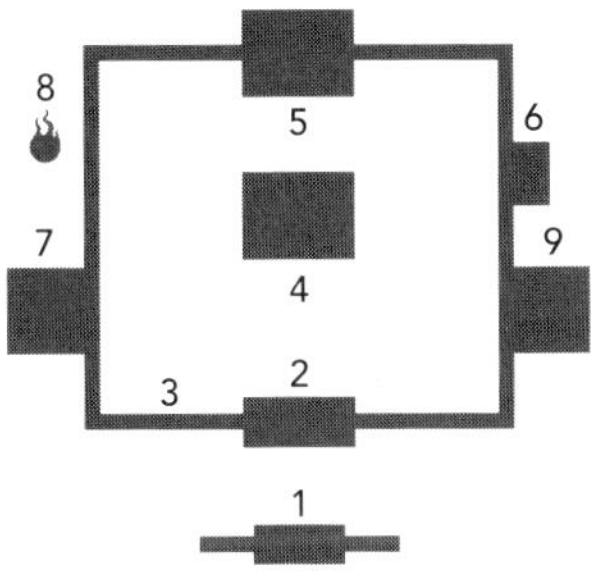

仏殿 145

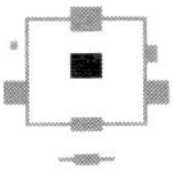

映画作品

法堂 205

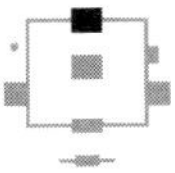

ビデオ作品・TVコマーシャル

鐘楼 221

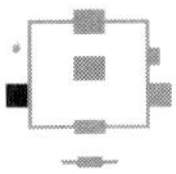

音楽作品

カバー写真　塩澤秀樹
資料撮影　中堀正夫
資料協力　実相寺昭雄研究会
デザイン　倉地亜紀子

『ウルトラマンティガ』〈花〉〈夢〉
シナリオ。

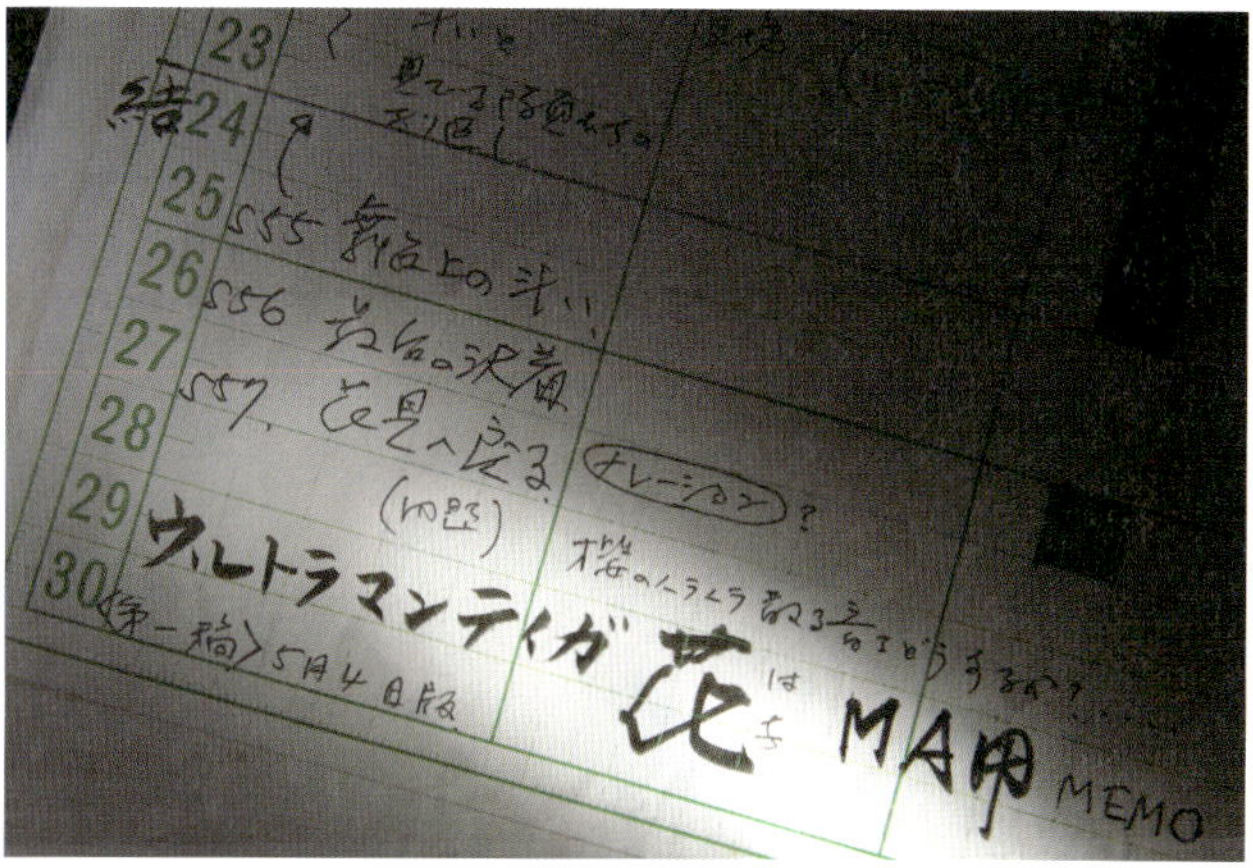

『ウルトラマンティガ』〈花〉
MA用メモ。

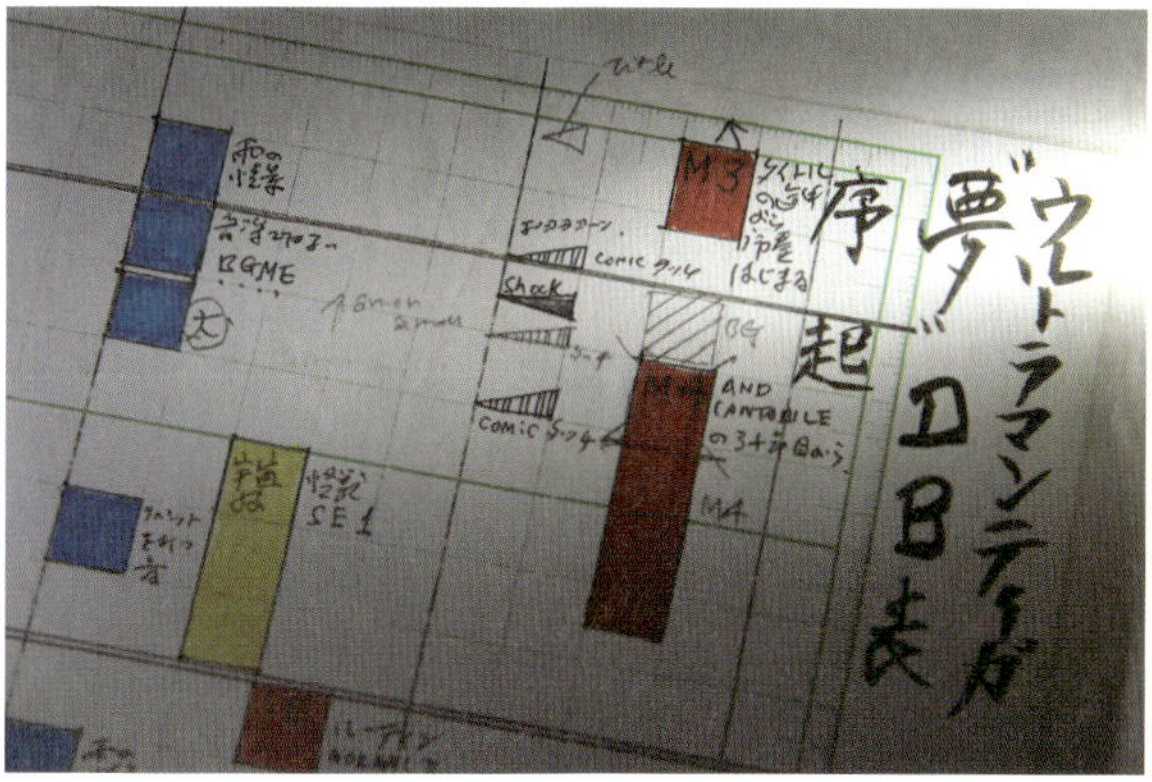

『ウルトラマンティガ』〈花〉
ダビングシート。

〈京都買います〉宇治平等院ロケ。実相寺と牧史郎役の岸田森、斎藤チヤ子。

実相寺と岸田森、斎藤チヤ子。

宇治平等院ロケでは、ダイナミックなクレーンワークが光る。

東映京都で中止になった映画『トラ・トラ・トラ！』の機材も流用。

〈京都買います〉ロケ。実相寺と美弥子役の斎藤チヤ子。

実相寺と斎藤チヤ子。

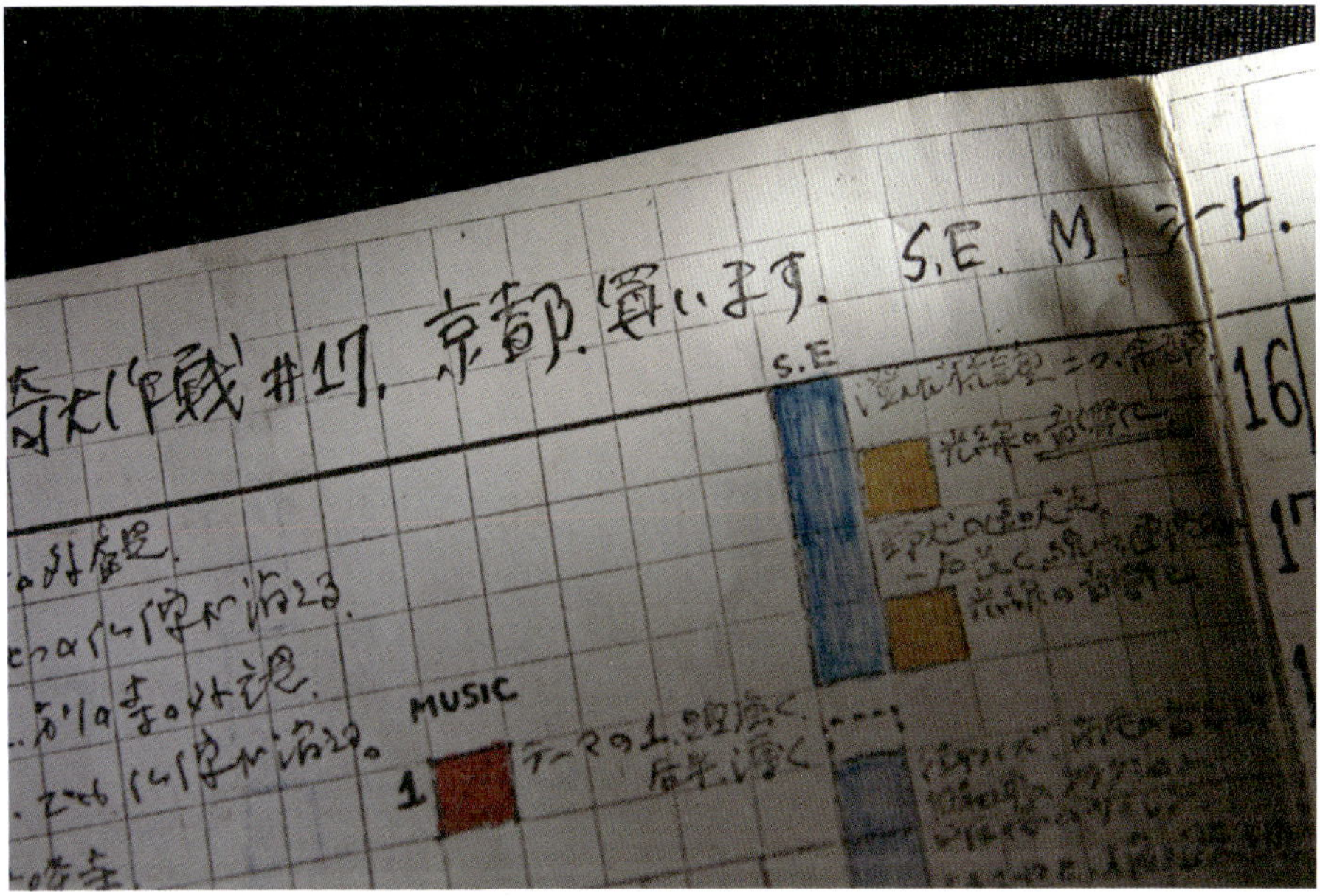

〈京都買います〉ダビングシート。細かい強弱、SEの指定あり。

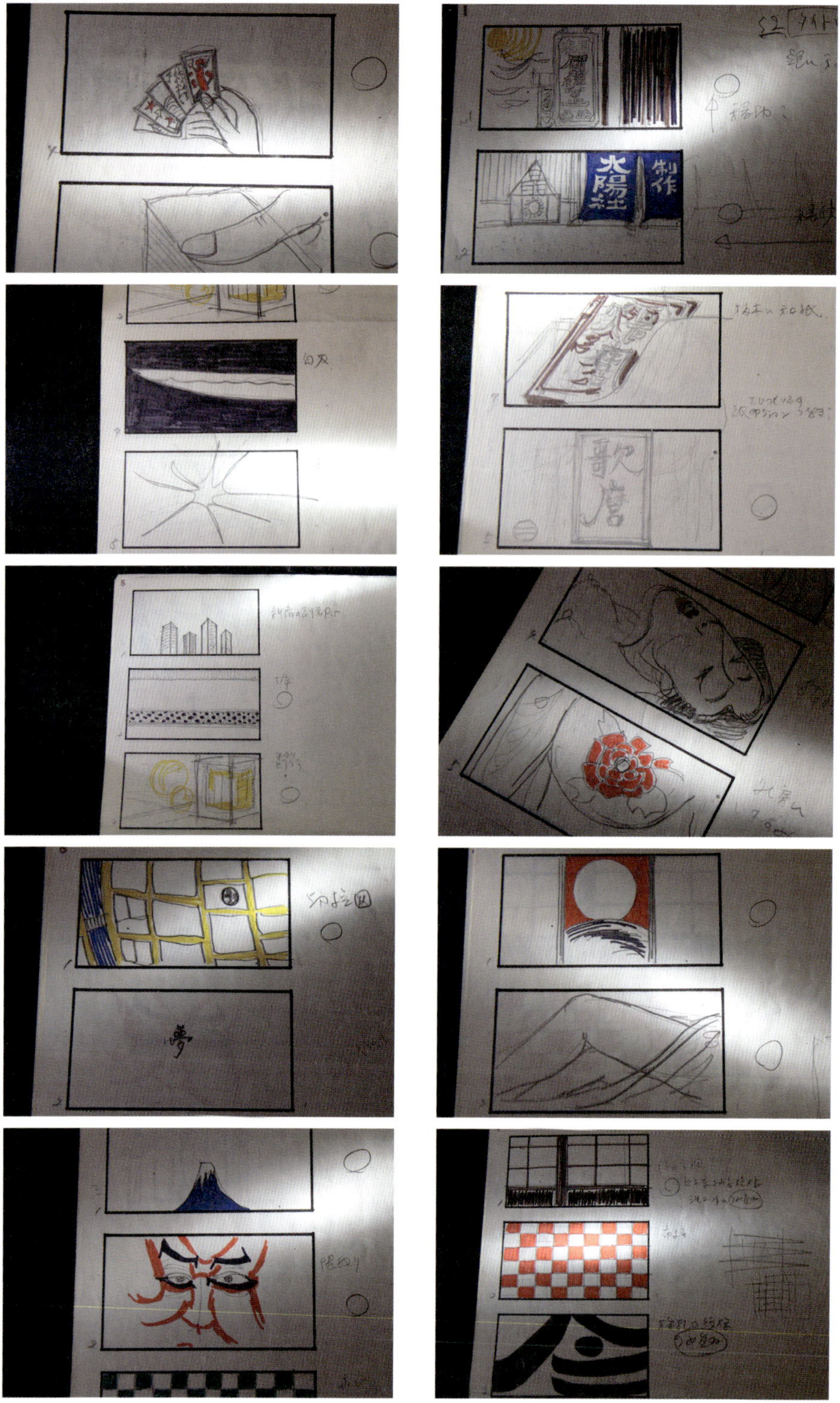

『歌麿 夢と知りせば』演出コンテ。

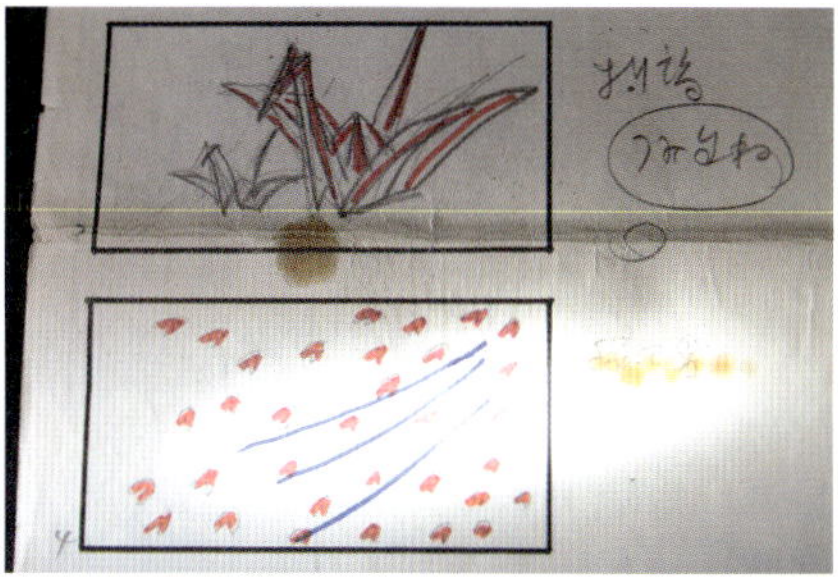

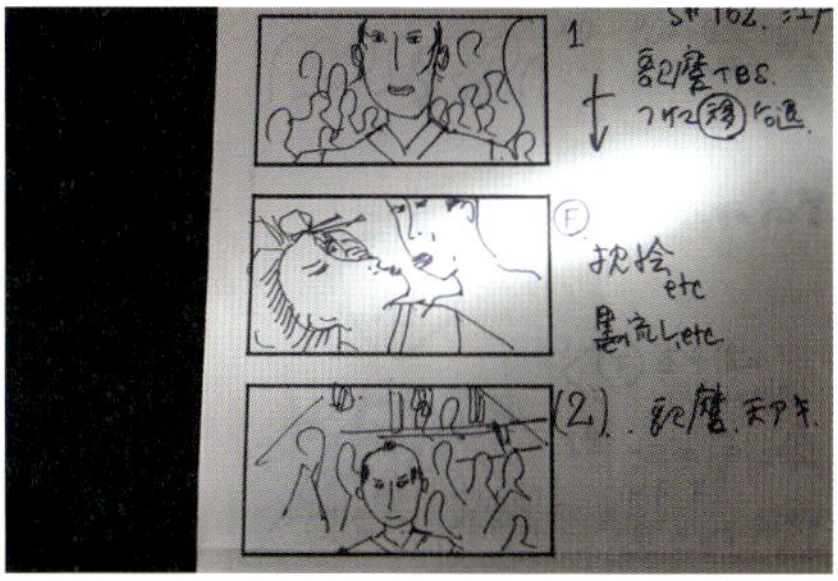
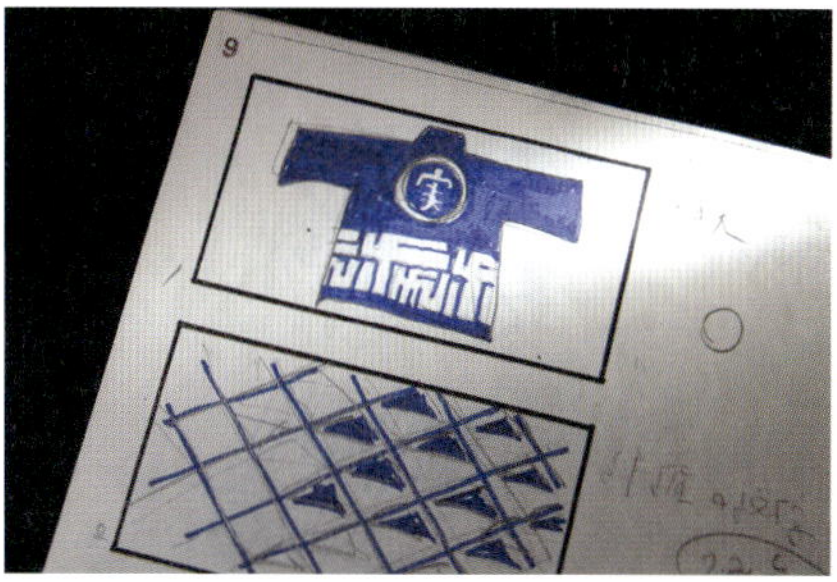
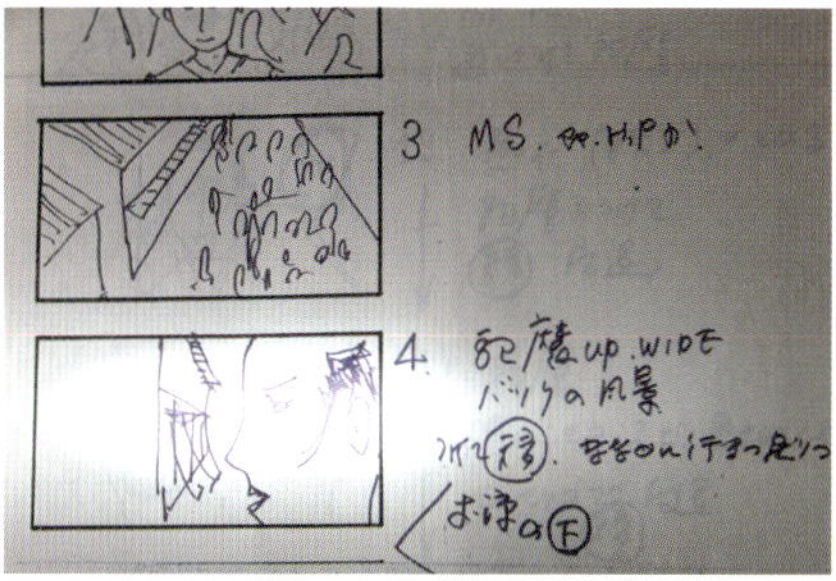
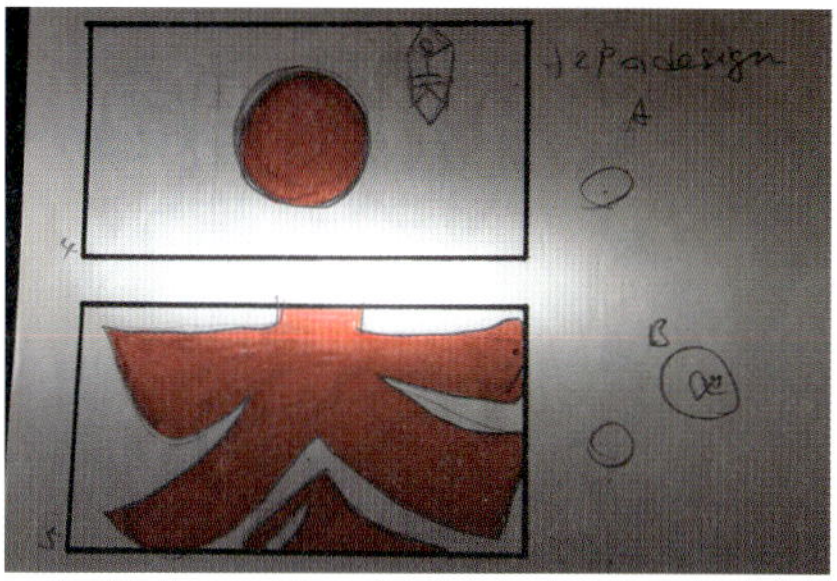
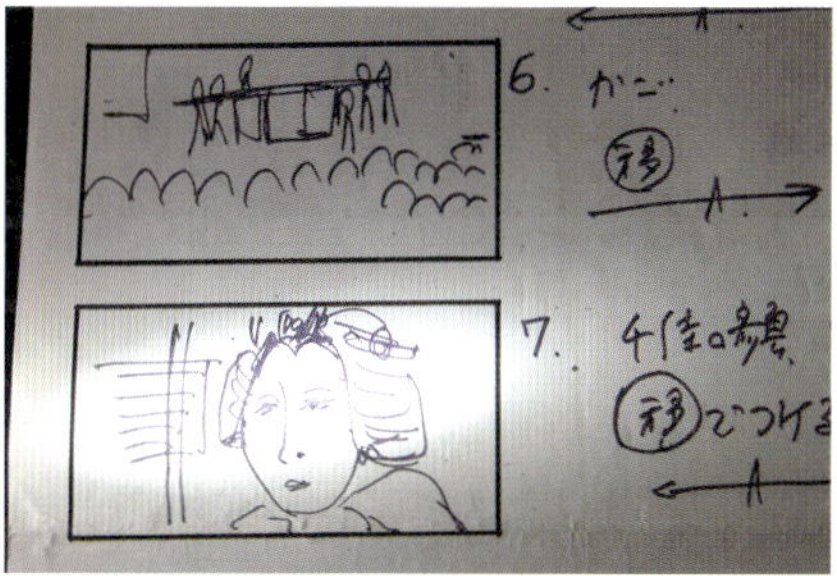

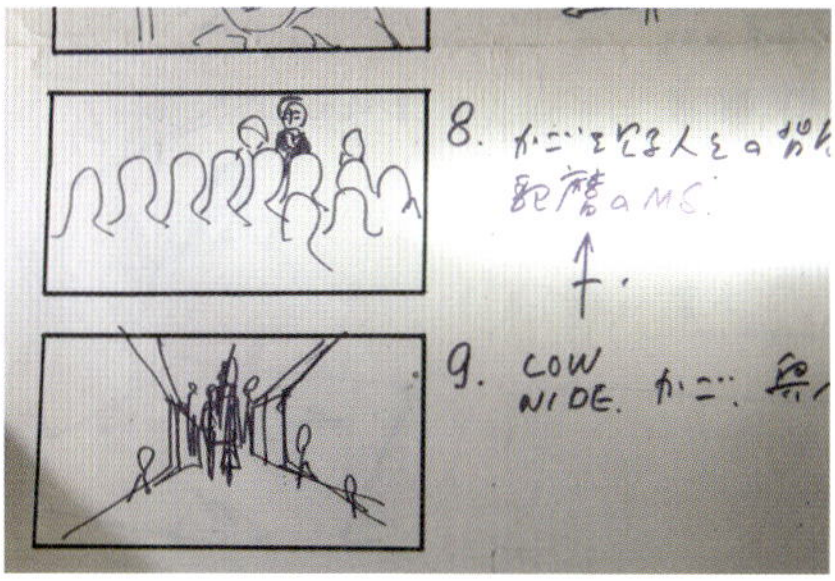
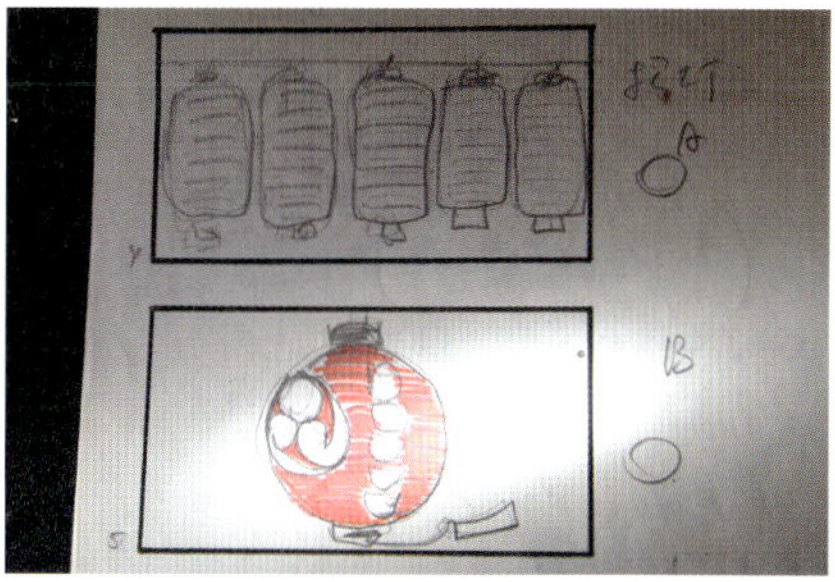

旅にも同伴するお気に入りのマスコット・ちな坊と。

総門

「光学」と「電送」の租界で
魔笛を鳴らす男

しばしばテレビディレクターから映画監督になった先駆として語られる実相寺昭雄だが、そもそも彼は早稲田大学の映画研究会で映画を観まくり、一時の外務省勤務をはさんで、テレビではなく映画をこそ目指そうとした。だが、折しも日本映画は戦後最大の観客動員数を記録している時期で映画会社の門戸は狭く（実相寺は早大の第二文学部仏文科に在籍していたが、一部の学生を採用していなかった）、一九五九年、運命的にＴＢＳに入社した実相寺は、わが国のテレビ草創期の活気のなかでさまざまな番組のアシスタントをつとめ、二年後に歌謡ショー番組でディレクターとなり、翌一九六二年からスタジオドラマの演出を手がけるようになる。

この時期のスタジオドラマ『おかあさん』やポップス番組『7時にあいましょう』での実相寺の仕事ぶりを見ていると、学生時代から入社直後にかけてシネマ・ヴェリテやヌーヴェル・ヴァーグの深い影響を受けていた彼が、癖のない無為な撮り方に飽きたらず、嬉々と映画的な技巧を試みようとしていて新鮮である。この映画界から胡乱なものとみなされていたテレビ業界で創作のスタートを切ったことに始まる「心ならずも」の軌跡が、しかし実相寺昭雄の特異なる作家性と立ち位置を築いてゆくのである。

初めての単発テレビドラマを撮ることになった時、敬愛していた大島渚におそるおそる脚本を頼みに行き、快諾されるも、仕上がりが技巧的であり過ぎることに大島はかなり怒ったらしい。実際、この頃の実相寺作品を観ると、すでに通常のドラマらしからぬ破格の構図や臨場感あるリアルさを期するスイッチングの萌芽があるが、このように大島に指摘されても遂にやむことのなかった技法へのフェティシズムは、彼がテレビ局の演出家として出発したことから生まれたものだ。

つまり、それは「光学」＝映画から学んだ美学と「電送」＝テレビジョンの特性や限界のぶつあり合うところに培われた、実相寺ならではの方法意識なのである。したがって、そのテレビ時代の反骨の試行の数々は、映画的な美意識を背景に、テレビ局のチープな映像演出の定番に抗うことでありつつ、同時にテレビ独特の縛りを逆手にとって愉しんでいるようなところもあった（たとえば、狭いスタジオでの撮影でカメラを隠すことから生まれた特異なナメの構図など）。

実相寺からの書簡にこんな一文があった。「わたしはテレビ育ちなので、フィルムへの拘りはない方なのですが、スイッチングへの拘りはあり、とりわけ中継の劇的な臨場感を好んでいます」。この生々しいスイッチングへの執着が高じて、日劇で唄う美空ひばりを喉の奥まで見えそうな極端なアップと豆粒のようなロングで中継してしまったことが大問題となり（実はそれは実相寺一流の歌姫へのオマージュであったわけだが）、ここでまた実相寺は二度目の「心ならずも」でADに舞い戻り、二年にわたって演出の機会を奪われ、飼い殺しに近い状態に追い込まれる。しかし、この不遇の時期があったからこそ、彼は社外の「テレビ映画」制作会社への出向監督を希望して、運命の円谷プロに出会うことになる。

それまでの、テレビがドラマも含めて生放送だった時代、スタジオでのビデオ収録の時代を経て、ドラマ制作は、（テレビ草創期に放送するソフトに事欠く各局がこぞって放映し、好評を博した）アメリカの人気テレビドラマのように、フィルムで撮影・編集して放映する「テレビ映画」の時代を迎えつつあった。これは「テレビ」という赤裸々な電気信号メディアに小規模ながら「映画」という繊細な光と影の文化を持ち込めるやり方であった（そもそもはまだ発展途上で軽量化できていないビデオ機器を自在に屋外に持ち出せず、ビデオテープも高価であったため、その機動性と効率の二面から「テレビ映画」という形式が採用されていた）。まさにこの「テレビ」と「映画」の両メディアの端境に生まれた表現に、「心ならずも」テレビ局で映画的なるものを志向してきた実相寺が（その生来の反骨が作用して）出会うことになったのは、ある意味では必然ともいえる流れであった。

こうして窮屈な局のしがらみを離れ、若いスタッフが集う円谷プロに新天地を求めた実相寺は、デザ

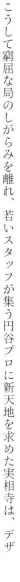

インの尖鋭さがまるで具現化されない怪獣の着ぐるみや幼稚な特撮演出に失望しつつ「心ならずも」子ども向けの特撮シリーズに携わることになる。後年の実相寺は当時の円谷プロでアナログ特撮にふれた日々のことをとても優しい視線で回想するようになるが、出向当時は幼稚な特撮シーンをなんとか減らそうとしてスタッフともめたりしていた。

しかしながら、久々の演出に奮い立った実相寺は、こうして手がけていった『ウルトラマン』『ウルトラセブン』『怪奇大作戦』で、瑞々しく冒険的な手法とエッジの立った主題からなる傑作「テレビ映画」を続々と生み出した。なかでも大島渚から実相寺の同世代のパートナーとして紹介された佐々木守の脚本による作品群は圧倒的で、リアルタイムで見ていた私には暗くて濃密な感情教育の連続だった。『怪奇大作戦』の〈恐怖の電話〉〈死神の子守唄〉〈呪いの壺〉〈京都買います〉の四本は、特撮物にとどまらず、「テレビ映画」の至宝とも言うべき突出点である。

ここでの実相寺の功績は、かかる「テレビ」と「映画」のはざまにある特異な表現を掘削してみせたことに加えて、「円谷プロ」という子ども向けの特撮番組を通して新たな映像を切り拓こうとする若い潮流と、「創造社」という主題と方法で日本映画を変革しようと闘っていたヌーヴェル・ヴァーグとの結節点となったことだろう。実相寺は、常に「心ならずも」居場所を転々としながら、しかし結果的にはかなりの必然をもって、従来の「テレビ」と「映画」、「子ども文化」と「大人文化」という対峙が崩れて超ジャンル的に重なり合う場所に、独特な立ち位置を築くことになったのである。

以後、七〇年代の実相寺はATGで正真正銘の「劇場用映画」である『無常』『曼陀羅』『哥』『あさき夢みし』などを連作するが、ここに至ると「テレビ映画」時代に培われたナメの構図、逆光ショット、超クローズアップ、大胆な移動撮影などの特徴的な技法は「実相寺調」として定番化した感がある。それゆえにこれらのエロティックな観念劇と手法の噛み合い方が「テレビ映画」時代ほどにせっぱつまった切実さを持たず、「映画」作品はディレッタント的な見え方に傾斜していったように思う。

もちろんこのＡＴＧの諸作をもって実相寺の代表作とする向きもあろうが、描くべき主題や物語と方法の調和の絶妙さを考えると〈京都買います〉のような「テレビ映画」時代が実相寺作品の最も目覚ましい季節ではなかったかと思う。実相寺自身もたびたびそういう発言をしているし、こんな書簡が送られてきたこともある。「テレビ映画、という言葉はもはや死語となってしまったのでしょうか？テレビドラマはビデオ化された時に、とりわけビデオ編集が可能になってから、その勢いを失い、テレビ映画あるいは映画のエピゴーネンと化したという気もします。ずいぶん長い間、テレビはヒーロー伝説を失っていた気がしますが、その根本もビデオがフィルムを駆逐したことに原因のひとつがあるような感じがします」。

豊饒なる『怪奇大作戦』の時代から時代が二巡したバブル期、実相寺は久々の映画『帝都物語』を手がけたが、そこでも「ハイビジョン」と「映画」の租界を探ることに夢中であった。すなわちあの超大作も、実相寺のなかでは「テレビ映画」的な感覚を愉しむところがあったのではなかろうか。あるいは、実相寺の遺作はかつて並々ならぬ意欲で立ち上げた異色のアンチヒーロー『シルバー仮面』のセルフリメイク『シルバー假面』だが、これはＤＶＤ鑑賞用に作られた、言わば現代の「テレビ映画」であって、

実相寺が最後の念力で往年の「テレビ映画」のフェティッシュな熱気に帰還するがごとき、稀代の奇篇であった。

こうして映画、映像の領分では「光学」と「電送」のあわいに玄妙なる幻夢を追い求めた実相寺だが、さらにカメラを引いて見ると、「実相寺」像はまたぞろ要約を拒み始める。オペラへの深い造詣ゆえに東京藝術大学の名誉教授にまでなりながら、晩年までお気に入りのサンリオ「けろけろけろっぴ」グッズや公衆電話などにばらまかれていた風俗チラシなどの蒐集を怠らず、一時はたとえばどこかで見聞した特殊浴場の部屋の見取り図を自らノートに記録し続けていたことをまるごと正視すれば、いよいよ「実相寺昭雄」的なるものの全貌は焦点を結ばない。いや何も私は実相寺昭雄をめぐって実際に見聞きしたこの種の珍妙なる逸話をわざわざ召喚して、ことさら作家の姿を面白く粉飾しようとしているのではない。

ただこうした実相寺昭雄という作家を虚心に直視すると、〈TBS時代からシネマ・ヴェリテ、ヌーヴェル・ヴァーグの同時代的な思潮に共振した画期的な映像作法で頭角を現し、『無常』『曼陀羅』『哥』『あさき夢みし』などのATG作品における観念とエロスの相剋をもって頽廃しゆく日本文化の原像へのレクイエムとなした〉といったもっともらしい作家性の要約がなかなか難しくなってくるのだ。

そういうまことしやかな見方はある一面では誤りではないのだが、権威も何もくそくらえで終生マイペースに好き勝手をやり続けた実相寺昭雄という広大深遠にしてキテレツな好事家宇宙曼陀羅の、そのたいそうな胡乱さの魅力が抜け落ちてしまう気がする。二〇一一年には実相寺の大量の遺品を陳列し、『ウルトラマン』からオペラ「魔笛」までを網羅と標榜した「実相寺昭雄展」が川崎市民ミュージアムで催されたが、ここで愛用の黄ばんだ「けろけろけろっぴ」グッズの数々まで展示されただけでもあっぱれなれど、さすがに膨大なエロチラシや風俗店メモまで開陳というわけにはいかなかった。

だが、私は実相寺作品を眺めなおす時、あのとてつもないクラシックへの知識と愛情とともに電話ボックスでエロチラシを大事そうに集めまくっていた奇異なる情熱を、ともに思い出しながら観ようと心がける。あるいは、あの尖鋭な陰翳礼賛の美意識に研ぎ澄まされた映像感覚の一方で、「けろけろけろっぴ」のようなチーピーなキャラクターを本気で愛してやまなかったことから目を背けないように、と思う。実相寺の美学は、つくづくそういう光と電気、聖と俗といったものの「あわい」「租界」「中陰」といった地帯を好み、そこに棲んでいたかったのだろう。

そういえば実相寺はモーツァルトの「魔笛」を演出できたら死んでもいいと言っていたが、その念願の仕事が実現した時、聴衆はそこにシーボーズやジャミラといった実相寺ゆかりのウルトラ怪獣たちの続々登場するさまに呆気にとられたかもしれない。だが、その怪獣たちはそれこそ森の精霊のように作品になじんでいて、出演陣のみごとな歌唱力も相俟って最後には誰もがあたたかな感動に誘われたことだろう。そもそもウルトラ怪獣というのは命名からしてダダやダリやブルトンがいるくらいの志高きモダンアートの一変種なのだが、世間的には子ども番組の珍妙なるキャラクターである。しかし実相寺は畢生の歌劇に出現させるほどにウルトラ怪獣のことを心底愛していたのであり、一度「怪獣とは何か」を問うた時も「怪獣はただそこにあるもの。自然物ですよね」と答えていた。

こんな実相寺だから「けろけろけろっぴ」やエロチラシにも余人には想像しがたい真摯なる根拠をもって愛情を注いでいたに違いなく、もはや一九七〇年代くらいまでの権威的で狭隘な映画批評などから解放されきったわれわれは、かくも広大で俗説を根っこから遮断した実相寺昭雄のキテレツさを直視しながら、その人と作品のアナーキーさにもっと正しく接近できる言葉を探し直さねばなるまい。

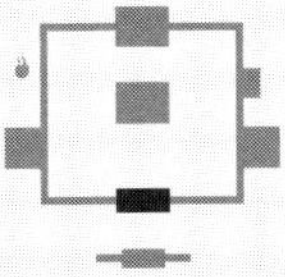

山門

幼少期・青春期

青島、そして張家口

実相寺昭雄という、さまざまな才能、才気がごった返す稀代の演出家について考える時、いったいこの人物が（作家として世に出る以前の）幼少から青年に至る時期にどんな生活を送り、どんなものにふれて、何を考えていたのかという感心がむくむくと湧いてくる。

幸いにも実相寺は少年の頃から実にまめに日記をつけており、いま、私の手もとにもなんと一八歳の終わりから早稲田大学、外務省時代、ＴＢＳ入社を経て円谷プロに出向する直前まで途切れなく記された「大いなる助走」の期間の何冊もの日記があって、そこには早熟な実相寺の、後のテレビドラマ、映画での活躍にもつながってゆく思索のあとが認められた。本章ではその貴重な日記という資料から際立った箇所を抜粋して実相寺の青春期の足跡をたどり直してみたいが、まずは日記が始まる一七歳以前の生い立ちについて、「暁星学園」の卒業生による文集に寄稿された実相寺自身の極めて長大な文章「私的暁星史」をもとにまとめておきたい。

そもそも実相寺姓は別府の実相寺に由来し、祖父の代に臼杵から上京したというが、系譜によるとそれ以前は吉良姓を名乗っていた（後の実相寺の小説で自らをモデルにした主人公が「吉良平治」であることの所以）。実相寺は一九三七年三月二九日、日本銀行に勤務していた父・崇文と海軍大将だった長谷川清の娘である母・英子との間に生まれた。長谷川清は戦艦長門の艦長、横須賀鎮守府の司令官、台湾総督を務め、実相寺の生まれた頃は第三艦隊司令長官であった。

出生地は四谷だったが三歳の折に父が日銀から興亜院に転じ、中国は山東省青島市に移住した。そこで実相寺は同市の幼児生活団（幼稚園）を経て国民第一小学校に入学する。実相寺は「青島は第一次世界大戦で日本がドイツから版図を肩代わりしたが、ドイツは青島に青島ビールを残した。しかし日本は何を残しただろうか」「青島は再訪したい場所だが、犯行現場に戻るような怖さがある」と述べている。

18歳に始まる実相寺の克明な日記。

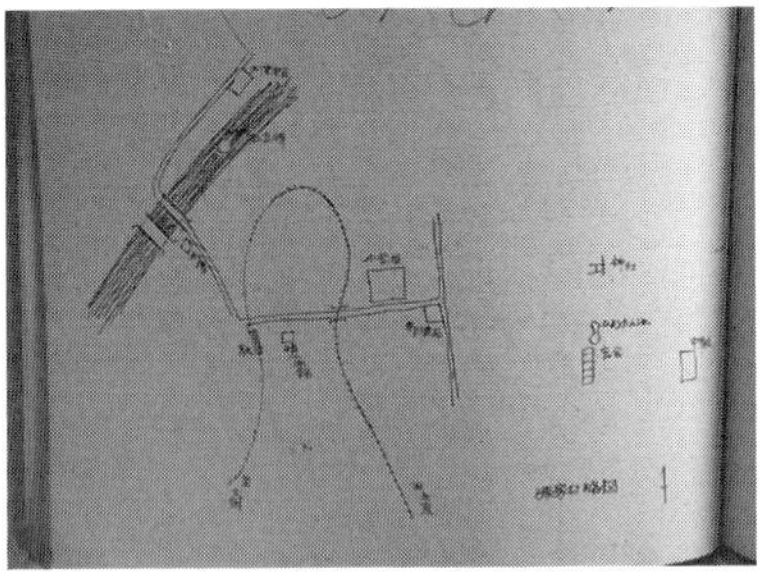

日記には詳細な張家口の地図も。

大陸にて父と。

1937年四谷に生まれる。

一九四三年に父が急遽大東亜本省に転勤することとなり、また内地に舞い戻る。同年初夏、新学期から遅れて実相寺は暁星小学校の二年生に編入となった。住まいは、祖父が曾祖父の隠居所として建てた滝野川は西ヶ原の家で、実相寺少年はそこから金モールの帽子と七つボタンの制服で、今の都電荒川線で電車通学していた。青島には電車がなかったため、これはひじょうに新鮮な体験だったようで、実相寺の電車好きの原点ではないかと思う（またこれはしばしば実相寺の麗しい回想として語られるのだが、自給自足体制が推奨された当時、用賀近辺の「郊外」にある暁星の学校農園に電車で行くのが、遠足のように楽しかったという）。

一九四三年時点ではまだ灯火管制もほとんど無く、市井にはのんびりとしたムードが漂っていたと回想しつつ、実相寺は戦中をひたすら暗黒の時代だったと伝える向きに異議を呈する。ところが一九四四年になると灯火管制も頻繁となり、坊ちゃん刈りの暁星でもなぜか坊主頭の子が増えてきた。それをナンセンスと思っていた子どもたちは、誰が最後まで坊主になることを拒み続けるかのレースをしていたというが、実相寺はそれをリタイアせざるを得なかった。というのも、暁星小学校に編入してまだ一年なのに、一九四四年の夏、実相寺はまた父の転勤にあわせて中国河北省の張家口に移ることになった。

奉天、新京を経て内蒙古の張家口にたどりついた時、実相寺はそこは「地の果て」で「とんでもないところに来た」と思ったという。父の人事はどう見ても左遷であった。同地の小学校に編入した実相寺だが、この「寂寞の地」では映画館で観た『無法松の一生』ですら暗いものに感じたらしい。だが、この一年後に敗戦を迎え、父ともども実相寺は大使館で玉音を聴くのだが、こんな遠隔地でなぜ同時に玉音を聴けたのか不思議議であった。そこでおいおい泣く大人たちを見て、実相寺は「みっともなく思った」そうだが、父だけは泣かずに茫然自失であったらしい（後にＴＶＣＭの撮影で知り合った池田満寿夫も張家口育ちと聞いて意気投合したという）。

敗戦から半月で北京大使館への転勤命令が出て、実相寺家は年末の引き揚げまでを北京で目立たぬように過ごすのだが（実際、外へ出ることを控えるので北京では閉じこもって満州ルールの家庭麻雀に興ずるのが唯一の娯楽だった）、学校も閉鎖されて実相寺は逆にそれが嬉しかった。そんな折に、青島で家族ぐるみで親しくしていた金森家と再会したのは大きな喜びで、実相寺は同級生だった娘とよく遊んでいたが、その子のすぐ上の兄である金森馨《かなもりかおる》の影響は甚大だった。後に舞台美術作家として知られる金森のことを、「彼に憧れて、わたしは鵜の真似をする烏となり、表現の業界に足を踏み入れてしまった」と実相寺は記している。

しかしこの時分に父は左遷された境遇やコンプレックスから、戦局悪化にかこつけて義理の父をなじっては母と口論がたえず、実相寺は心を傷めたという。食料事情も悪化するなか、一九四五年の年の瀬に、両手に持てるだけの荷物で命からがら引き揚げることになった一家は、アメリカの上陸用船艇の船倉に詰め込まれて、数日の航海後、長崎に着く（この時の実相寺の一大痛恨事は田河水泡の「のらくろ」全巻を手放したことだったそうだが）。航海中は、日本の子どもたちが「卑屈な猿のように」米兵たちに菓子をねだっていたというが、ずっと張家口の荒野を見てきた実相寺にとって、接近した祖国の風景は感動的なものがあったようだ。

わたしは戦に敗れた日本に見惚れていた。盆栽か箱庭のように美しい、と思ったのだ。内蒙古の禿山とは違う緑が目に染みた。悲しかったのは、その島々に沿って、赤錆びた軍艦が何隻も見捨てられていたことである。祖父のいた海軍も、十一月末に解体された、と大人たちは噂していた。

上陸早々ＤＤＴの洗礼を受けた一家は長崎から品川までの引き揚げ列車に乗るが、そこでまじまじと見た日本の荒廃ぶりは凄まじかったという。「鮮烈に記憶に焼き付いている映像は、姫路の焼け野原の彼方に佇立する城の姿で、折しも冬の落日の折、胸に迫る敗戦の光景だった」。

実相寺は張家口の荒野で見た落日に感動したとよく語っていたが、この内地で見た荒涼とした夕陽の光景もさぞ忘れ難いものだったことだろう。

　父は外務事務官として管理部におさまったが、滝野川の家は地域の強制疎開の後、戦後のどさくさで人手に渡っており、一家は大森に転居した。一九四六年の二学期から、実相寺は改めて暁星に編入となった。このように、実は終戦時からまるまる一年、実相寺は「教育から見放された空白の期間」を過ごしているのだが、学校へ行かないのは無上の喜びであって「国破れて夢が実現」したとさえ記している。

　小学校も高学年になって思春期に入ってきた実相寺は同級にいた大森の映画館の息子に、当時としては刺激的だったマキノ正博監督『肉体の門』をのぞかせてくれと懇願したり、すでに鉄道好きが高じて交通博物館の「交通科学研究会」（当時和子内親王と結婚して民主化をあらわす慶事と祝福され、後に変死をとげた鷹司平通が調査役を務めていた）に通ったり、授業をさぼって戦後初めて開通する地下鉄・丸の内線茗荷谷車庫の見学会に出かけたり、といかにもたのしげな日々を過ごしている。そのいきいきとした戦後の気分を、実相寺はこのように書いている。


　　戦争によって堰き止められていたものが、一気に押し寄せて来たことへの驚きと新鮮な感触、そして新たな時代の転回の波に、わたしは小学校の記憶を消すほどの、もっとも違う色彩感に翻弄されていたのである。

　　当時、東京には、まだ広い空があった。排気ガスに曇らない晴れやかな道があった。のびやかに、都電が走る都大路があった。飯田町、富士見町の空も高かった。小学校の庭から眺める、飯田町貨物駅の彼方に浮かぶ雲には、夢があった。その雲間から、グレン・ミラーのサウンドも聞こえていた。


こんな日々に、実相寺は内幸町のＮＨＫへ人気ラジオ番組「とんち教室」「話の泉」の公開録音を聴きにいったりもしており、「このＮＨＫ見学がその後の業につながったのかもしれない」とも語っているのだが、こうして暁星高校から早稲田大学、ＴＢＳと進んでいった軌跡を、後に総括的に語った文章がある。

高校の頃より、映画に興味を持った。監督になりたいと思った。興味を持ったきっかけは何だかよくわからない。容貌に諦めを抱きスターにはなれないと思ったからか、演出家になろうとこの頃から心に決めていた。仏文学と映画のどちらかを大学で学ぼうと思ったほどに、外交官もよいと思った。なぜならば外国に行けるから。受験勉強は恐ろしくしなかったが、数多く受ければどこかへ入ると思っていた。早大の一文と日大の芸術学部映画学科に受かった。前者をとった。大学生活は楽しかった。はじめて童貞を失ったのは、十八歳と十一か月めである。ひとつも楽しい記憶ではない。八五〇円だった。サルトルが好みだった。かなり勉強もした。おやじに勧められて外交官中級試験を受けた。これになぜか合格した。約一年外務省に勤めた。大学は夜間に切り替えた。映画研究会にいた、現在「キネマ旬報」の白井佳夫が最も影響を及ぼした。外務省生活の時に、意を決した。コンクリートを肌で感じた。官僚機構に頭に来ていた。かえるの子はかえるだが、小役人の子どもも小役人か、と思った。猛烈な嫌気の末、ラジオ東京の試験を受けた。合格。昔の夢通り、演出家になれると思った。演出部に配属が決まった時もあたりまえだと思った。

伊福部昭、ルネ・クレール、円谷英二

実相寺のハイティーンの時期から就職までは、おおまかに言うとこんな様子であるのだが、私の手もとには「18／19」「19／20」「20／21／22」「22／23／24」「24／25／26／27」という年齢で区切った五冊

の日記帳があり、くだんの総括された時期の細部を知ることができる。といっても、実相寺は若い時から凄まじく筆まめで、毎日というわけではないが、思い立った時にけっこう長めの思索的な文章を書くことが多く、いわゆる一般の人が身辺雑記を簡単につけておくタイプの日記ではない。いやむしろその書き方は、まるで遠い将来誰かが目を通すことを織り込み済みであるかのように、整然とした文章になっていることに驚かされる。

まず一九五六年、早稲田大学第一文学部に入学した年度の正月、実相寺は皇居参賀に一六万人が訪れたという朝刊の記事の空撮を見て「気持ち悪く　抹殺したくなった」と書いている。それは「群衆が不快」だからだそうなのだが、一方でモーツァルト生誕二〇〇周年のコンサートのチケットを楽しみに購入しており、ＬＰ、ＥＰ、ＳＰで入手したいベートーヴェン作品のリストなども書かれている。シューベルトの「やさしい感じ」も好みであり、弦楽四重奏曲がいいとある。この頃の愛読書には「蝮のすゑ」『愛』のかたち」など武田泰淳がよく挙がり、「天と地の結婚」は「愛と憎しみ、善と悪の取り合わせが面白く、洒落ている」と寸評を付けている。大岡昇平「野火」もこの頃読んで「彼の最高傑作」と呼んでいる。

なお、この時分に作ったガリ版刷りの同人誌「creation」も読んでみたが、実相寺は「第四交響曲～一少年の成長～」（一九五五年一〇月に書かれている）という小説を寄稿している。これは恋愛と性をめぐる小説だが、くだんの実相寺の告白によればまだこれは実相寺が現実の女性との交渉を経験する直前の文章である。それにしてはひじょうに想像をたくましくした性描写があって、感心させられた。

また、「毎日毎日映画のことで雑記帳が埋まる」熱烈な映画ファンらしく、自分が観た映画のベストテンが記されていて「昨年度一九五五年度　洋画は四八本　邦画は一九本観た」とあって、一位は『浮雲』、四位に『杏っ子』、六位に『ここに泉あり』、八位に『渡り鳥いつ帰る』、十位に『月は上りぬ』とあり、成瀬巳喜男作品に好感を持っているのがわかる。今井正も常に評価されているが、永井荷風原作、久松静児監督『渡り鳥いつ帰る』が選ばれているのが興味深い。これも成瀬に通ずる、市井の人びとの機微を描くものだった。田中絹代監督『月は上りぬ』も含めて、すべて小市民のメロドラマである。

このほか、スカラ座でマリオ・ソルダーティ監督『河の女』を観て、「ソフィア・ローレンは『ナポリの饗宴』についで二本目であるが、アメリカの肉体女優と違って清潔味と芝居気はある」。なんとなく実相寺は好きそうな気がするジャック・ベッケル監督『肉体の冠』を新宿武蔵野館で観て、これは意外にも「シモーヌ・シニョレ主演の情婦ものであるが特に面白くない」。ヒカリ座で観たマルセル・カルネ監督『天井桟敷の人々』については、「全映画史にあって最高の作品」とまで称揚し、「犯罪大通りを舞台として人間の生というものの醍醐味を心憎いほどほどに味わわされる」と記している。本作は後に蒲田日活でもクロード・オータン＝ララ監督『肉体の悪魔』とともに再見したという記述があるが、その『肉体の悪魔』は「恋愛を描き足りず、原作の持つ愛の厳しさが出ていない」と手きびしい。

また、この頃は一九五三年の『聖衣』を皮切りに洋画ではシネマスコープのワイド画面が華やかなりし時期であった（邦画各社が競ってシネマスコープでの興行に出たのは、この日記の翌年の五七年）のだが、これに対する実相寺の意見は「シネスコという長画面の作品は、アメリカの空っぽの頭脳を満たすために作られたようなものなので、私としてはあの長大な画面の必要性をひとつも感じない。黒白で、しかも小さい画面に溢れるような芸術味を盛り込んだ映画がいい」とさすがの審美眼を披露している。

もっともこの三年後、ＴＢＳに入社直後の実相寺の日記では、市川崑監督『あなたと私の合言葉 さようなら、今日は』にふれて「自ら小津安のパロディを目指したと公言するこの映画は、まず第一にシネスコの使い方が実に巧い。崑は移動の鋭さよりも、望遠レンズの使い方とアングルの鋭さに特徴があるのだが、シネスコについても同様である。そのアングルに無駄がない。必然的にショットショットの積み重ねが巧いわけである。そこに枯渇したものとは違うソフトな味が出たのも、描かれる生活自体より、そのアングルによるところが大きい」とかなりシネスコ・アレルギーは減っていて、後の自らの劇

実相寺最古のガリ版同人誌
「creatoin」

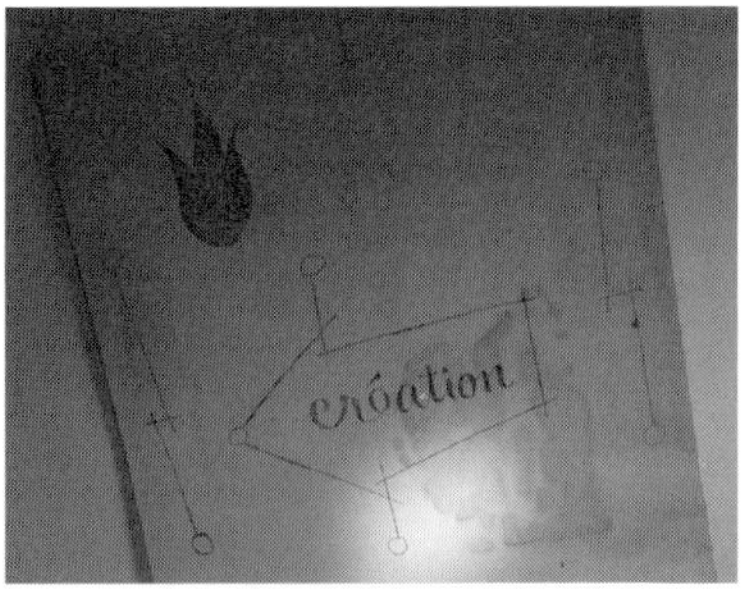

「第四交響曲」という小説を寄稿。

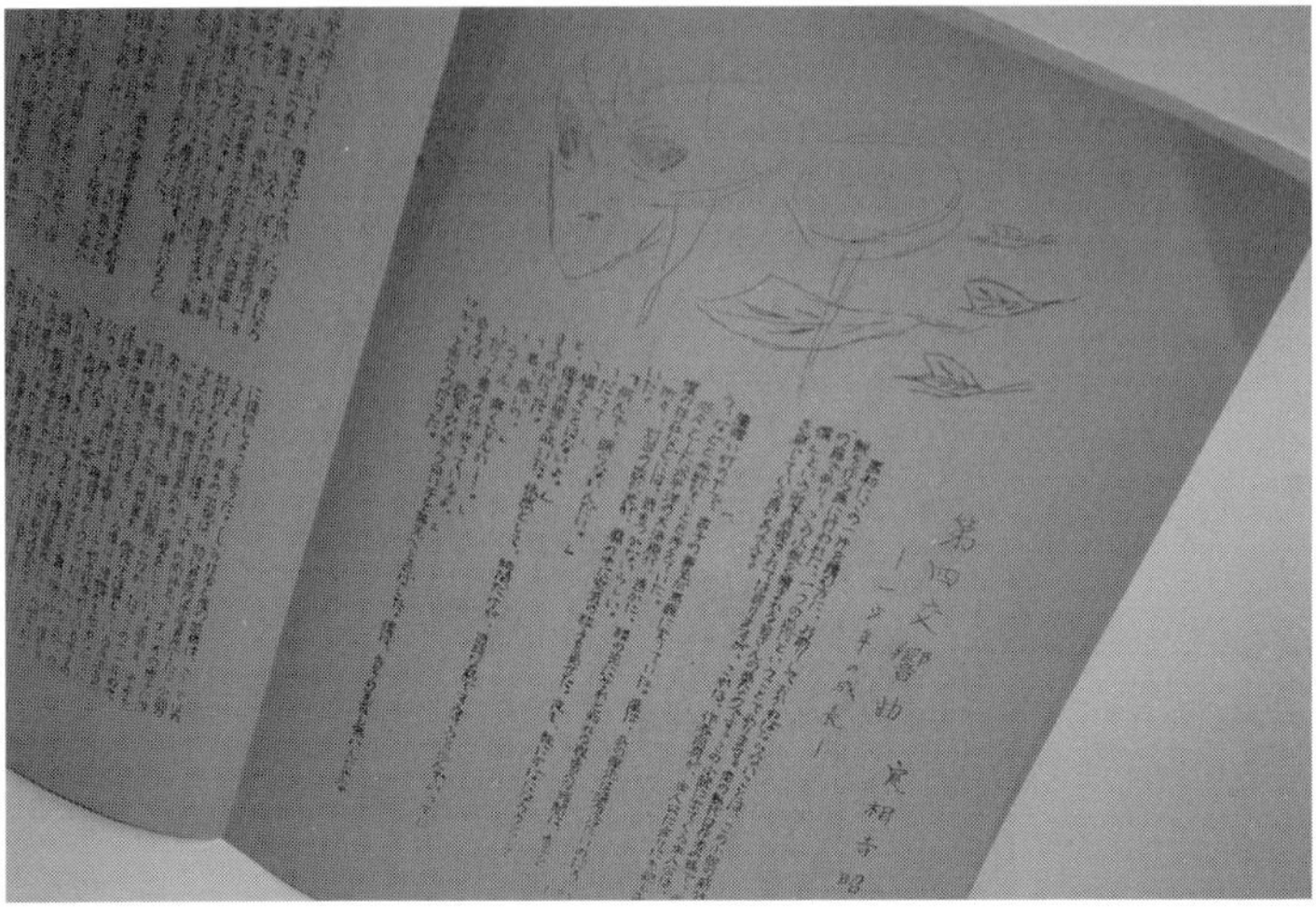

1956年度の個人的映画ベストテン。

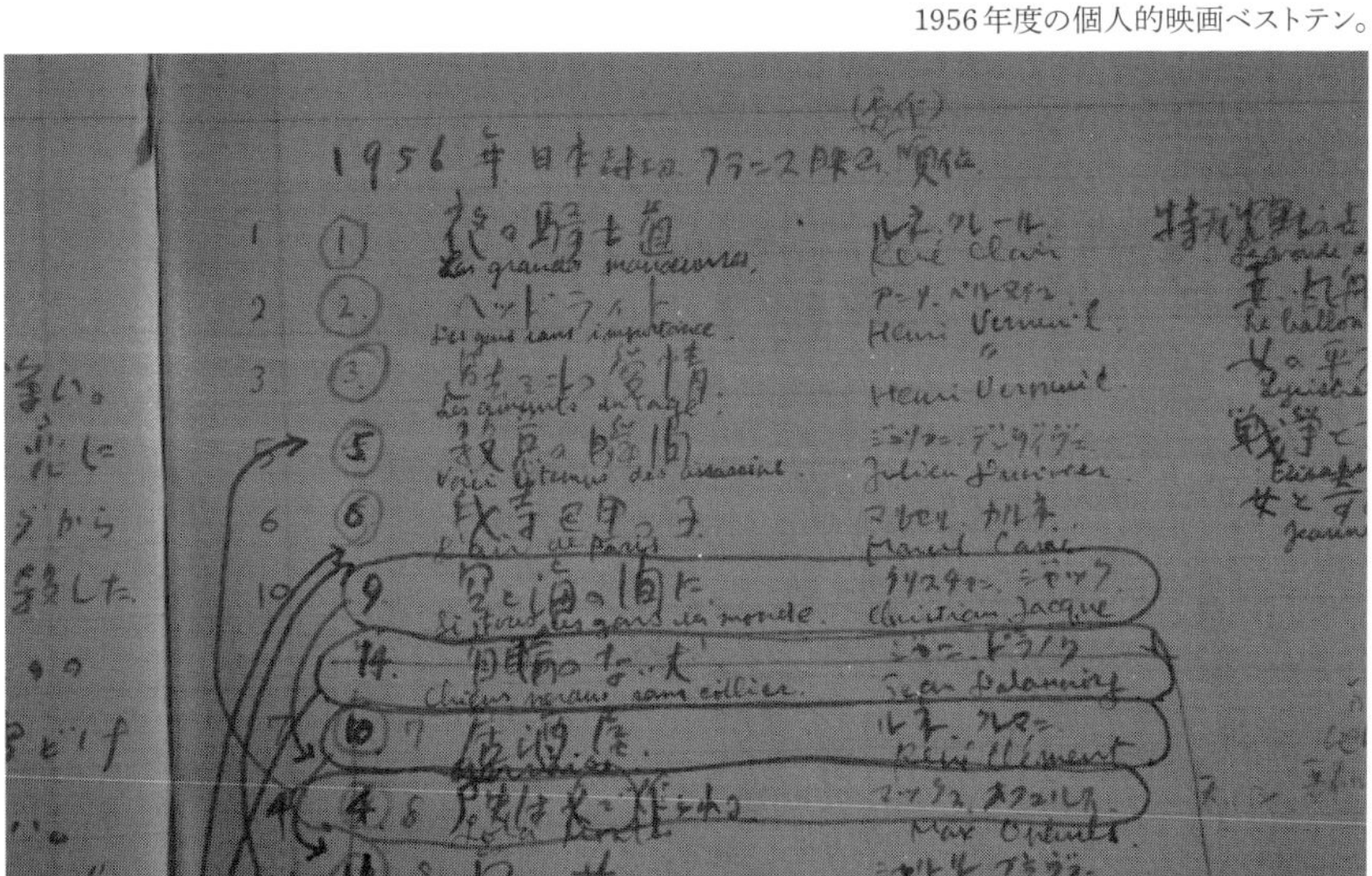

伊福部昭の初演に赴く。

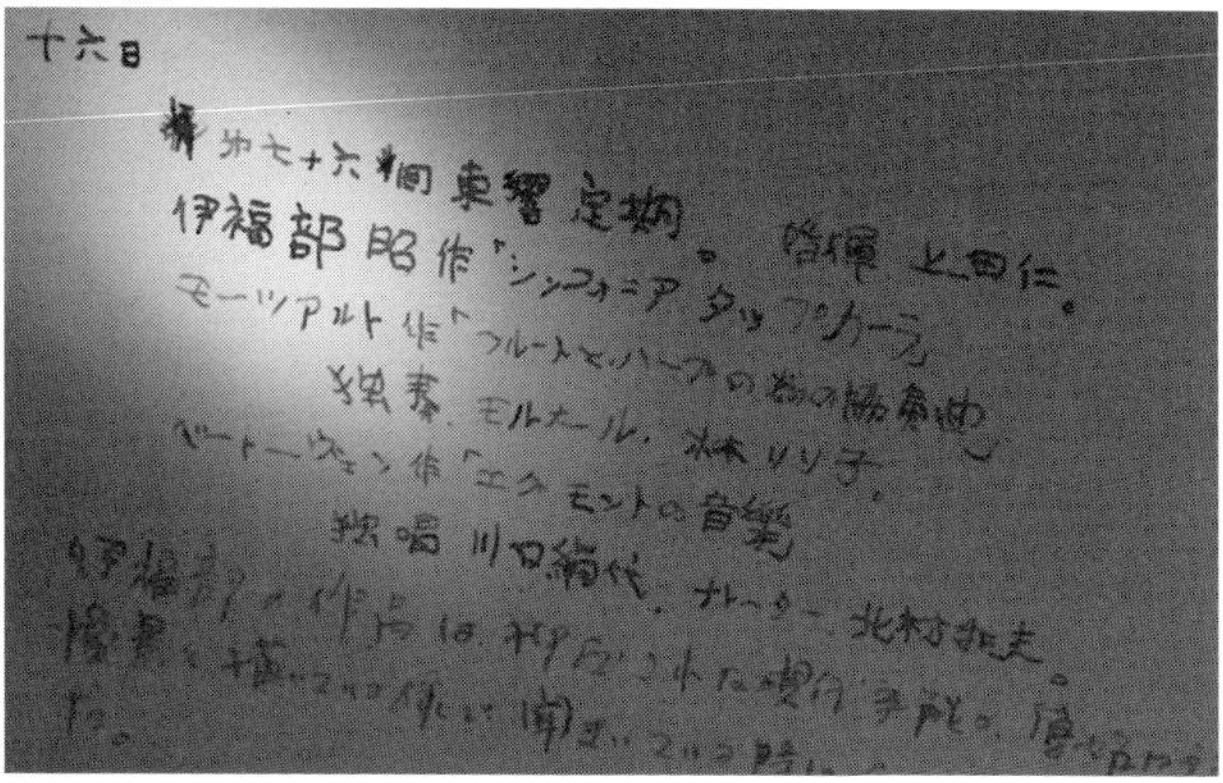

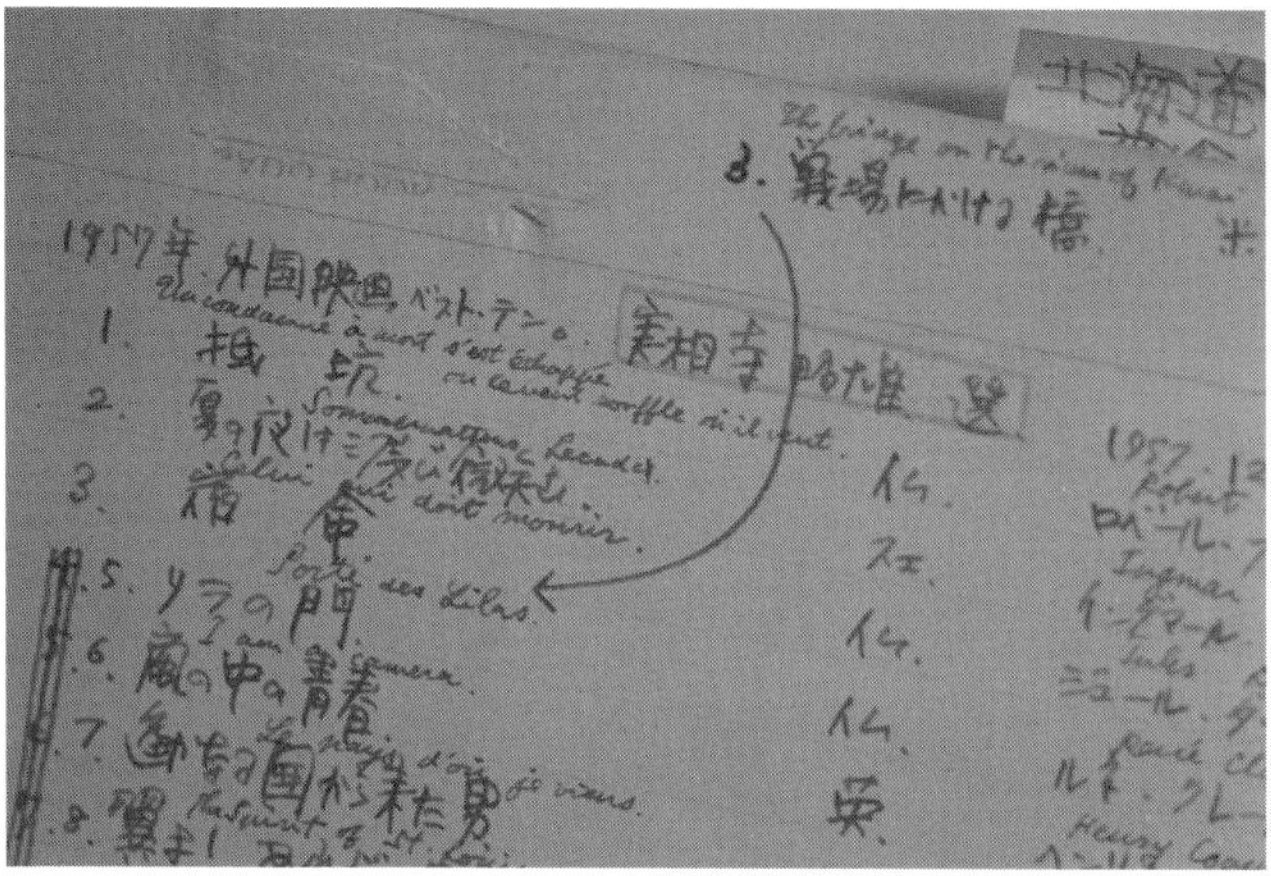

1957年度の個人的
映画ベストテン。

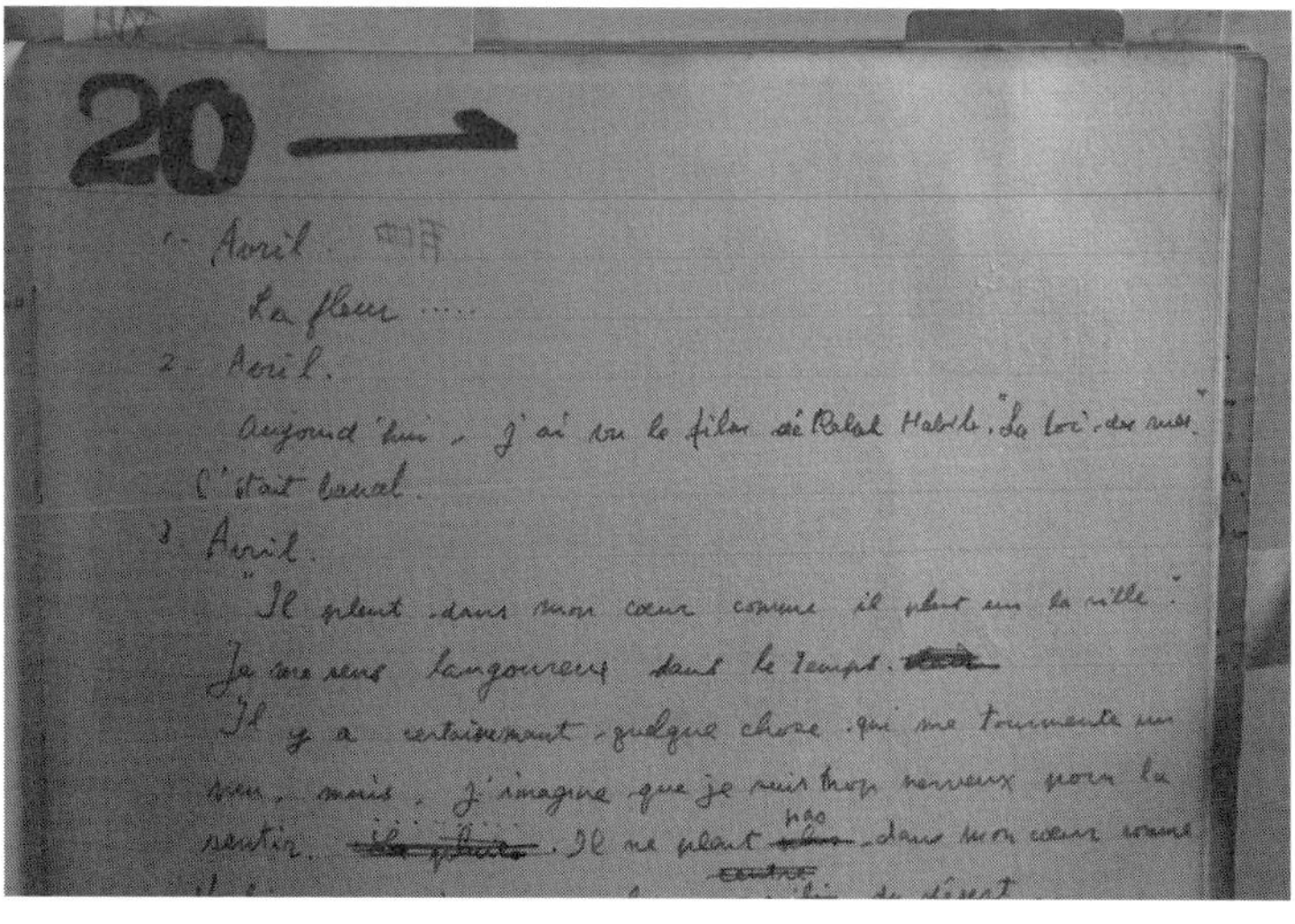

二十歳になった頃。
全面フランス語の
ページも多い。

場用映画もスタンダードで撮ることはなかった。

しかしさすがといえば、実相寺はこの一八歳の最後のしめくくりに、伊福部昭「シンフォニア・タプカーラ」の日本初演に接している。この曲は前年インディアナポリスで世界初演のコンサートが催されたが、この実相寺少年が赴いた一九五六年三月一六日、第七六回東京交響楽団定期演奏会にて上田仁指揮での演奏が日本初演だった。日記によると進行役は北村和夫だったようだ。実相寺は「伊福部昭の作品は、抑圧された現代社会からの原始への憧れを描いていたようで、聴いている時は久しぶりに興奮した」と感動を表明している。


そして一九五六年三月二九日、一九歳の誕生日に記された言葉は「ふりかえってみると、永い航路を旅してきたものだ」「幾度か人間としての生を否定しつつも否定しえずに来た私。おそらくは外的な影響で自分の体の腐敗することを待つだろう」と、いかにも生意気で、繊細な文学青年ふうの記述が微笑ましくもある。

映画についての感想は続き、今井正監督『真昼の暗黒』は「アンドレ・カイヤットに比せられる今井正の眼はひじように正しい。カイヤットのような綺麗な仕上がりではないが、その泥臭さがこの作品の徳になっている」、アンリ＝ジョルジュ・クルーゾー監督『情婦マノン』は「クルウゾオの現代感覚による出来栄えもいい。巧い俳優が多いのもフランス映画の強みだろう」。『肉体の冠』は響かなかったジャック・ベッケル監督だが、『現金に手を出すな』については「ジャン・ギャバンが新しい面を出そうとする意欲に満ち、ひじように渋い。この俳優のよさに加えて、話も無理がなく、カメラは快調にギャングの暗黒面を描き出す。『肉体の冠』にも一脈通ずるが、こういう素材のほうがピンと来る」と評価を修正している。

一方、ジュリアン・デュヴィヴィエ監督『望郷』は「デュヴィヴィエの半端なペシミズムが、もやっと画面に出ている。しかし、その半端は決して悪いものではない。現在のような大家芸に堕した彼の作品に見られる安易さと杜撰さがない」と当時から完成した作家の、冒険しない手だれ仕事については拒否感があるようだ。したがって、木下恵介監督『野菊のごとき君なりき』などには激しく批判的で、「この作品の詩情はなんと鼻持ちならないものだろうか。古い明治の田園に卵型スクリーンで懐古的な味を出すとはあまりにも大家芸ではないか」と切り捨てる。同じ「大家」でも、ジャン・ルノワール監督『大いなる幻影』などは「自分の映画に対する態度が違っているせいか、昔見た時と違ってひじょうに面白い。俳優たちの巧みさで飽きさせないが、後半になってトーンが変わってしまったのはいただけない」。

こうした雑感のなか、ルネ・クレールに関しては本当に実相寺ごのみと見えて、絶賛が繰り返される。『夜の騎士道』については、「クレール久々の作品に期待をかけて観に行った。期待は破られず、よき時代の映画。色彩が美しく、夢のような味わい。ストーリーも構成も落ち着いていて、やはり作家が老境に入った感じをまざまざと見せつけられる」。そして後に著作や番組の題名としてもオマージュを捧げている『夜ごとの美女』に至っては、「喜びをもって味わった。これはクレールの本質だろう。クレール一流の手法を堪能。フランスという国の面目まで感じさせられる。神業のごとき細やかさであった。とにかく『悪魔の美しさ』以上のスピード感、というより巧妙さ。『沈黙は金』以上の時代感覚が素晴らしく、あ、クレールは若いと思わせる。私はクレールのものとしては、これがいちばん好きである」と深い愛を語る。そして、二度目を観たという『沈黙は金』のことは、「全作を観たあとなので、この作品の特殊性がよくわかった。これはクレールの女性観を盛ったものとして、『夜の騎士道』に通ずるものであって、クレール哲学の匂いはそういったコメディのなかに隠されている。彼の作品のなかでも軽妙、洒脱、即妙、哲学といった主張のある『夜ごとの美女』のような作品とは違って、普通の映画の作り方…ロマン的な作り方になっている」。こうしたクレール愛はやがて卒業論文「ルネ・クレール

ノートには映画に夢見る
落書きも。

ブリジッド・バルドーの似顔絵。

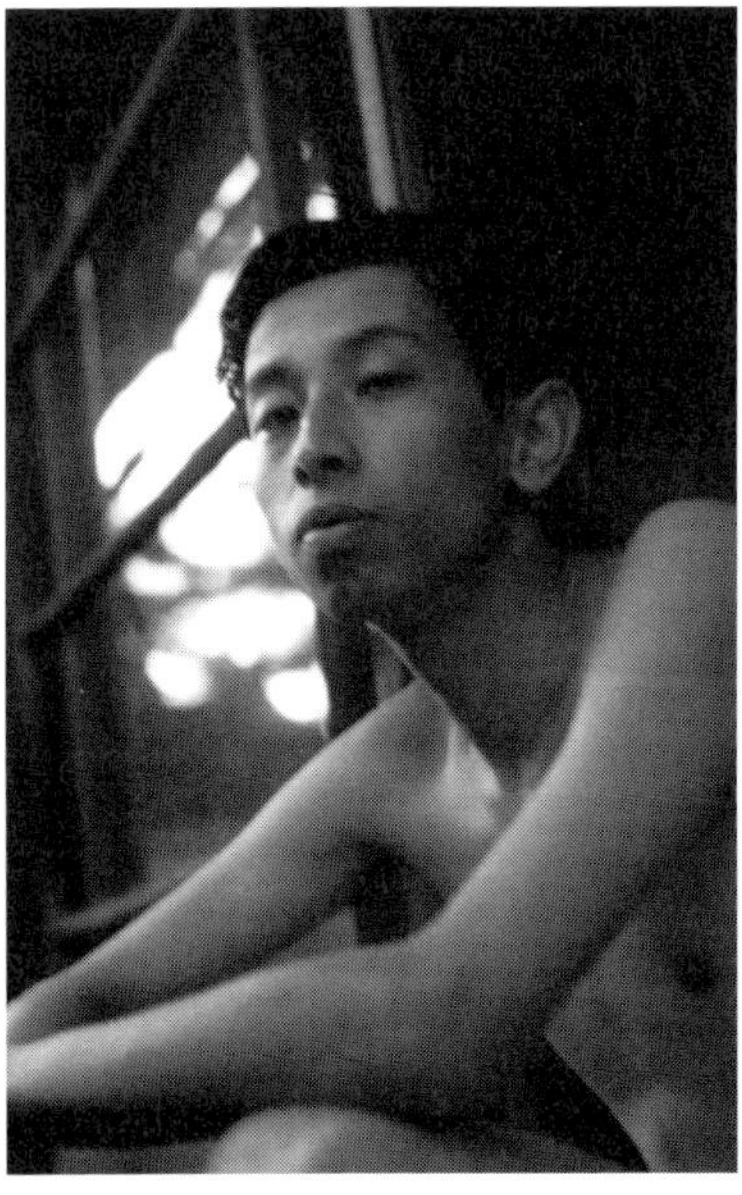

青年時代。

――新しい映画への舞踏――」に結晶する。

さて、当時の映画の感想のなかでもうひとつ目をひくのは、ヌーヴェル・ヴァーグの先駆と言われるアレクサンドル・アストリュック監督の中篇『恋ざんげ』に寄せた文章で、「何と言ったらいいのか、実験工房で作られた素晴らしい映画写真の絵巻。詩情とも違う、もっと純粋に映画的な情感が…たとえば階段の手すりの使い方…が強く心に残るのだ。その静の画面が構成され、つながると、素晴らしい動になっているのには全く感心した。これこそフランス映画の一典型であり映画精神の抽象化であろう。アヌーク・エーメが素晴らしい」と素朴な驚きと賞賛を捧げている。

ちなみにこの頃、とある邦画のプログラム・ピクチャーを観て憤慨した実相寺の気持ちが連綿とギャグめかして記されているページが笑いを誘った。その愚作ぶりが数日前のルネ・クレール『夜の騎士道』の素晴らしさを逆に思い出させてやまなかったと記しつつ、「入場料を損してしまった。ただし、五〇円だったのは不幸中の幸い。でも二時間を無為に過ごしてしまった。あの二時間がどんなに充実したものになりえたことか。仏語なら単語を九〇も覚えられたに違いない。いったい何の必要があってあんな映画を作らなくてはならないのだろう。あんな映画を作る自由があっていいものだろうか。いやあの映画を作った人には罪もなく、罪はそれを観た僕の方にあるに違いない…せめてこんなに考えさせる映画を作ってくれないかなあ」と、こんな調子である。

こんな当時から辛口の実相寺だが、一九歳の青年らしい素朴な感想もあって、これがよかった。一九五六年一二月、ウィーン・フィルを初めて聴いた時の文章だ。「初めて聴く欧州のオーケストラ。その期待を裏切られないどころか、自分のオーケストラへの考え方を修正した。私の聴く日本のオーケストラとアンサンブルが違うのはもとより音が澄んで美しかった。ひじょうに澄んだ湖の表面に霧がかかっているような柔らかさがどの曲にもあった。これは意外だったが、ウィーンの人たちの本当の演奏がこうならば、モーツアルトの本当の姿はこういうものなのだろうか」。

このほか小説では谷崎潤一郎「猫と庄造と二人の女」や三島由紀夫「仮面の告白」などを読んでいるが、後者については「三島の作品のなかでも重要なものだろう。倒錯した愛情に生きる人間がみごとに描かれている」と評している。こんなふうに実相寺の大学生活は、映画、コンサート、文学、野球観戦によって占められているのだが、二十歳を前にして寺山修司ではないが「家出しなくてはならない…いつになったら実現できるのか」と自立したい気持ちを悶々と綴っている。

テレビジョンの預言

一九五七年、実相寺は父の勧めで中級外交官試験を受けて合格、外務省に通いながら大学は夜間（第二文学部）に転部した。本人はくだんのように「コンクリートを肌で感じた」ほどこの職場に嫌悪感を覚え、翌五八年、二十一歳の誕生日の日記にはこんなことが書かれている。

僕は二十一回目の誕生日を迎えた。明日からは別の日々が始まる。
しかし、親になることは恐らくあるまい…。たぶん、大人にはなるだろう。
…しかし、純粋さを持ち続けることは諦めたくない…
――外務省に行くべきではなかった。
――第二文学部に戻るべきではなかった。
――親に反対すべきだった（親の言葉に甘くのせられた）
航海（後悔）先に立たず…。

この一九五八年は日本映画が戦後最大の観客動員数を記録した年（逆に言えば翌年から一気に邦画業界は

凋落の一途をたどるのだが）であったが、悩める実相寺青年を慰めたのは年頭の正月映画、本多猪四郎監督、円谷英二特技監督による『地球防衛軍』だった。その感想は「昨日、東宝の特殊技術もの『地球防衛軍』を観た。宇宙時代のふれこみよろしく、宇宙のバガボンド、ミステリアンなる宇宙人を設定したこのストーリーは見世物としてはまことに面白い。この点、六尺の大イタチである『八十日間世界一周』より上等であり、久しぶりに童心にかえって、この物語に手に汗握った。楽しかった」と好感たっぷりだが、まさか外務省勤めに悩んでいる自分がそれから十年も経ないうちに円谷プロダクションと運命的な出会いをするとは夢にも思わなかったことだろう。

とにかくこうして実相寺は高校時代からの「映画監督になりたい」気持ちにならって、テレビ局や映画会社に就職活動を始める。そんな折、五八年の初夏に公開された増村保造監督『巨人と玩具』はまさにマスコミを志望する実相寺にはかかわりのありそうな広告業界、放送業界の内幕を描いて評判の作品だった。これについても「大いに失望した。そのつまらなさは、彼のシネマトゥルギーの古さにある。どう発展しても、イタリアの地方主義作家の流れをくむ、ボーイ・ミーツ・ガールの作家なのだ。僕は、彼が『青空娘』『暖流』『氷壁』などで扱っていたドラマの古さに、逆説的に非情さが浮き上がってくるのを買っていたのだが、彼が自分のテーマをファナティックに処理することは、直感的で、生理的で、ある意味ファッショだとも受け取れた」と看破するのであった。

こんな尖鋭な就職学生であった実相寺は、ラジオ東京テレビ（ＴＢＳ）、フジテレビ、東宝などを受験するが、ＴＢＳに合格する前後に、ひじょうに興味深いことを日記に書いている。まずは合格前の文章だが、「要はテレビドラマの貧困は、毎週週替わりで新しいものを供給しないといけないので演出家もやる気なく流れ作業的に脚本を撮っているだけだからである。ドラマの発達を阻んでいるのはテレビの同時性、速報性。ドラマはドキュメンタリーではないので、同時性は必要ない。」「テレビドラマよりも劇場中継のほうがのびのびとしていて面白い。劇場中継には、同時性の効力が物を言うから。そしてこ

大学時代。

早大卒業の頃。

TBS新人時代。

の同時性の枠を取り払ったテレビドラマを、作り手は目指せばいいのだ」。
この文章はテレビジョンの表現の本質にかかわることで、実は私も全く同じ観点でテレビジョンの持つ「現在性」(生のライブ中継番組)と「骨董性」(録画編集したドラマ)の二面から草創期のテレビ表現の進化過程を探ってみたこともある(平凡社新書「「月光仮面」を創った男たち」二〇〇八)のだが、まさにテレビと映画の両者をまたいで活躍することになる実相寺ならではの、シャープな洞察である。まだ二十一歳の就職学生の段階で、実相寺はテレビ表現の独自性と、そこにあってドラマがどういう立場をとるべきかを見通していた。そしてまた、この観測にならって、入社後の実相寺はドラマならざる中継番組の場合は、「同時性の効力」、その生々しさの追求に余念がなかったわけである。
そして今ひとつはTBS合格後(まだ入社はしていない)の文章だが、まだ実際の制作現場も知らないのに、この深い踏み込みかたには驚かされる。

テレビドラマは、テレビ・フィルムに吸収されてゆくのだろうか。ドラマの同時性の利点は何なのだろうか。しかしビデオテープならずとも、フィルムのコストが安くなれば、テレビドラマは今以上に発達するのではないだろうか。現在のテレビ局のドラマには、アメリカのテレビ・フィルムが多く、陳腐なものばかりだ。その点、私は『月光仮面』などがひじょうに示唆に富んでいると思う。オリジナルのフィルムを撮れば質の向上も図れるのではないか。もちろんテレビドラマの同時性は俳優に緊張感を与えるともいう。しかし、表現の向上のためには、俳優の心理など問題ではない。

当時はビデオテープが高価で編集機能も不便であったがために、テレビドラマの多くが紙芝居的な生放送であったわけだが(ビデオ機器が軽量化されていないので局外にロケすることも至難であった)、おかげでテレビドラマの多くはやれることにも限界があり安づくりの感が否めなかった。一方で盛んに放映されていたアメリカ製の「テレビ映画」（実相寺が「テレビ・フィルム」と呼ぶところの）は映画会社のスタジオが工程的にはフィルムを使って映画と同じやり方で制作するものなので、当然ながら作品の質は高かった。

実相寺が就職活動をしていた一九五八年にＴＢＳで放映されて大人気を博していた子ども向け番組『月光仮面』は、こうした本格的な「テレビ映画」の国産第一号であったが、とにかくスタッフもキャストも寄せ集めで、制作費にも事欠く安づくりなものだった。だが、実相寺がいみじくも語っているように、これは「示唆に富む」番組であって、来るべき「テレビ映画」隆盛の時代に、実相寺はその頂点ともいうべき傑作群を生み出すことになる（しかもまさにその『月光仮面』を生んだ宣弘社の仕事で稀代の「テレビ映画」のヒーローを創造することになる）。

このように、ＴＢＳに入社する前の、最後の学生時代の実相寺が日記に書いていた文章には、自らとテレビの将来について、妙に予言的なものがあったのである。

回廊

テレビドラマ・テレビ映画

TBS入社、演出デビュー

【山門】の章で詳しくふれたように、一九三七年生まれの実相寺昭雄は、青島、北京など大陸での生活を経て、早稲田大学第二文学部仏文科を卒業後、五九年にTBSに入社した。

もとより希望は演出ではあったが、まずは講習の後にさまざまな現場で雑務を経験させられた。その時点での実相寺の日記には、「テレビのめまぐるしく回転する機構の只中」にあって、「総てが取り払われてライトも消えたスタジオは薄暗く、どことなく空虚なエアーポケット」でもの思うのだが、「この民間テレビ（商業テレビ）のめまぐるしさは末期症状ではないか?・」と記されていて、実相寺がこの草創期のテレビの現場の喧噪に早々に呆れていたことがわかる。

志望通り演出部に配属となり、さまざまな番組のADをこなしていた頃の日記には、「テレビに入ってからの生活は楽しいし、決して不満ではない。しかし、この仕事の麻薬に侵されないように時間をつかい、労働者意識をもち、勉強するのは難しい。そこには、アルカイックな箴言ではないが、苦難の道があり、栄光は遠い。時間を無駄に使うのはやめよう」と記されている。その戒めに従って、実相寺は五九年度入社の同期で演出部に配属されたメンバー（今野勉、高橋一郎、並木章、村木良彦ら、文字通り以後のテレビ界を牽引する顔ぶれだった）とともにAD（アシスタント・ディレクター）をもじった「dA」という季刊同人誌を出して、真摯な合評や創作（第一号には実相寺の「テレビドラマばんざあーい」というコメディのシナリオが載っている）に励んだ。

さらにそれに飽きたらず、「第三映画」「新人壇」といった同人誌にもあいかわらず純粋でいくぶん難解な批評を書き続け、アントニオーニの『さすらい』や倉橋由美子の「パルタイ」にふれては刺激を受けつつ、作家的なポテンシャルを失わないように「勉強」していたようだ。ちょっと面白かったのは、日記で大映の田中徳三監督『大江山酒呑童子』にふれて、監督には「たくましい練達」があり、そのタ

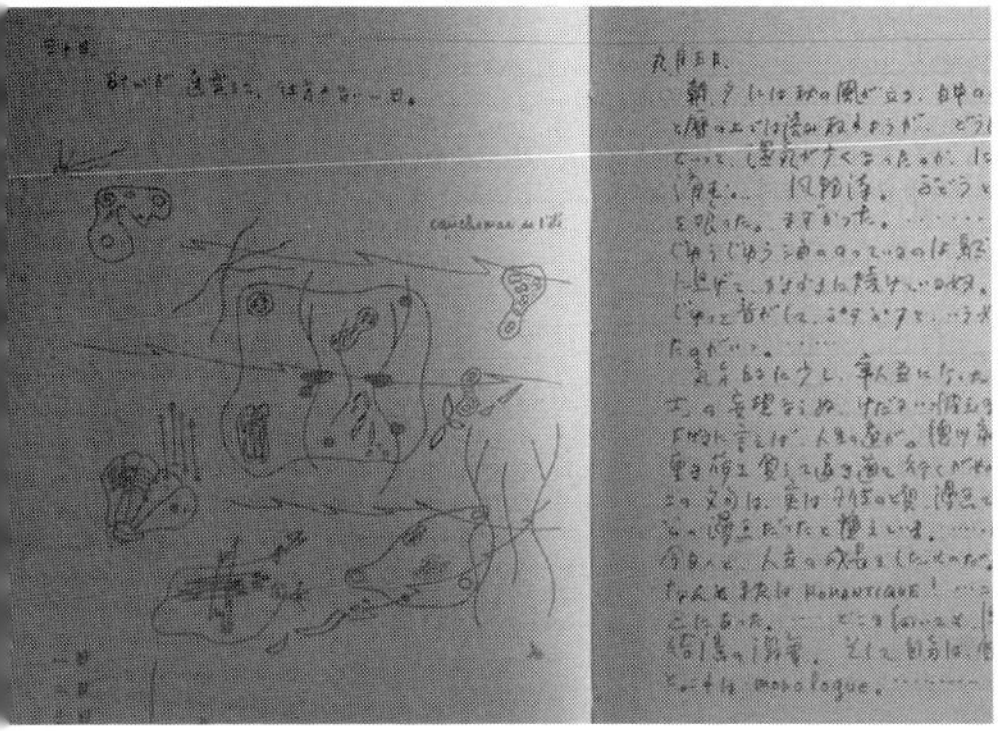

日記の落書きは実に多彩。

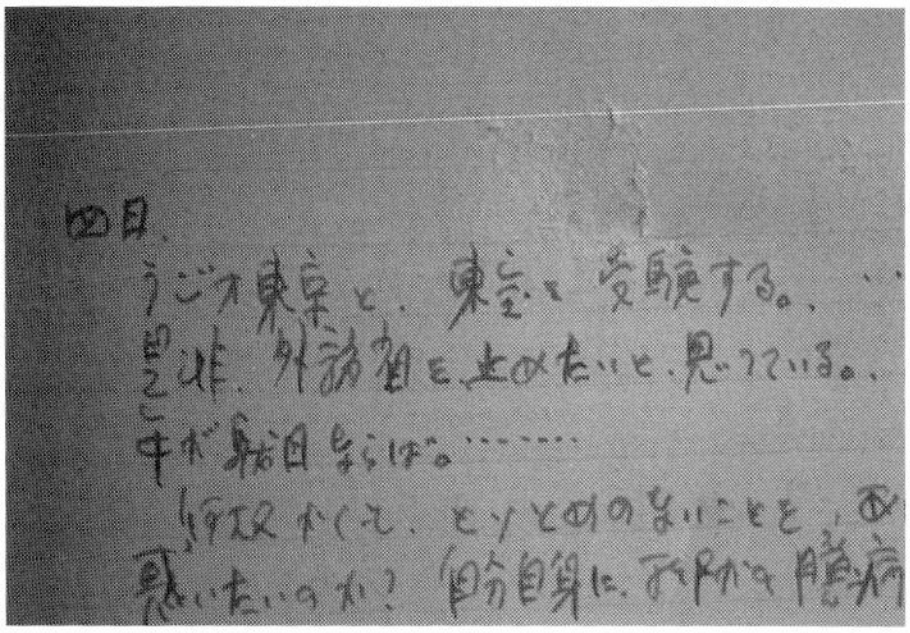

TBS受験の日の日記。

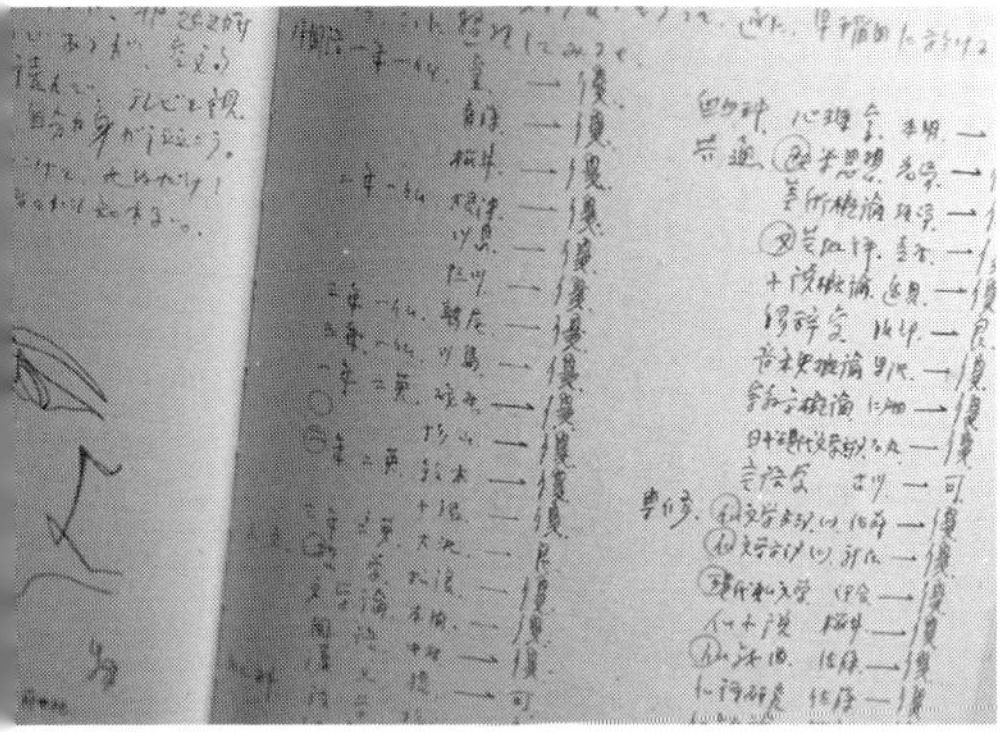

成績は「優」が多く、一部が「可」で「良」は無い。
その極端さが実相寺らしい。

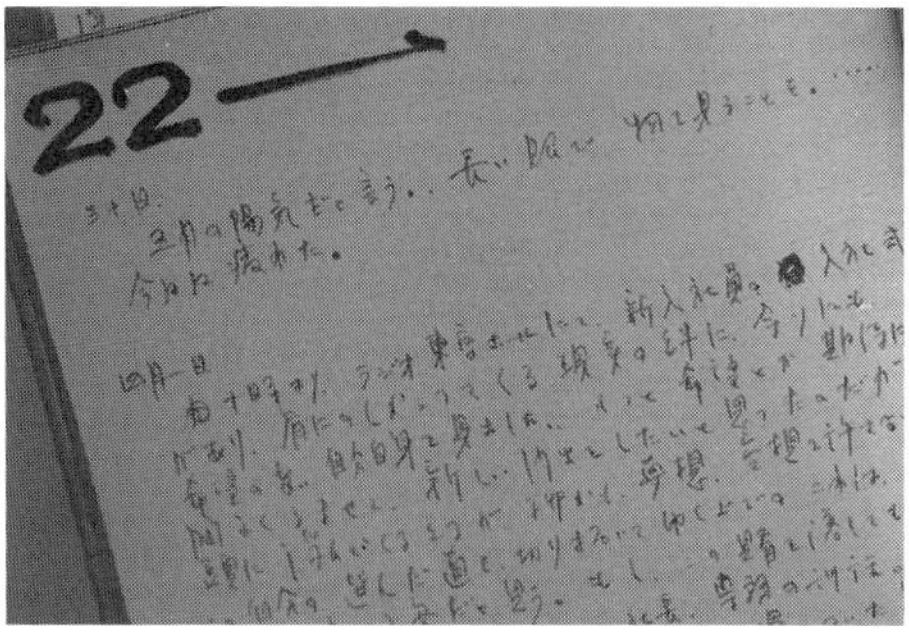

22歳。TBS入社直後。

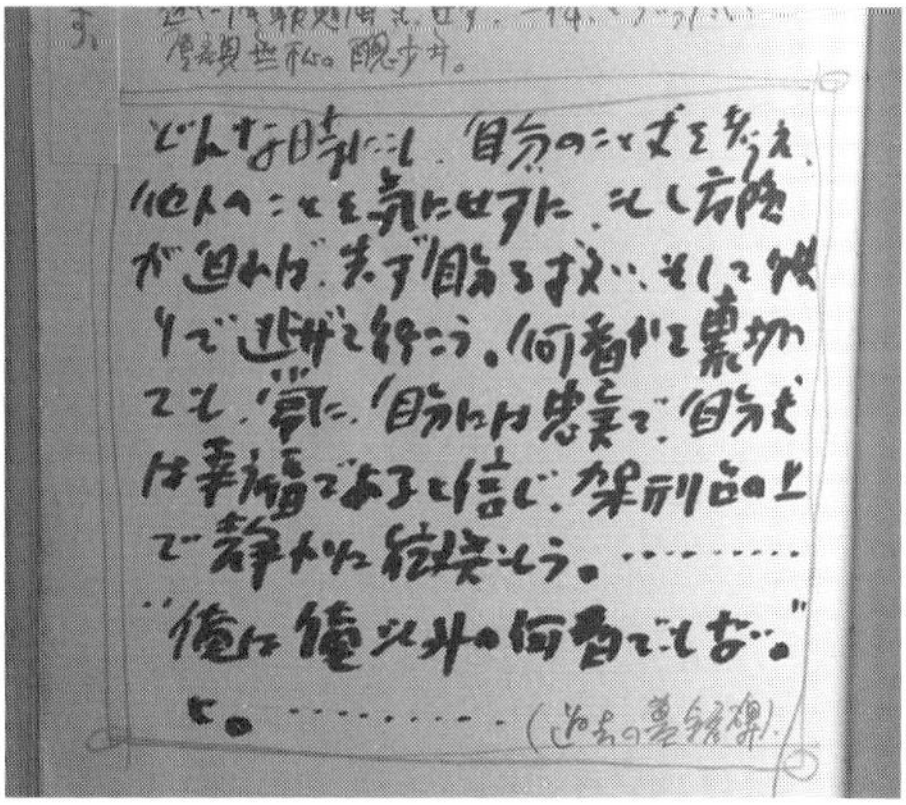

日記に時々出てくる「決意表明」。

カメラを持つスナップも多い。

フさをもって「大資本システムのスター主義とスペクタクルに新しいメスを入れんとする態度に好感」を持ったというくだりである。この頃の実相寺は、とにかく企業において個の作家がどう身を置くかということを考え続けている（まだ何ひとつメインで演出を手がけていないのに、である！）。

そしてようやく、実相寺は一九六一年の日劇〈佐川ミツオ・ショー〉の中継『歌う佐川ミツオ』で初めてのディレクターをまかせられる。ここですでに月並みな形どおりの中継に飽き足らず、アップの多用を試みていたが、当時の実相寺の日記を読むと細かい文字で四ページにもわたってこの初仕事への反省が記されている。

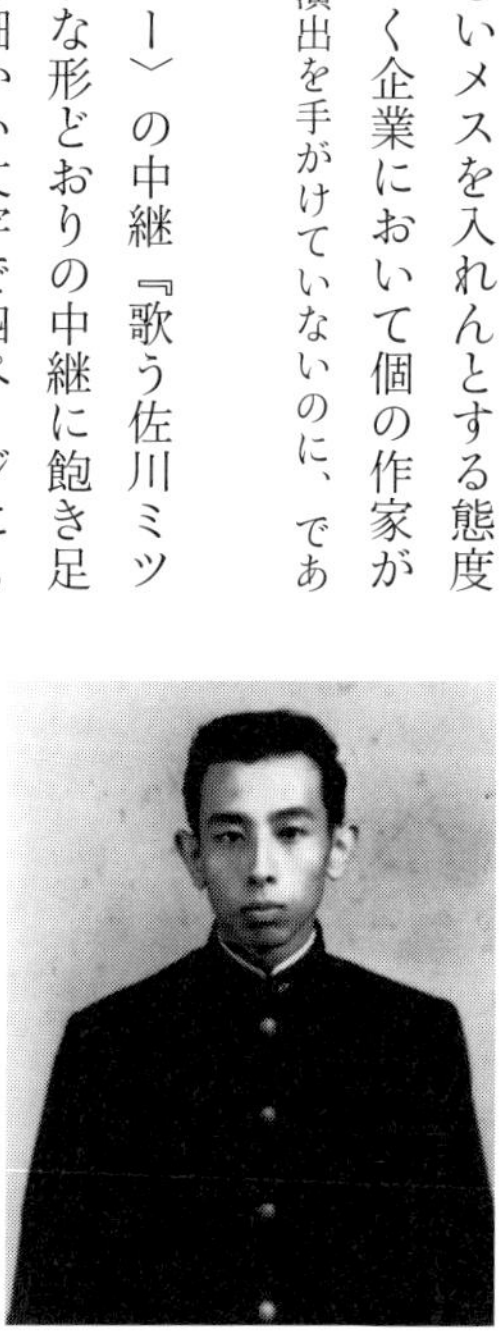

就職試験の履歴書に貼った写真。

まず、劇場中継というものを、自分の中で一度完全に解体出来なかったことによる、積み重ねの曖昧さ。佐川ミツオというひとつの素材を利用する際に、自分の中継という形での演出が、従来からあった中継技術というものの前に七割がた敗れ去ったことを痛感した。佐川ミツオを出来る限りアップのカメラで追うということは、もはやその現実的な存在認識からかけ離れて、結果的には素材に溺れることになってしまった。それをスチール、テロップやニュース解説的なコメントを入れて日常性の方向で捉えようとしてもだめだった。

中川晴之助は「アップとフルショットの統一性がない」と言った。これは僕の意図したアップの意味がひとつも質的に高まった新しいアップになり得ていなかったことによる。鴨下信一は「即興的にオーソドックスな方向に切り換えるべきだった」と言った。これは僕の中継がオーソドックスでなかった、言い換えれば技術的な方法として従来のものとやや変わっていた、という程度のものでしかないことに対する批判だろう。

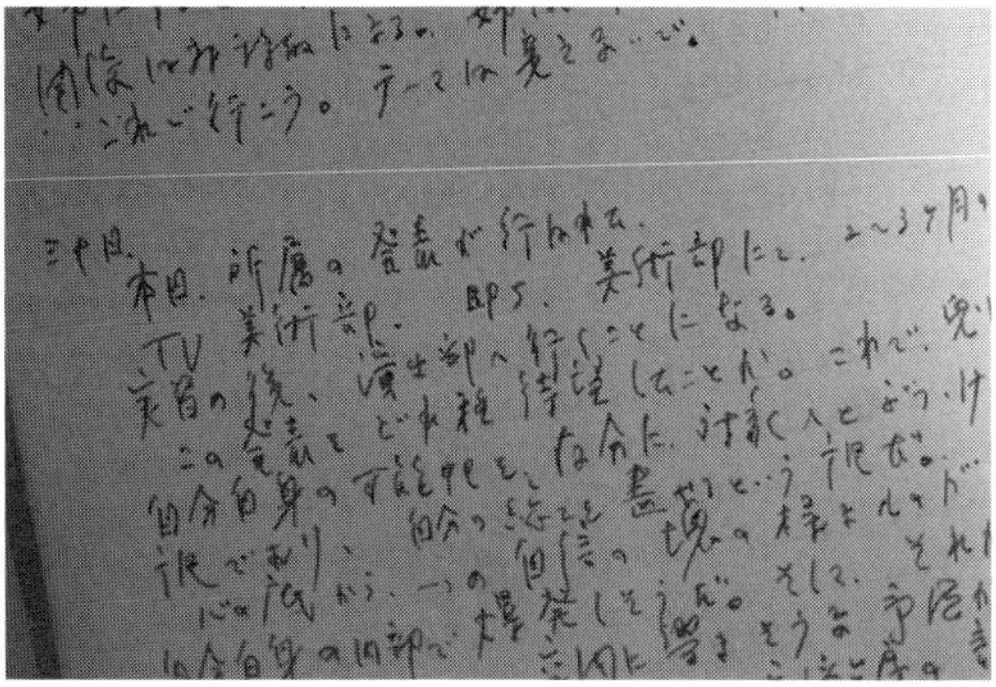

配属発表の日の日記。

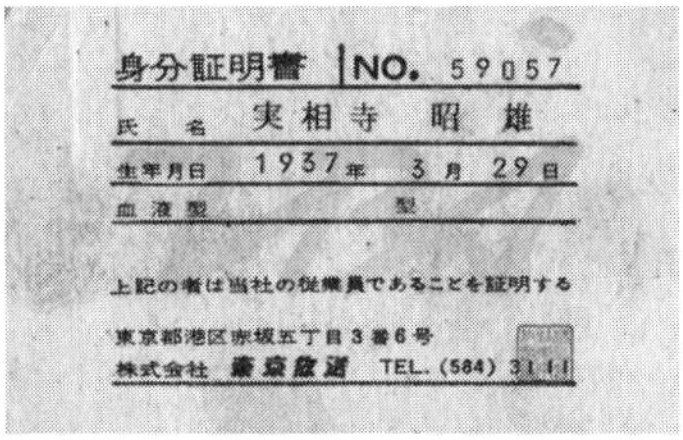

身分証明書	NO. 59057
氏名	実相寺　昭雄
生年月日	1937年　3月　29日
血液型	型

上記の者は当社の従業員であることを証明する

東京都港区赤坂五丁目3番6号

株式会社　東京放送　TEL.（584）3111

東京放送（TBS）の社員証。

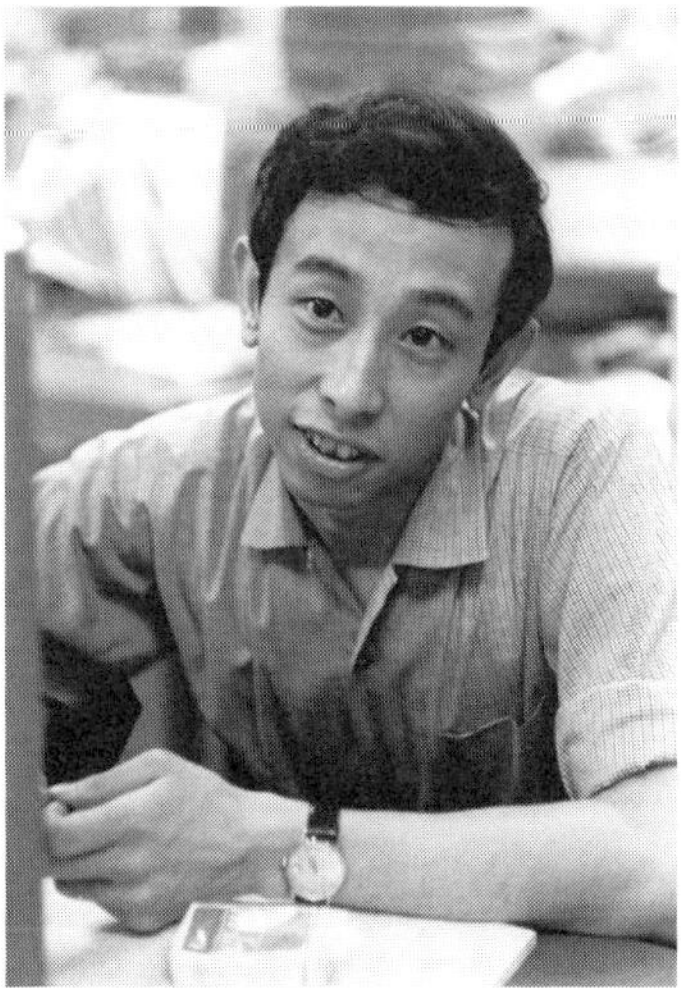

演出部オフィスにて。

アシスタント・ディレクターの頃。

これが歌手のショーの中継をめぐる文章とはとても思えないし、文中に引用される後のＴＢＳの看板ディレクターたちの発言も極めて真摯である。当時のテレビの現場の心ある作り手たちの、テレビに対する熱い向き合い方がしのばれる一方、実相寺はこの時からすでにテレビのなかで作り物、虚構のアイコンとされるものから、日常的な生々しさ（それはテレビらしい同時性の臨場感につながるものだが）を志向していたことがわかる。その傾向はさらに徹底されて、続く同年の中継番組『さようなら１９６１年日劇ビッグ・パレード』では、ショーの途中に街角の人びとのスチルや安保がらみのインタビューを次々にインサートして顰蹙を買ったという。

現場にて。

この頃の実相寺は、ただ放っておけば漫然とした現実の再現でしかないテレビ映像に、何とかしてテレビ独自の方法的な痕跡を残そうとしていたのだろう。しかし、いかに平板で凡庸であろうと、見やすくわかりやすい映像が求められた初期のテレビ局にあって、より純粋にテレビ的なるものを手探りしていた実相寺のこだわりはあまり歓迎されなかった。

ところでこの頃、テレビドラマでは徐々に生放送にかわってＶＴＲ化が進行していた（以下本書の「スタジオドラマ」「テレビ映画」をめぐる実相寺の発言は一九九三年に筆者がインタビューを行ったものである）。

スタジオのカメラは重いので、基本的にロケーションは一六ミリのフィルムを使って、オンエアの時に送り出していたんですね。円谷一《はじめ》さん（円谷英二の長男）は外のロケが好きで、三〇分番組でもスタジオは三分、後は全部フィルムにしたり（笑）していたし、スタジオドラマと言いつつオールフィルムのものもありました。たまにビデオロケーションもあったんですが、ビデオテープ自体を外に持ち運べる状態ではなかったから、パラボラ合わせをやって中継車から電波を飛ばし、局舎内のVTRで収録するやりかただった。VTR車がなかったので、たとえば新選組の池田屋討ち入りを新東宝のオープンで撮影したのをそのまま送って、ADの僕が局で「受け」をやったこともありました。だから、ビデオのロケハンに行く時は、必ず技術者が双眼鏡を持って行って、ロケ地から赤坂の局のアンテナが見えるかどうか調べていたんです。

『おかあさん』『7時にあいましょー』『いつか極光の輝く街に』

VTRがここまで不便だったこの頃、実相寺は初めてVTRでスタジオドラマを演出することになった。六二年の『おかあさん』という三〇分シリーズの作品である。これは日本の新旧世代のさまざまな母親像をモチーフにした一話完結の連続ドラマだが、実相寺は大島渚の〈あなたを呼ぶ声〉というオリジナルシナリオでドラマを初演出した。他の演出家による『おかあさん』シリーズは、もっとのんびり、ほのぼのとしたホームドラマであったに違いないが、実相寺版『おかあさん』はストーリーも手法もごく異色なものである。

そのひとつ、石堂淑朗《いしどうとしろう》脚本による〈生きる〉は、おんぼろのアパートを舞台に、娘を金持ちの妾にして食い物にしている凄まじい母親（菅井きん）が、ハプニングの末に娘に出て行かれてしまった後で、今度は隣室の貧乏な学生（山本學）の部屋に「おかあさんが来たと思って諦めろ」と押しかけてしまうブラックコメディである。

当時のVTRはカットごとに巻き戻して撮り直すことができず、途中でNGが出るとアタマからやり直さなければならなかったので、いくつかのシーンをまとめた長いブロックごとに収録していた。『おかあさん』を見ていると、およそ正味二五分くらいの内容を五～六ブロック程度に分けて収録している

同人誌「第三映画」と「dA」。

「第三映画」に寄稿した「ヌーヴェル・ヴァーグ」論。

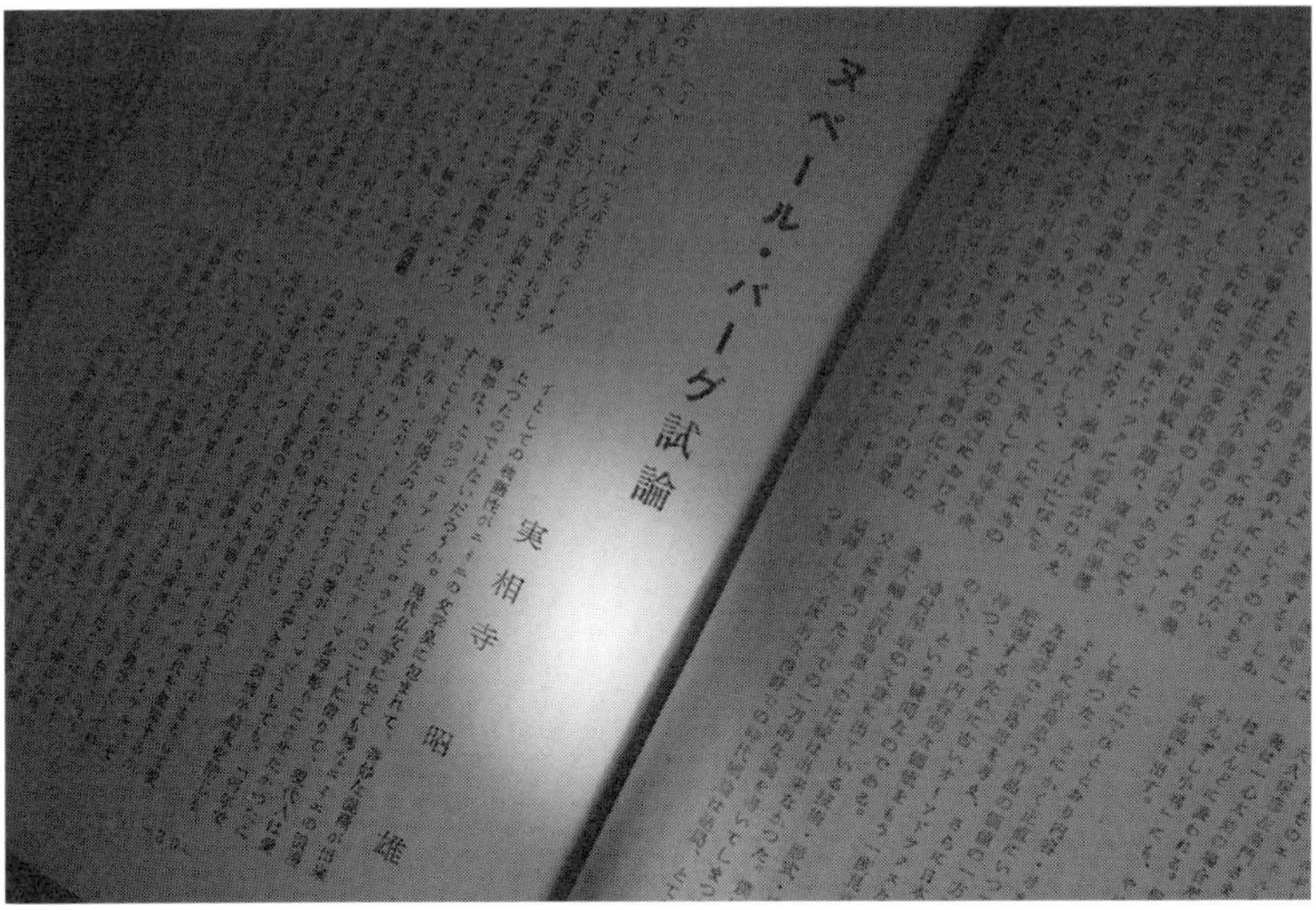

当時の一日の多忙なスケジュール。

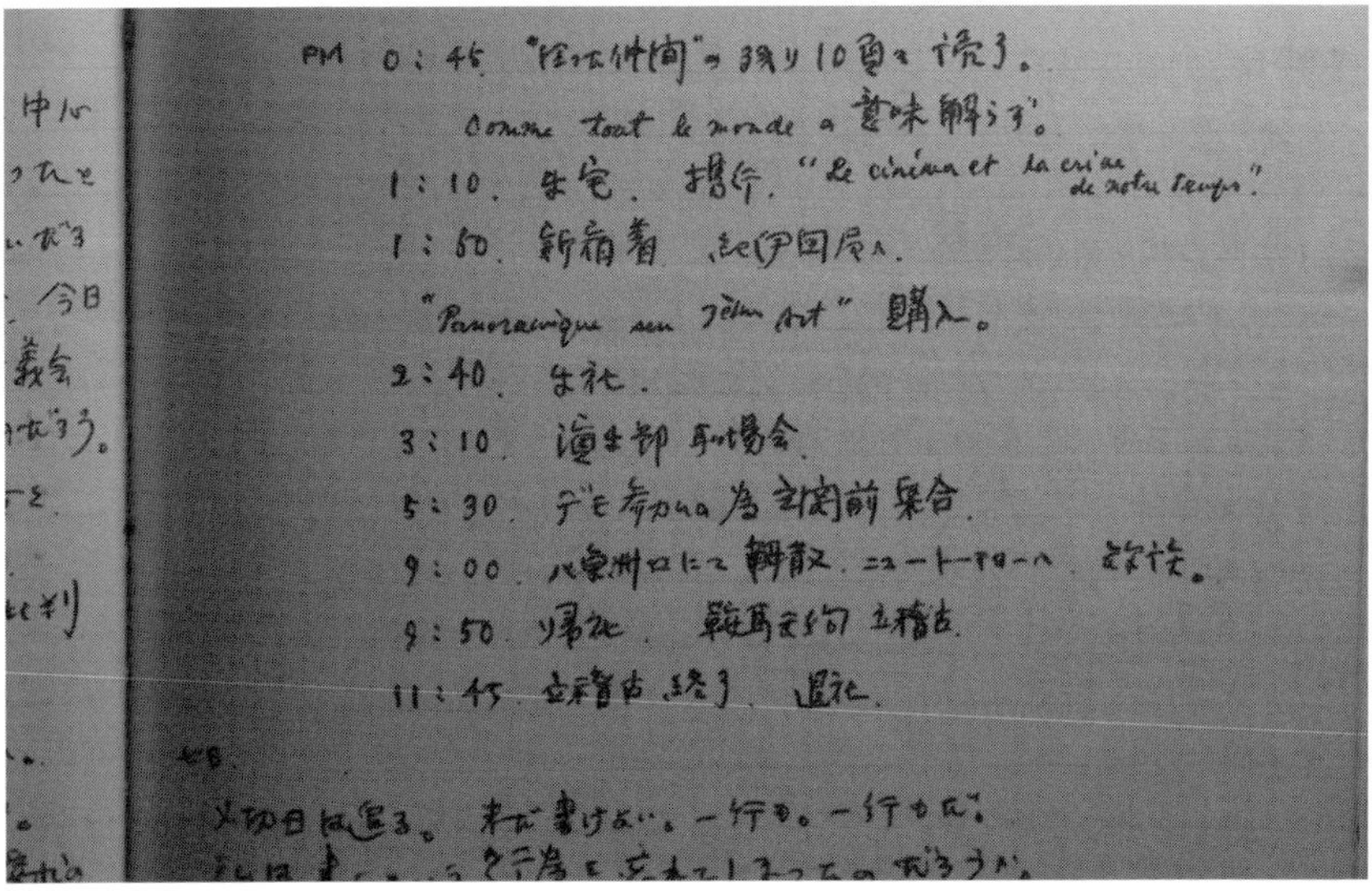

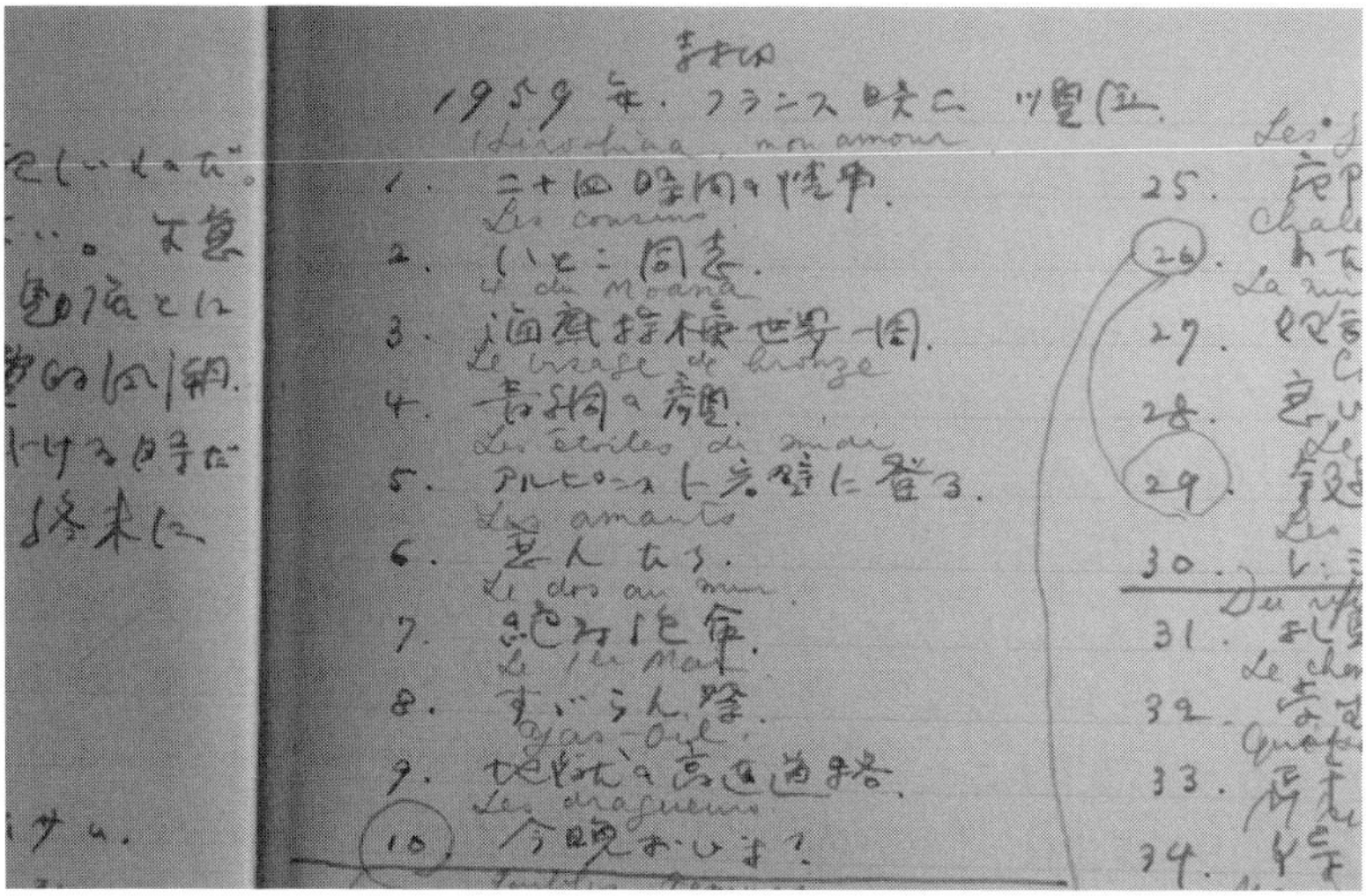

1959年度の個人的映画ベストテン。

1960年1月、カミュの訃報に接して。

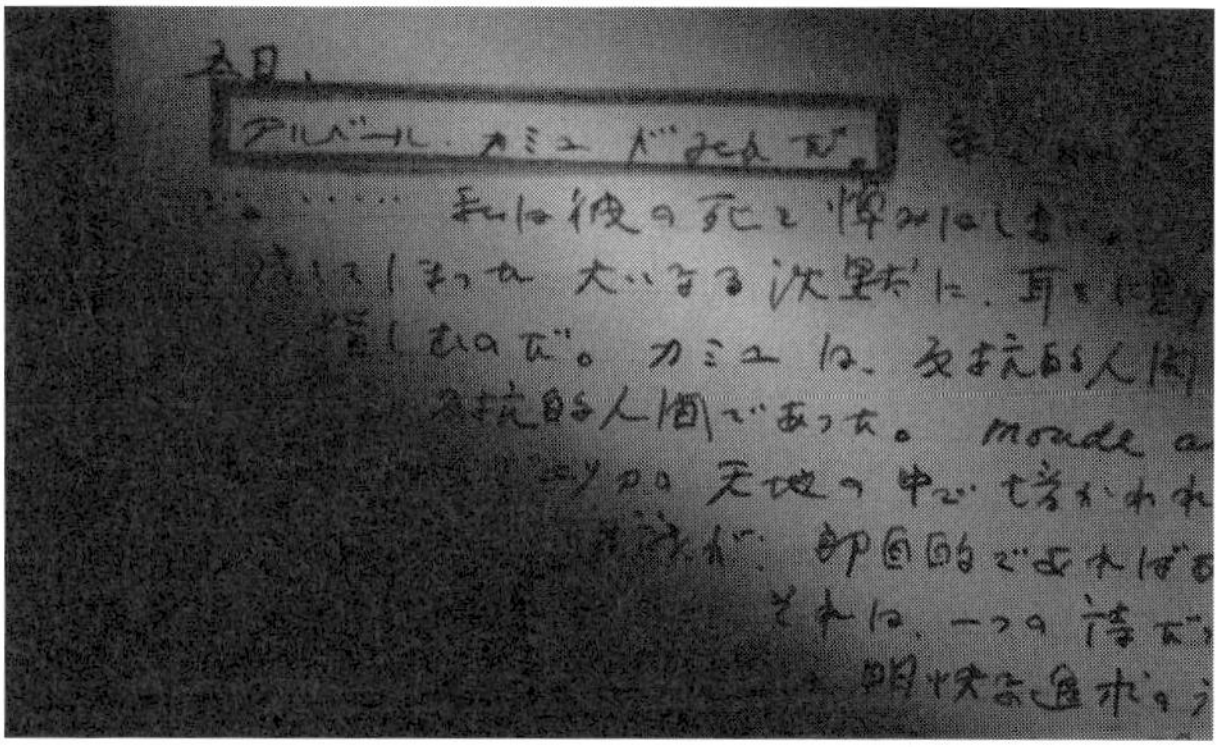

1960年日米安保条約締結。「屈辱の日に」とある。

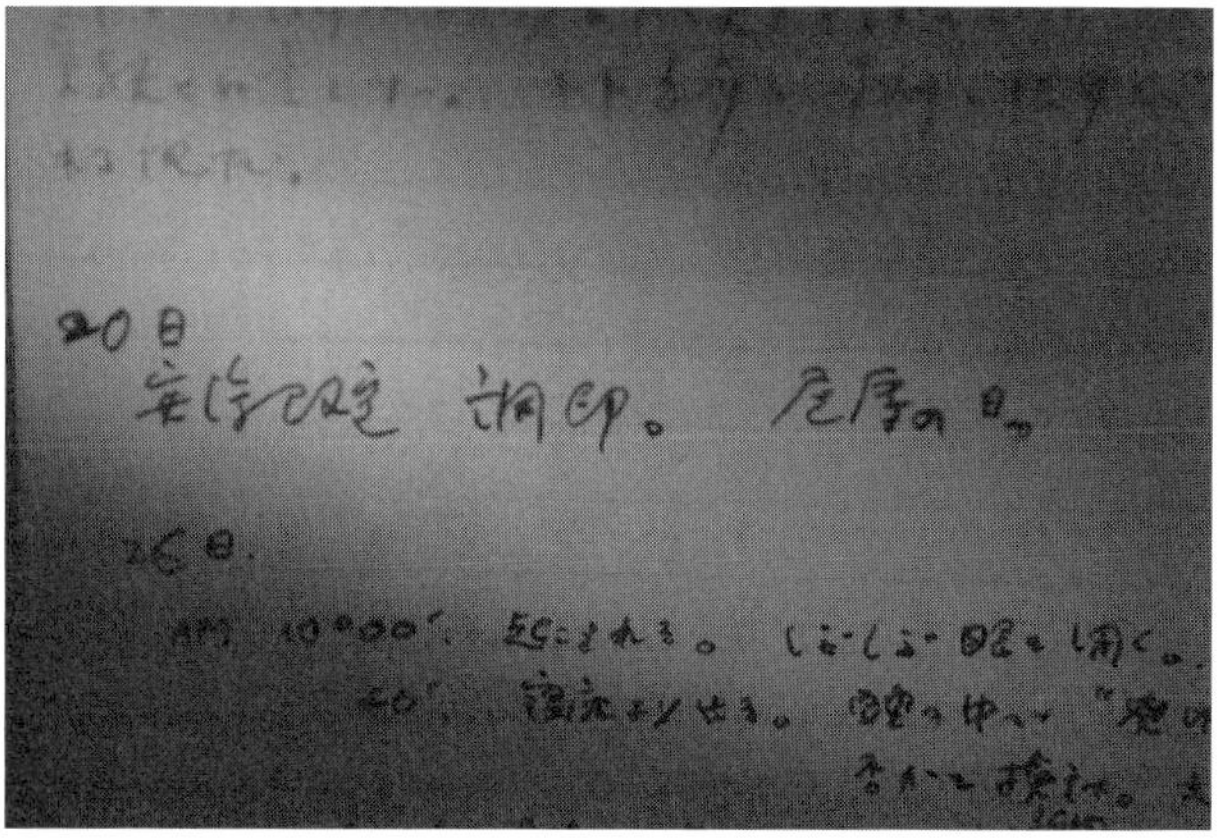

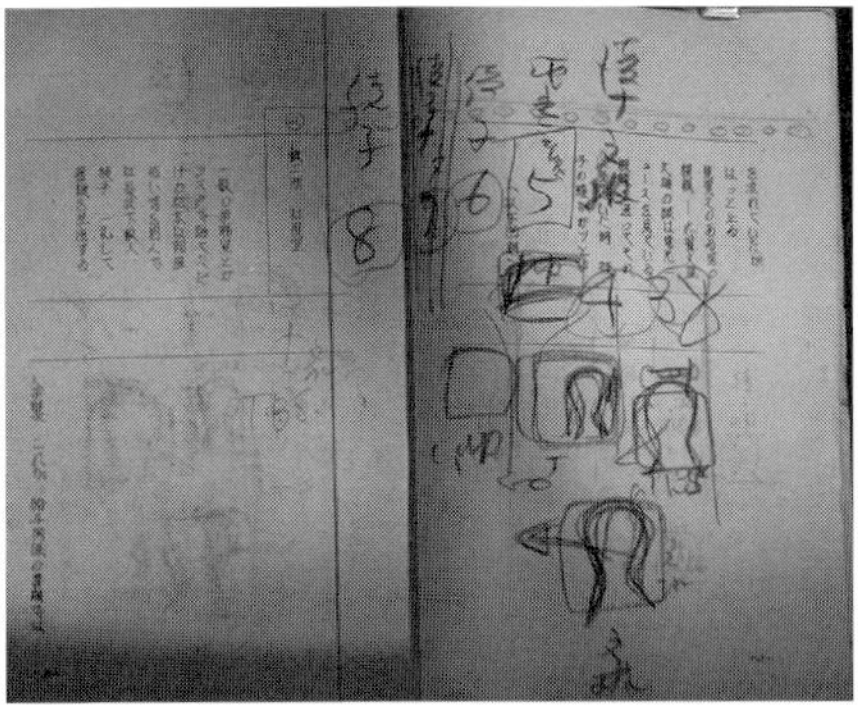

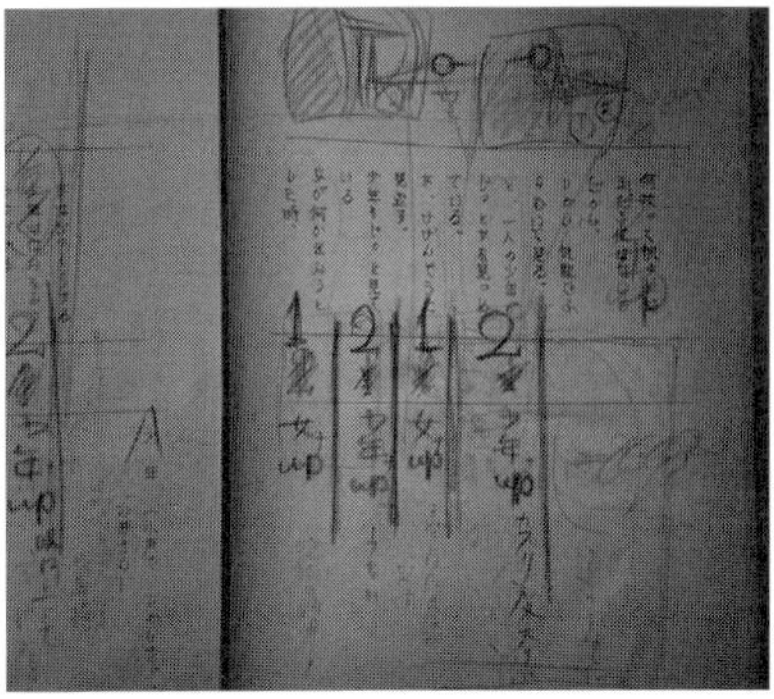

『おかあさん』脚本書き込み。

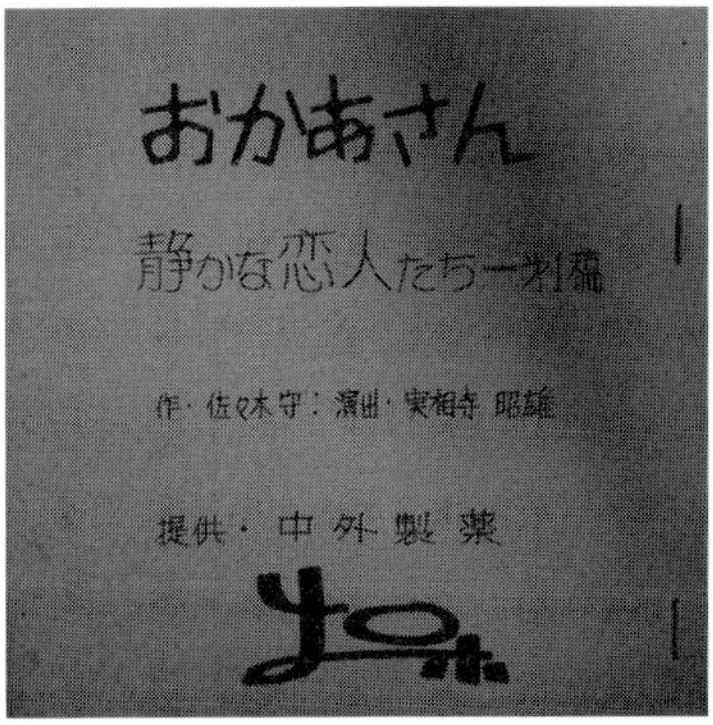

『おかあさん』佐々木守のボツ脚本。

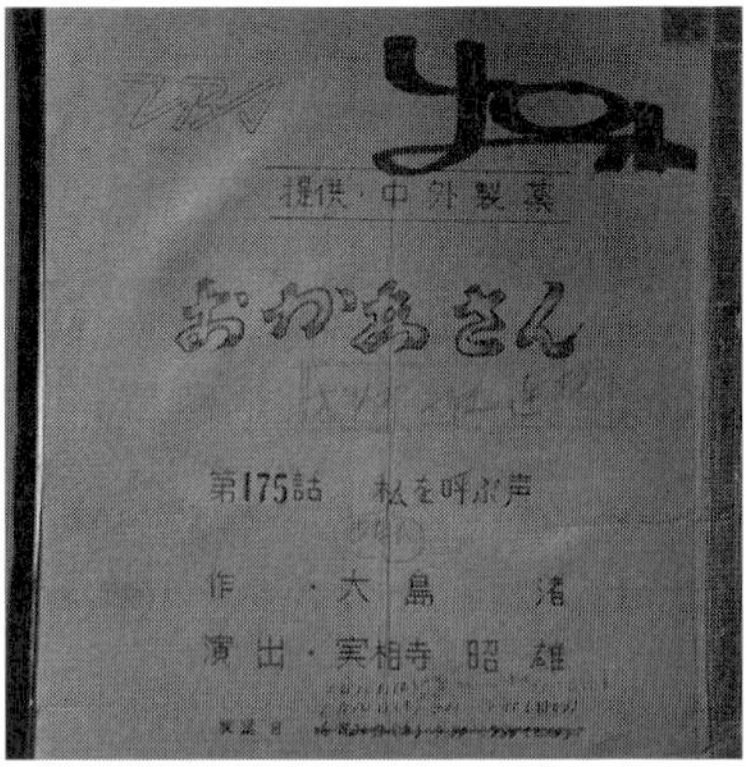

大島渚脚本〈あなたを呼ぶ声〉。
誤植で「私を呼ぶ声」に。

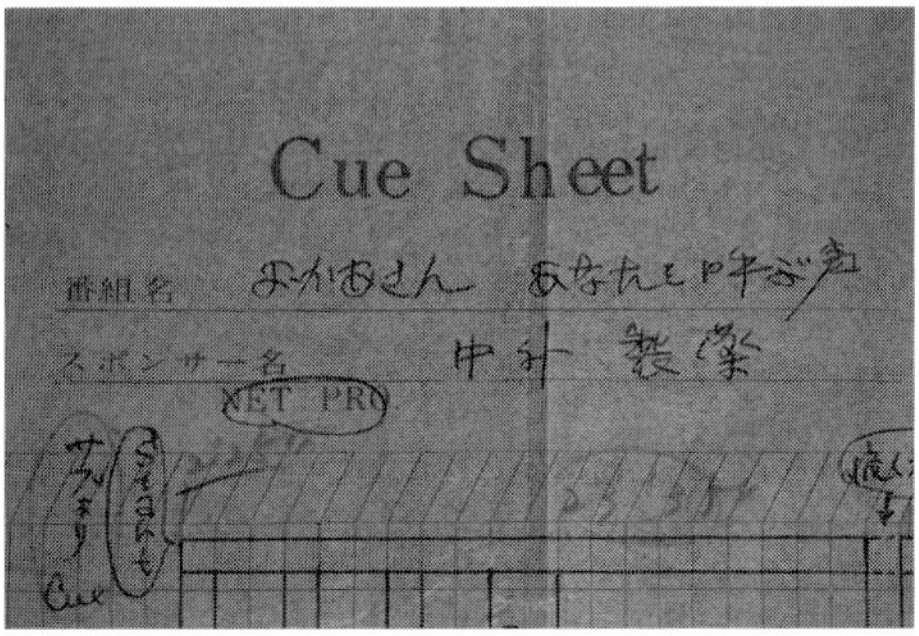

〈あなたを呼ぶ声〉キューシート。

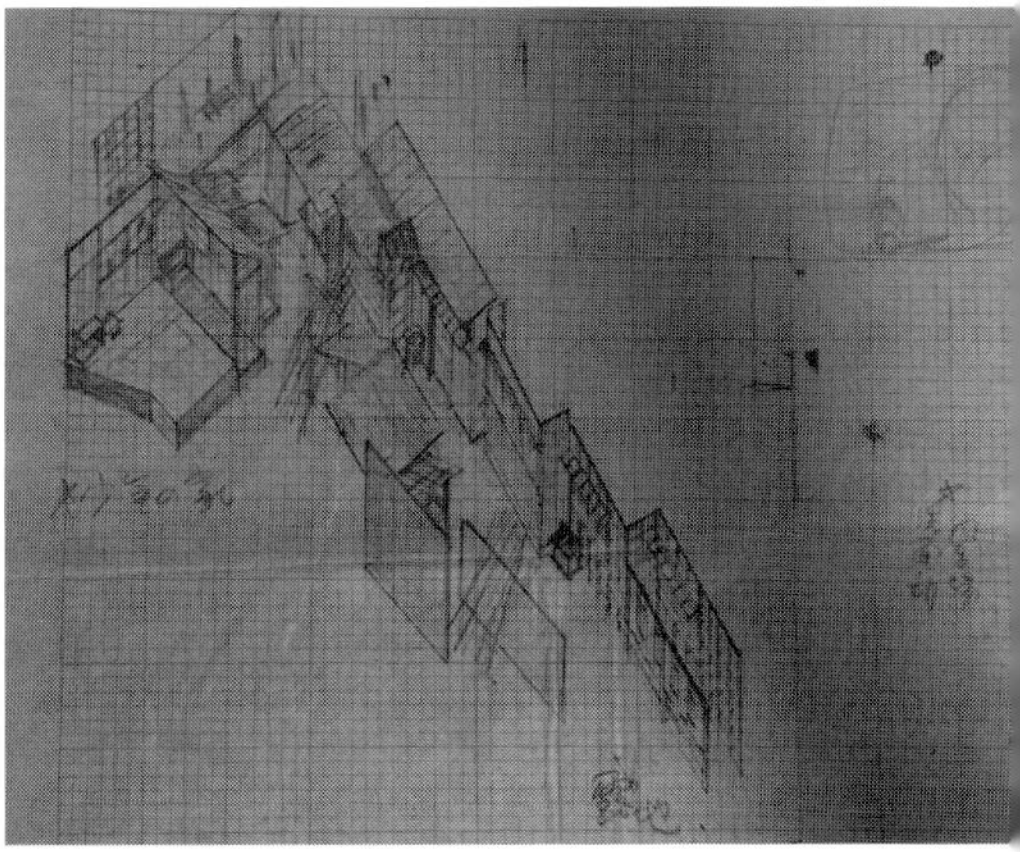

森健一のデザイン図面。

ようだ。こうした技術的な不自由さにもかかわらず、実相寺は思いきった試みをしている。それは後半の一ブロックの一〇分近い長回しであり、クレーンに乗ったカメラはアパートのトイレ、妾の娘と母の部屋、貧乏学生の部屋と、壁越しに隣接した三つの部屋をするすると移動し続け、時には床すれすれの思いきったアングルからダイナミックに人物をとらえてゆく。

また、同じく『おかあさん』の〈あつまり〉というタイトルの話では、田村正和らが扮する〈太陽族〉ふうのブルジョアの子弟たちのデカダンチックなパーティーが描かれ、その一人のファッションモデル（斎藤チヤ子）が妊娠を告白、絶対に子どもを産むと主張して仲間からはずれてゆくというストーリーだったが、ここでの実相寺は〈生きる〉の時の作劇とカメラワークへのフェティッシュな凝り方とは対照的に、さまざまなモダンジャズをＢＧＭとしながら、パーティーにたむろする若者たちの会話を即興的なスイッチングでつないでゆく。

翌六三年の『おかあさん』〈鏡の中の鏡〉は、亡くなった名女優を母に持つ、自らも女優となった娘（朝丘雪路）と、その母の面影にとらわれて、いつまでも娘を人形のように拘束するステージパパ（清水元）との確執の話だった。そこで実相寺は、娘の表情を極端なアップで積み重ね、音楽を排して不思議な音響を活かしながら、心理のゆらぎを映し出した。

田村孟《つとむ》の凝縮された脚本をもとに原知佐子主演で撮った〈さらばルイジアナ〉は神学校の学生たちの複雑な心理を描いた力作だが、極端なアップとロングに占められた硬質な美しさがすでにかなり完成されている。『青春残酷物語』の川津祐介や『日本の夜と霧』の吉沢京夫ら大島渚作品ゆかりの俳優たちが好演しており、原知佐子のクールビューティーぶりも作品に大いに貢献していた。

これら初期の実相寺昭雄のスタジオドラマでは、後の実相寺調につながるさまざまな要素が、不便なスタジオの制約のなかで意欲的に試されている。大雑把に言えば、これらの番組は各々スタイルこそ異なっても、方法的な意識を一貫させることへの執拗なこだわりで通じ合っているように思う。

勢いに乗る実相寺は、敬愛する大島渚が松竹の助監督時代に書いたシナリオで、唯一の一時間物のVTRドラマ『近鉄金曜劇場　いつか極光《オオロラ》の輝く街に』を演出している。松竹の助監督シナリオ集にあったこのシナリオに惚れこんだ実相寺は、大島にテレビドラマ向けのアレンジを依頼した。

初めてドラマで一本立ちした時も大島渚さんのホンを撮らせていただいたんですが、昭和ひとケタ世代の大島さんと僕とでは資質も違うので、大島さんが「俺とやるよりも佐々木守という助監督兼物書きがいるから紹介するよ」と彼のことを教えてくれた。佐々木守はラジオ東京（＝TBSラジオ）にいた橋本洋二さんのディレクションでラジオドラマを書いていたんですが、さっそく僕も『おかあさん』シリーズで柴田翔の「されどわれらが日々」みたいな形のものを、と頼んだ。その

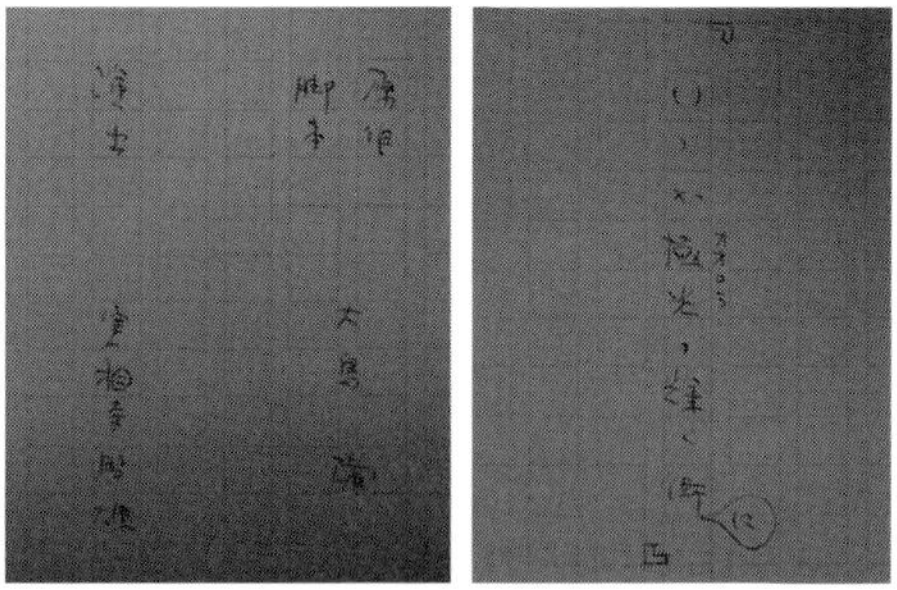
大島渚直筆『いつか極光の輝く街で』脚本。

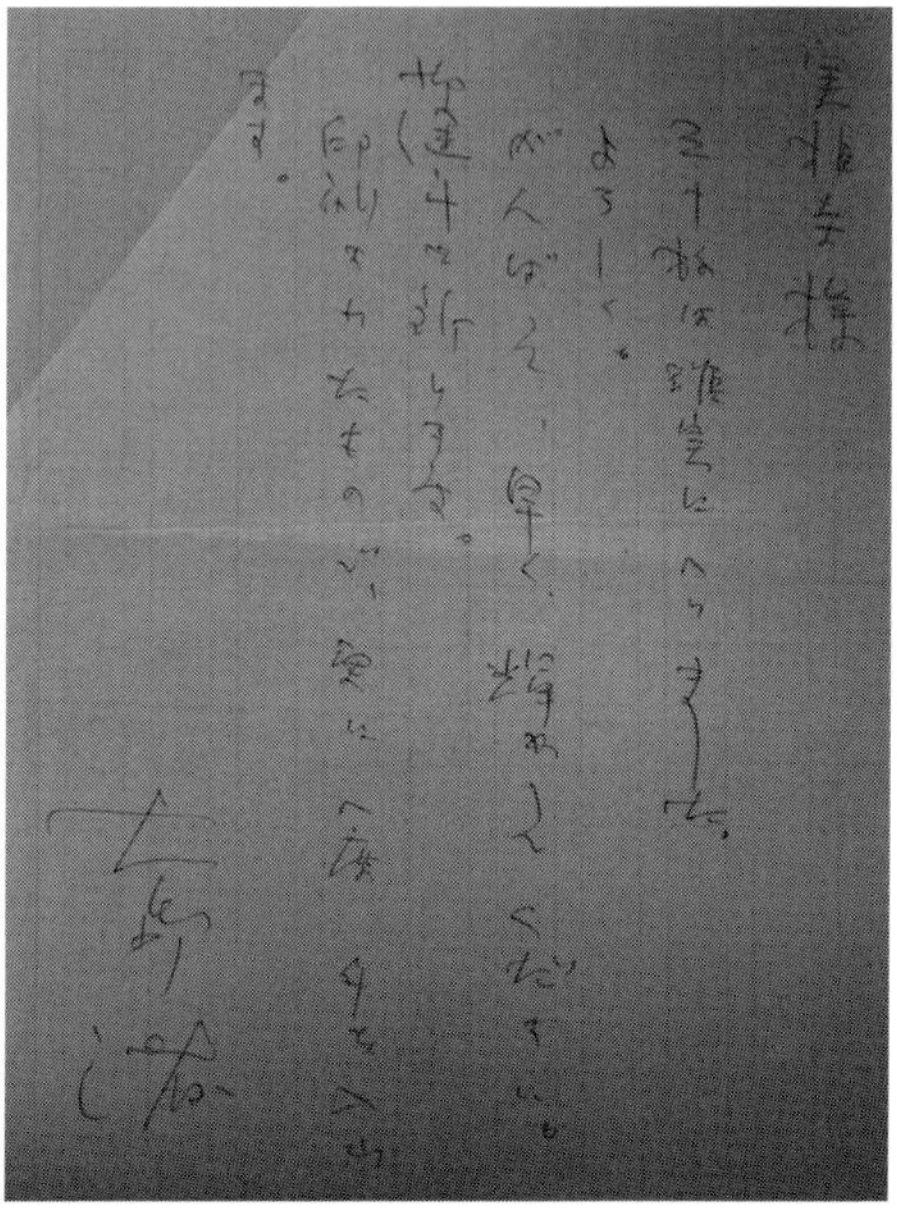
大島渚のメッセージ。「がんばって、早く、輝いてください」。

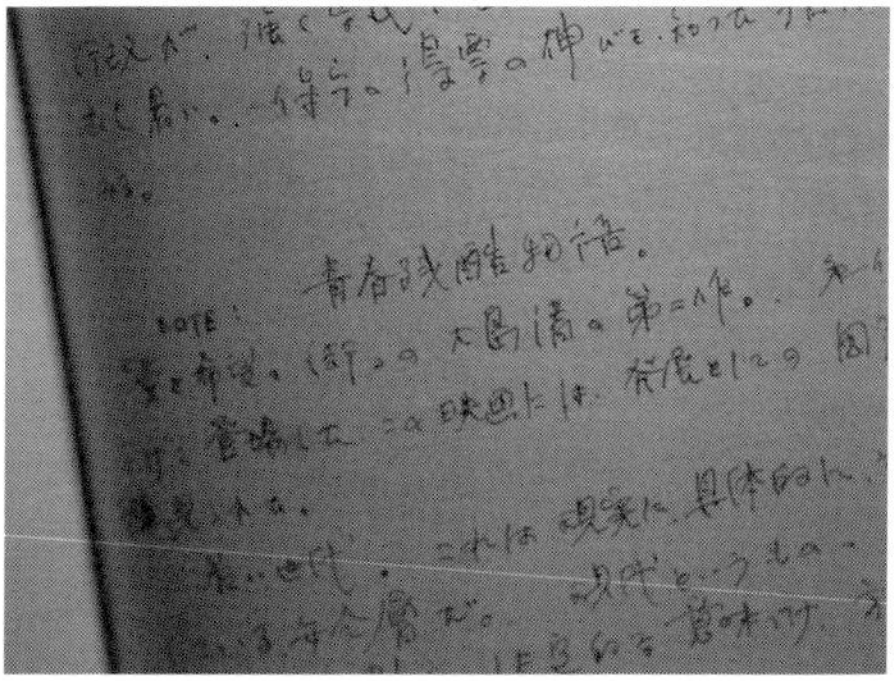
日記にある大島渚『青春残酷物語』の評。

時のホンは会社に通らなくてダメだったんですが、佐々木守とはすぐ意気投合しまして、続く『でっかく生きろ！』というシリーズで初めて彼のホンを撮った。それは「宝石を食べる女」という設定の、亡くなった川口知子さん主演のファンタジックなもの。ところが、その時は局がディレクターとして僕の名前を使うなと言ってきたんです。

この『でっかく生きろ！』の実相寺がどうしてそんな事態に見まわれたのかは後述するとして、『いつか極光の輝く街に』の演出について実相寺はひとつ期するところがあった。というのもこれに先立って大島渚のシナリオで『おかあさん』〈あなたを呼ぶ声〉を演出した際、その冒頭の五分くらいまでのショットの積み重ねについては「全作品のなかで最良」レベルだと思ったものの、後半はテクニックに走って脚本のよさを損なったうらみがあり、放映を観た大島に「いたずらな技術を捨てて、切り返しで撮るべきところはきちんと撮らなければだめだ」と厳しく指摘されたという。

そのため、あらためて大島脚本に挑み、大島夫人の小山明子が主演する『いつか極光の輝く街に』では、テクニックを抑制してひたすら人物像を凝視することを心がけた。当時の日記を読むと「大島渚の『オオロラ』を近鉄で演出できることになった。このドラマが誰の胸にも、ひとつの心ある人間の住処を作れるように、出来るだけわかりやすく、しかも素直に。技術とか美学のかけらもなく、慎みをもって」と記されていて、くだんの大島渚の指摘を謙虚に受け止めているようだ。

しかし、当時一方では日記に「テレビドラマはエクリチュールだということを、もっと演出家は皮膚で感じとるべきではないだろうか。現在はテーマの時代ではない。生理の時代なのだ」、すなわち語りたいことよりも語り方が重要なのだと主張していた実相寺にしてみれば仕上がりはどこか不自然で「ごく古くさい革袋に新しい酒を注いだような印象」であったという（対する大島渚は、切実な主題も持たずただ語りの技巧が上手いだけの作家を「語り口の人」とシニカルに語ることがよくあった）。それなのに、作品を観た大島渚からは「君はテクニシャンだなあ」と最も避けたいシニカルな感想が返ってきて、実相寺は「絶望的な気持ちになった」というが、察するにこうしたことを経て、結局実相寺は正調のストーリーテリングではない技巧の主張に満ちた作風を（異端の謗りを受けようとも）暖簾として掲げようと決めたのではなかろうか。

さて、ここで少しだけ迂回をして、当時の実相寺が大島渚にどんな信頼と期待を寄せていたかについてふれておきたい。まず同人誌「第三映画」一九六〇年夏季号の「庶民性の超克」という文章において大島の第一作『愛と希望の街』にふれながら、これは「殆どのテクニックの上での斬新さもなく、大島渚は自作のオリジナルを正面から無骨に描いてゆくだけだ。恐らく、新人監督の第一作を受け取る観客として、先入的に抱いている新しさのポイントは一つもない。エキセントリックな若い世代の感情が溢れている訳でもない」作品であり、「庶民＝善良の等式の一定限に迄物語は発展する」のだが、本作はそこで従来の大船調のようにお茶を濁さず、「高められたイメージは一つ一つ壊されてゆくことになる。」「ある限界に迄、善良であった人物たちは、彼らの歴史条件の中での行動に移らざるを得なくなるのだ。階級的視野は回復される。大島渚のこの逆転に、大船調というものを否定的媒介として作り上げた、見事な論理を読み取るのだ。庶民＝善良の等式の中での曖昧な部分として、各人が暗黙のうちにやり過ごしていたことを、誰もが責任を取らざるを得ない」、すなわち「大島渚は、ただ素朴に対象を見ているだけではない。彼は抽象作用を身につけた作家でもある。庶民性という曖昧さで、一度登場人物を無階級的に捉えながら、その庶民性の曖昧さをバラバラにして階級対立の視点を取り戻し得たのは『愛と希望の街』の持つ、大きな意義ではなかろうか」と、もう本質的なところで激賛している。

この直後、六〇年安保闘争のただ中に公開された大島の『青春残酷物語』については、その思いの深さ、期待の大きさゆえにやや辛口の長い評が当時の日記から見つかった。「大島渚は第一作『愛と希望の街』で、階級の具体的な存在に冷厳な眼を向け得たのだが、『青春残酷物語』ではその題が示す通り、

『おかあさん』のロケハン写真。『愛と希望の街』的な風景。

奇妙な感情移入をもって失敗を犯している。青春は残酷である、と映像で提示する時に、その映像は一定のドラマティカルな青春の残像に変わってしまうのではないか。大島渚がこのような感情移入をしたと思われる川津祐介と桑野みゆきの生き方の描写、セックス、スピード、皮膚感覚としての世代の特権の謳歌には、青春=残酷というどうにもならない観念の枠に縛られて、ドラマティックにならざるを得ないのではないだろうか。第一作の、あの感情移入の限界を見極めた大島渚の論理の分析面のみが、第二作では出過ぎたと思うのだ。」「日本のヌーヴェル・ヴァーグという呼称ほどばかげたものはない。『青春残酷物語』のカラー、シネスコのフレームの使い方など技術的には新鮮である。しかし手法と内容の乖離ほど残酷なものはない。私は全くの乖離と言い切る気持ちはないが、そこに用いられた数々の技術のエネルギーもまた、感覚的に止揚されてしまうのではないかという危惧を感じたのだ。そして、なんといってもジャン=リュック・ゴダールの影響というのは歴然としていよう。『愛と希望の街』にあったのは、ゴリゴリとした不器用なカメラアイである。しかし、そこにはモダニズムの一片もなかった。それは記録の精神のある映画であった」。

しかし面白いのは、こうして「モダニズムの一片もない」「正面から無骨」に描いてゆく大島の凄さを十二分に理解していながら、自らの表現の実践においてはどうにもその「モダニズム」的技巧（と実相寺は思っていなかったのか?）に走っては、大島から苦言を呈されてしまう実相寺の「性《さが》」である。

スタジオドラマの美術デザイナー、森健一と。

やや迂回が長くなったが、その実相寺の技巧派ぶりはドラマだけにとどまらず、この時期に実相寺が手がけた歌番組にもうかがえる。たとえば、六三年の『7時にあいまショー』〈若さ・現在・未来〉では、ネガ・ポジ反転に始まってめまぐるしいカット割り、東京の街の風景をきびきび点描したイメージフィルムのインサートなど、時として歌手の顔が判別できないほどのめまぐるしいテンポで凝りまくる。

セット図面。「七人の刑事」からの流用がわかる。

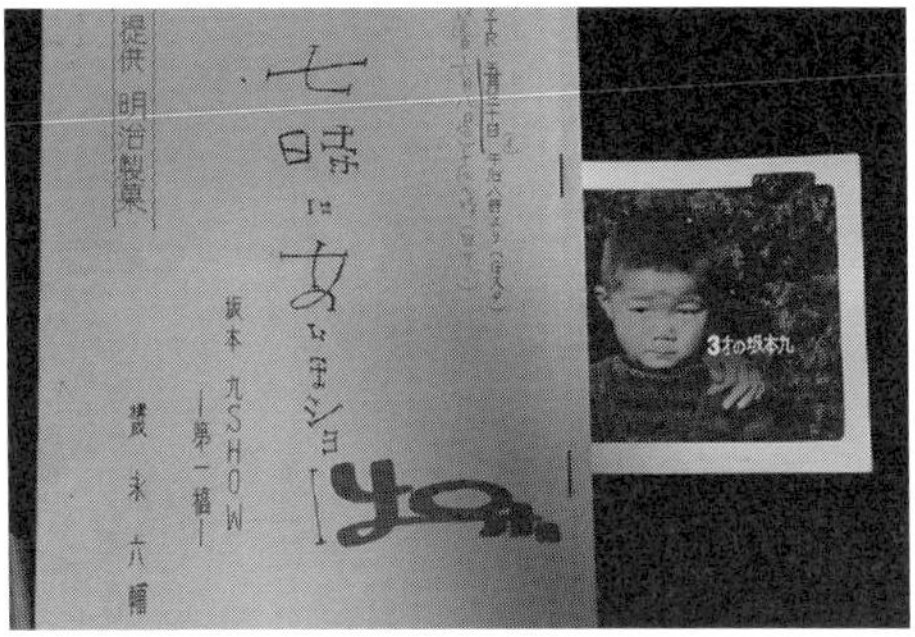

『7時にあいまショー』脚本。坂本九出演の回。

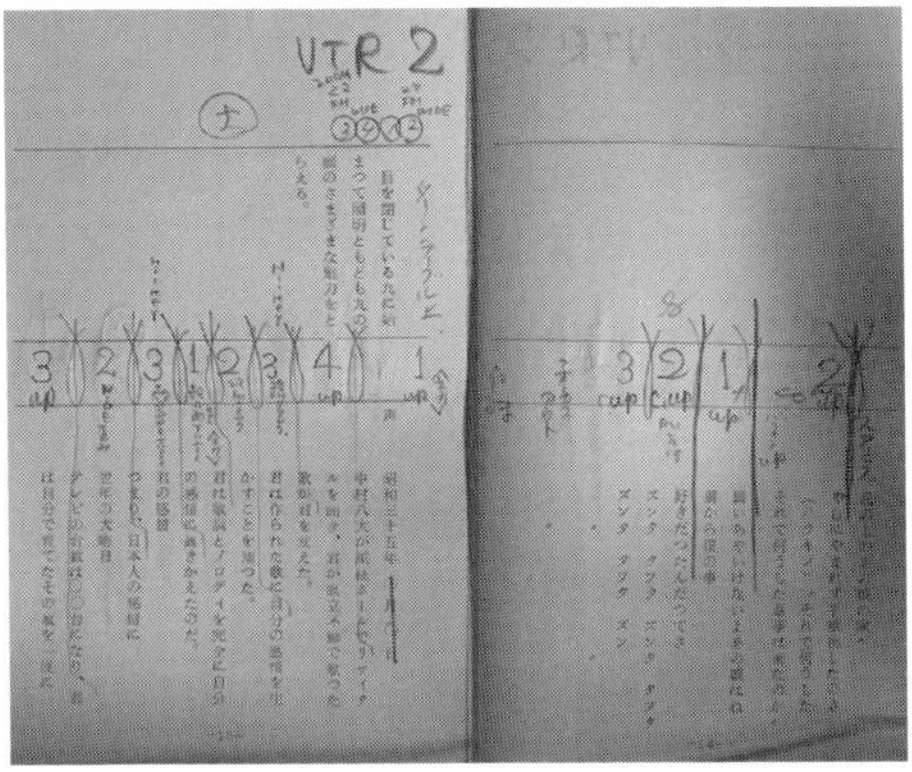

『7時にあいまショー』脚本書き込み。

歌手だった斎藤チヤ子のイメージ。

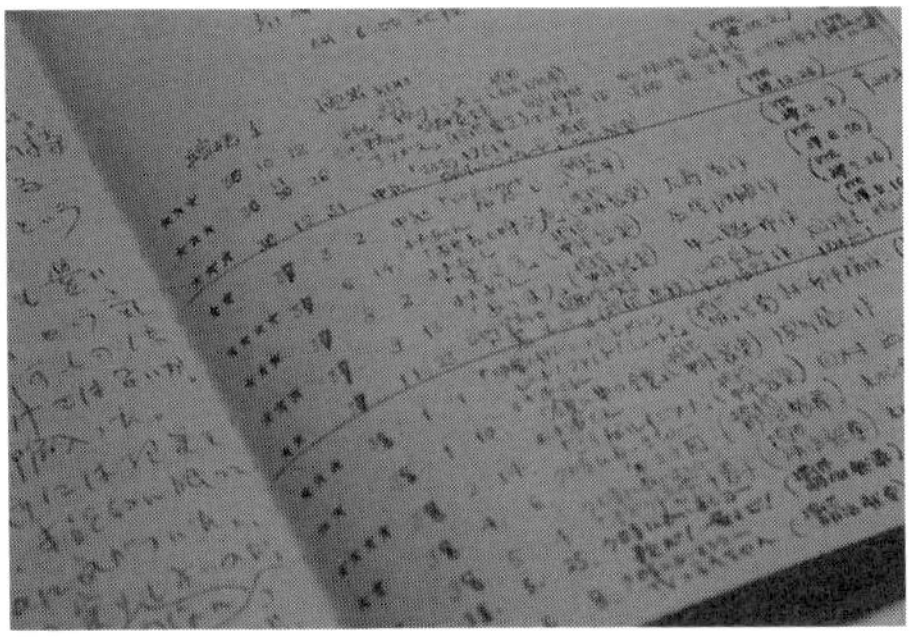

日記より。当時の担当番組の演出の自己採点表。

弘田三枝子「ヴァケイション」のスイッチング指示書。

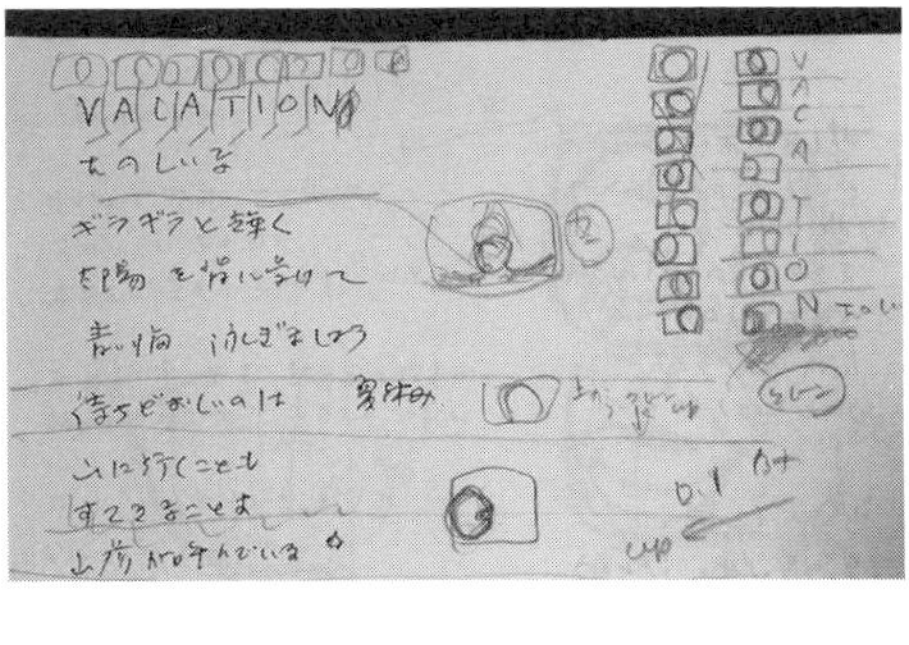

「ヴァケイション」演出メモ。

あるいは、同番組の〈若さがある〉では、早大の学生が撮影した写真をセットにしたり、ダンサーのシルエットにダブらせたりしつつ、後に『ウルトラ』シリーズや吉田喜重『エロス＋虐殺』の脚本を手がける詩人の山田正弘の詩をインサートするなど、一種コラージュふうになっていた。

これらに対して、同番組の〈歌う倍賞千恵子〉では、下町ふうのセットを歩きながら歌う倍賞千恵子の顔を、極端なるアップでゆっくり見つめ続け、その途中には篠田正浩らとの対談を織り込んで、シンプルにすっきりとまとめていた。また、〈歌だ！若さだ！〉では、スタジオに地下二階の大きなジャズ喫茶のセットを組み、その客席の若者から楽屋裏のスターまでを古今亭志ん朝がインタビューして歩くという、セミ・ドキュメント的なムードで創られていた（ちなみに、スタジオでの実相寺の番組を全て担当したという森健一の美術には、実相寺の意欲が伝染したとおぼしき熱気が漂っている）。『7時にあいまショー』のタッチには、このようにサイケデリック流行前夜ふうのポップな映像の洪水から、シネマ・ヴェリテふうの臨場感と即興性にこだわったシンプルな映像まで、さまざまなタイプの試みが見られる。

この『7時にあいまショー』の演出についても、当時の日記を読むと「どういう切り込みをするか悩む」「音楽番組を、ある限定空間で撮ること。その内容に状況を導き入れた〈歌だ！若さだ！〉のVTR録り終わる。カメラが対象を裁断した時に、もろくもその対象はオブジェとなるのか。あるいは、それ自体超克されぬ、強さをもったものであるのか、ということも確かめたかった。そして演出的な生理にまつわることだが、今度の場合、内在するイメージの発酵度の弱さゆえに、ある隠せぬボロもあった。この対象を、俺はこういうイメージで撮りたいという、肉迫の仕方に欠けるところ大。眼は再生産されるごとに古くなり、絵のパターン化はおおい難く、俺を悩ませる」と、これもまた歌番組の録画にこんな向き合いをしていることが今や信じ難い。

美空ひばり中継事件と『でっかく生きろ！』降板

　そしてまさに、こんな実相寺の張りつめた意識が、有名な〈事件〉を引き起こす。これらの番組での志そのままに、この六三年末の日劇チャリティーショーの中継を担当した実相寺は、歌っていない時の美空ひばりを極端なるクローズアップで、そして歌っている時のひばりを極端なるロングショットでとらえてみせた。これは実相寺にとっては大スターへの誹謗でもなんでもなく、むしろおざなりな中継のセオリーをもって美空ひばりを無為に人形のように描くのではなく、ひとりの生々しいキャラクターとして愛情をこめて眺めてみたかったのだろう。

　ところが、実相寺一流の美空ひばりの表現は、まだまだ素朴だった視聴者の猛烈なる反発の対象となり、それまでのスタジオでの方法的な執着が局内で悪目立ちしていたこともあって、大問題となってしまう。その時に局に寄せられたたくさんのクレームの手紙を読んだ人によれば。それはもう烈火のごとき怒りに満ちた文面であったそうだ。この騒動の直後である一九六四年正月の実相寺の日記には、どう読んでもこのことについての会社からの注意を受けての思いが記されている。

　　ひとりぼっちの格闘を、これから先ずっと続けていかなくてはならない。その恐ろしさから救われるのは、自分の眼にふたたび迫力が取り戻される時ではないか。傷つき、刀折れ、矢尽きても、誰も助けようとはせず、誰も抱えて起こしてはくれない闘いを続けていこう。そして、その闘いが終わる時、僕は「生きたのだ」という実感を、心から持ちたいと思う。

　そして挫折が、それ自体着実な前進だと言えるような時を、はっきりと、しかもがっちりと握りしめたい。企業の中で、民放の中で生きることの限界がやって来つつある今、意外に早く闘いの時は来るかもしれない。

実相寺としては、もうすでに独立するくらいの覚悟が出来ていた感じの、徹底した頑なさである。

当時の実相寺は、共同生活する四人の独身男性（杉浦直樹、岡田真澄、古今亭志ん朝、寺田農）が理想の女性を探し求める連続ドラマ『でっかく生きろ！』の演出を、はじめてレギュラーで任せられていたのだが、美空ひばり中継へのクレームが影響して、全一三回のうち五回まで手がけたところで急に降板となった。

そして佐々木守脚本による最終回〈その日までさようなら〉を改めて演出したものの、スタッフタイトルに実相寺の名を出すことが許されず、上田亨ディレクターの名がクレジットされている。おまけに、実相寺の降板についてTBSに激しく抗議した寺田農まで数年間干されることになった。この後、実相寺はまる二年の間ADに戻ることになるのだが、しばらくは意気軒昂とヌーヴェル・ヴァーグの映画を論じたりしていた。シネマ・ヴェリテ、ヌーヴェル・ヴァーグといえば、実相寺の作品とのゆかりは深いので、またここでしばらく迂回して、当時の日記から実相寺の映画論を引用する。

この頃の実相寺が最も評価していた映画はアラン・レネ監督、マルグリット・デュラス脚本の『二十四時間の情事』で、実相寺はこれまでに日本で映画を撮ってきたイヴ・シャンピもジョシュア・ローガンもジョン・ヒューストンも「日本の娘を見ただろう。着物を見ただろう。富士山を見ただろう」、しかしそれらに目を奪われて遂に作品が実らなかったとしながら、『夜と霧』『ゲルニカ』『世界の記憶』を撮ったドキュメンタリストにして、「余りにも隔たった東洋の国でそれらに目を奪われはしまいか」と気をもんでいたが、その危惧は静かに打ち破られたという。

この映画にあっては一般概念としてのストオリイ、話の展開、伏線を持つ筋の脈絡、スペクタキュラーなロマネスクの世界は重要ではない。つまり、映画自体はアンチ・ロマンなのだ。アンチ・ロマンといっても、現在流行のモダニズム的概念を、これにあてはめようというのではない。マルグリット・デュラ（原文ママ）の原作により、彼女がシナリオに参画しているからアンチ・ロマンと規定するのではない。形式的な改革としてのアンチ・ロマンではなくして、内容においてそうなのである。

ルイ・マルやシャブロルのようなネオ・ロマンチストたちは一見理性におおわれているかに見えて底には抒情が潜んでいた。それにひきかえレネエ（原文ママ）には抒情があるようでいて根底には理性がある。ビュトール、ロブ＝グリエ、デュラに比べれば、レネエはサルトルに近いかもしれない。

人間は社会の進化のために戦争を忌避しなければならない。その意味で『二十四時間の情事』はメモアール＝記憶の映画であり、一人の女の明確化された内部意識が人類全体という外部へつながっている、新しい概念の平和映画としてかつてないものではないだろうか。レネエの意図を汲んで、エマニュエル・リヴァの演技には真実があった。彼女の演技には、どんな有名女優が演ずる黄昏の心理も、情熱も、若い虚無風もなく、すなわち一切のモダニズムの形骸から解き放たれて、一人の明確なる存在を血肉と化していた。賭けはなされていない。

こんな絶賛ぶりだが、さらにこの延長があって、数年後に本作を再見した実相寺は、「以前の僕はたいそう図式的に分析したかもしれないが、今やここにおいてはっきり人間が存在していたという、実体への興味が、この映画の第一の魅力であることを痛感させられた。実体のない映画への馴れが、僕らをしてそう思わしめていたのだろう」と改めての賞賛を惜しまない。

ところが、アラン・レネ監督の次なる野心作『去年マリエンバードで』となると、意外やこれが辛口である。ふたたび日記に戻ろう。

年代的な時間を廃し、一人の男の意識世界の構築を、意識と想像の世界の現実を、描いたものであるらしい。ロブ＝グリエの文学で微細に描写される外界の事物は、その視点に入ったものだけを、その視点からのみ描いた結果として小説に記され、その事物の微細さは実験的に見えて、完全に主人公の置かれた場所に限定された誠実さを持つ。いわば、物事と、それを見る側の間の対象化の文学といってもよい。しかし、私はロブ＝グリエの文字として描かれたマリエンバードには胸に迫るものを感じながら、それが映像化された時に実に無残で空々しい印象をぬぐえなかった。

レネエは、デュラとの『二十四時間の情事』はかなりよかったし、次の『ミュリエル』もシナリオだけから判断すると監督に問題はなく、今回のレネエはロブ＝グリエの映画観の巻き添えを喰ったのではないか。ロブ＝グリエの映像は、「かたちはメタフィジックに帰する」というサルトルの言葉のエピゴーネンみたいなところがあって、「実体が消し飛んでいるパズル」のように思われる。そこでの人物の意識はすべてをミディアム・ショットで捉えたカメラの美学的な形骸と、ノンシャランなつながりで表現されている。私はここでレネエとロブ＝グリエの結びつきが二人にとって不幸せなめぐり逢いだったと思わずにはいられない。

この映画では、あるバロック風のホテルにおいて男Ａが女Ｘに、去年マリエンバードで会ったと告げるも全く覚えていない。Ａが会ったことを説得し続けて、Ｘは徐々に記憶を回復してくる。この結末に関して、レネエはＡとＸは「マリエンバードで会ったのだ」と言い、ロブ＝グリエは「いや会っていない。あるいはどうでもいい」と言って意見が食い違ったのだという。私はここにこの映画の不幸な宿命を感じるのだ。レネエにとっては、この記憶と忘却の力学の緊張がたえず問われ続けるべき課題なのであり、それゆえに「マリエンバードで二人が出会った」という部分が、彼にとってはこのシナリオで語るべき、わずかに、ひとつの恋としたかったのではないか、と思う。

『マリエンバード』は、「アントニオーニがフォトジェニーでやっていることをモンタージュでや

ろうとしているだけだ」という意見もあるが、これはテレビドラマにとっても、いや僕にとっても、無縁ではないことだ。テレビドラマは電気で作られるということが肝心なので、かたちとして光と影の形骸を追っていってしまうのでは、テレビ界にもロブ＝グリエが続々と誕生する気がする。

このように、とにかく実相寺は愛する映画たちへの厳格な評を書いて、きっと同時に自分自身の作家意識を鼓舞しながら、雌伏の時を過ごしていた。

この間に親しくなった女優の原知佐子のことも日記に頻出するようになるが、とにかく当時才能を発揮しようがない実相寺の心の支えは原であったようである。とはいえ、干されていることへの悶々は耐え難いものとなり、六四年八月の日記によれば、実相寺の気持ちは相当昂ぶり、ＴＢＳを退社することも本気で考えはじめ、さまざまな人びとのもとに相談に行っている。日記には、こんなことが記されている。

企業をやめるということについての、重い、重たい意味。今深くのしかかるのは、本当に辞めたその翌日から財布にいくらの金があり、何で喰い、住いの借金をどう返すのか、という生活的な課題。この解決にただひとつ力となるのは、自分が企業を離れると表現手段（テレビドラマの生産手段）を持っていない僕自身にとって、「自分の才能」しかないということである。

いま、ものすごい勢いで自分を突き上げている、演出をやりたいという欲望と、表現したいという欲望。対価としての金を僕自身にもたらす手だては、Ａ）ラジオを書くこと　Ｂ）テレビを書くこと　Ｃ）雑文を書くこと　Ｄ）批評を書くこと…に絞られてくる。演出だけで生きることは、現実の社会的な僕自身の価値が許すまい。その際、ただひとつの僕が燃え

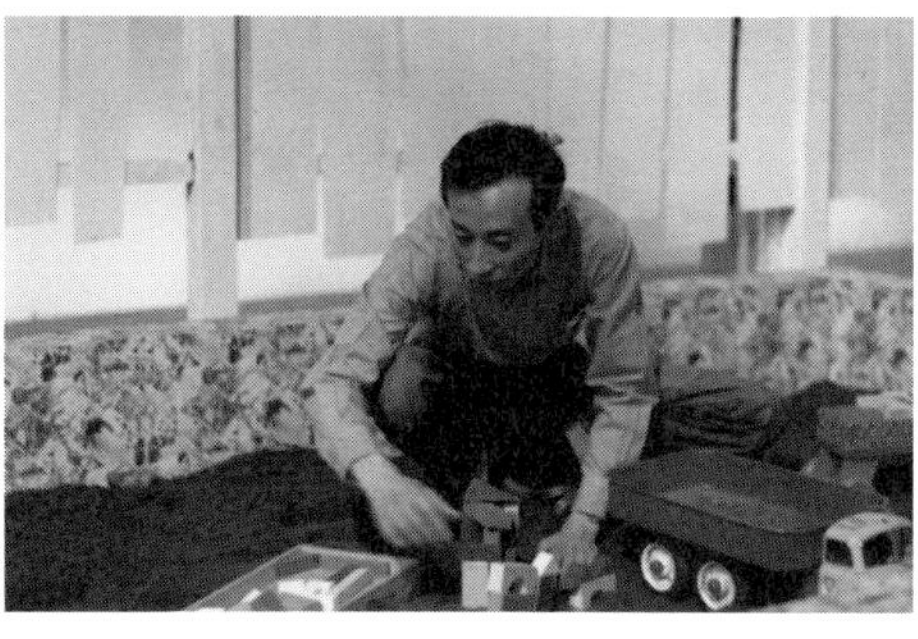
演出を離れて悩む時期。

当時の演出の自己採点表。

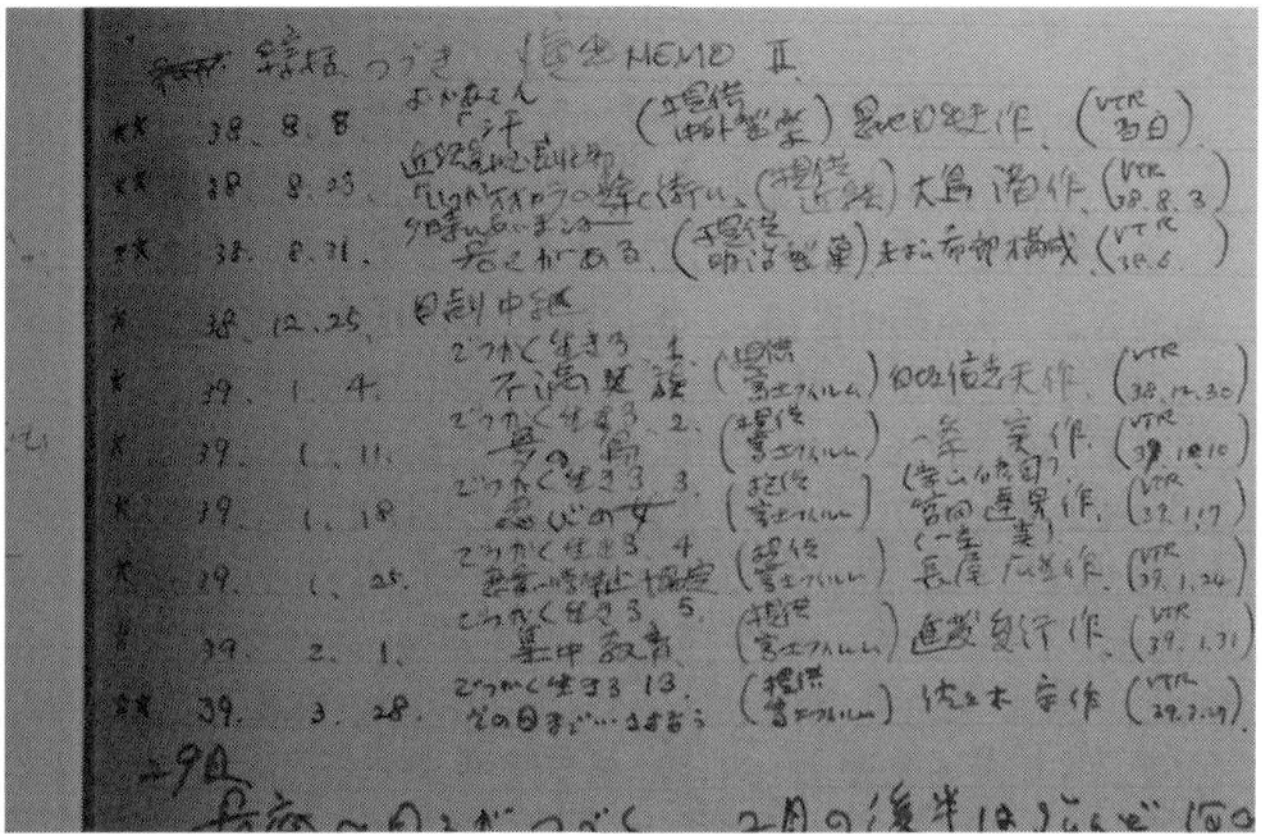

「美空ひばり中継事件」直後の張りつめた日記。

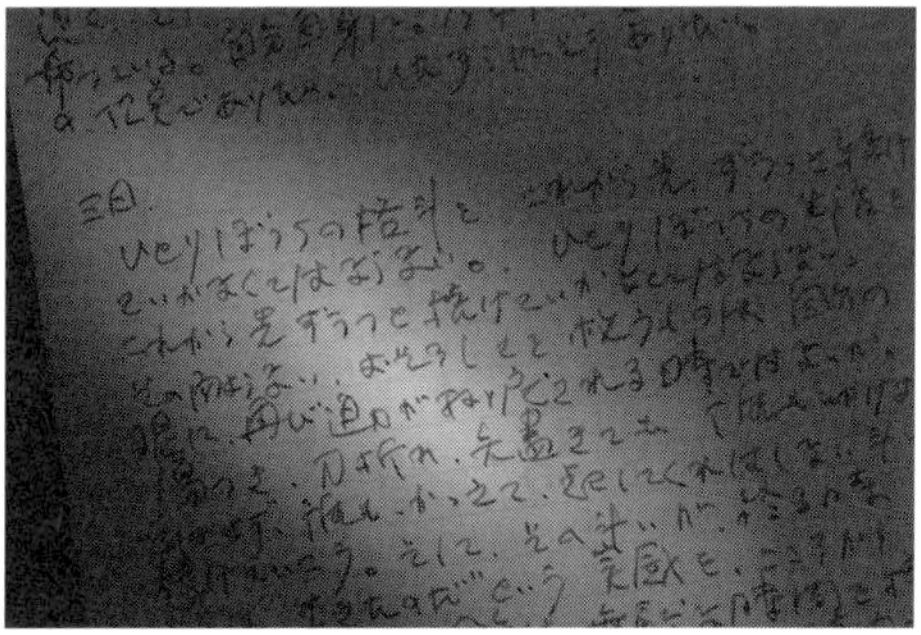

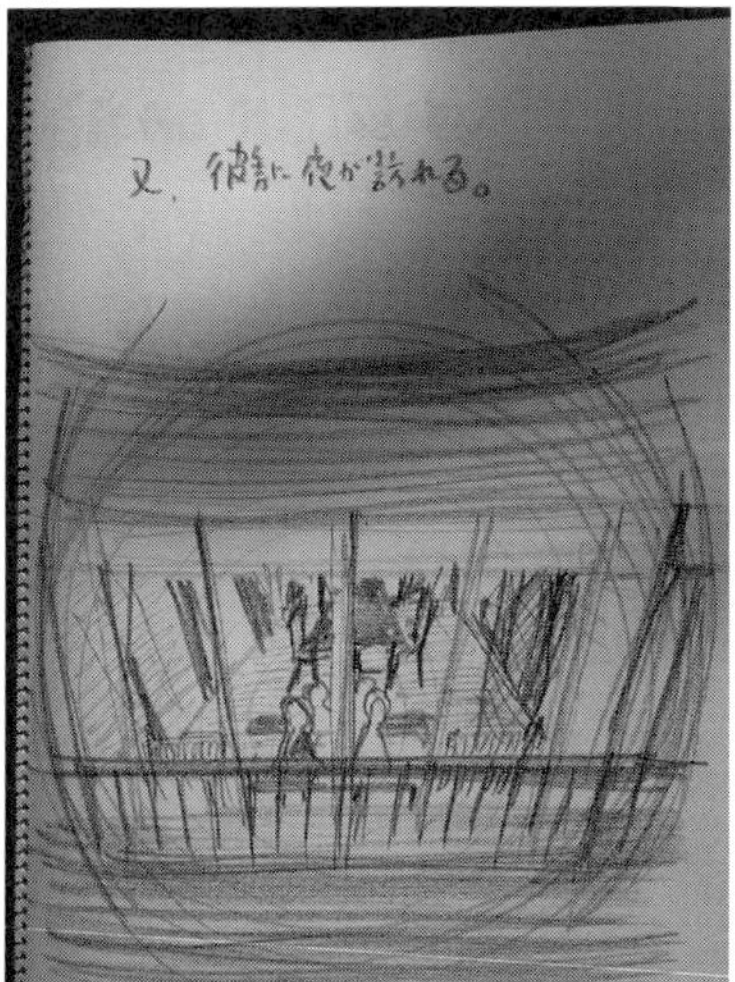

（ドラマ『でっかく生きろ！』
演出メモ。）

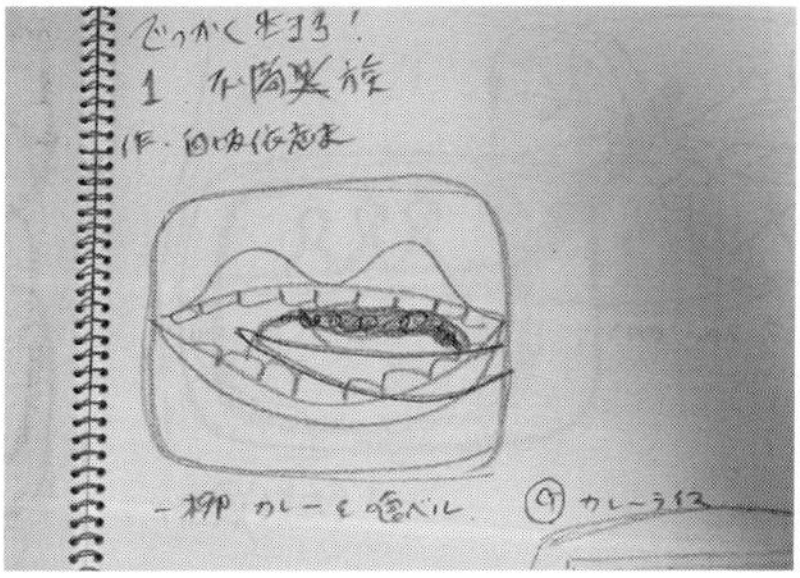

ドラマ『でっかく生きろ！』演出メモ。クローズアップ。

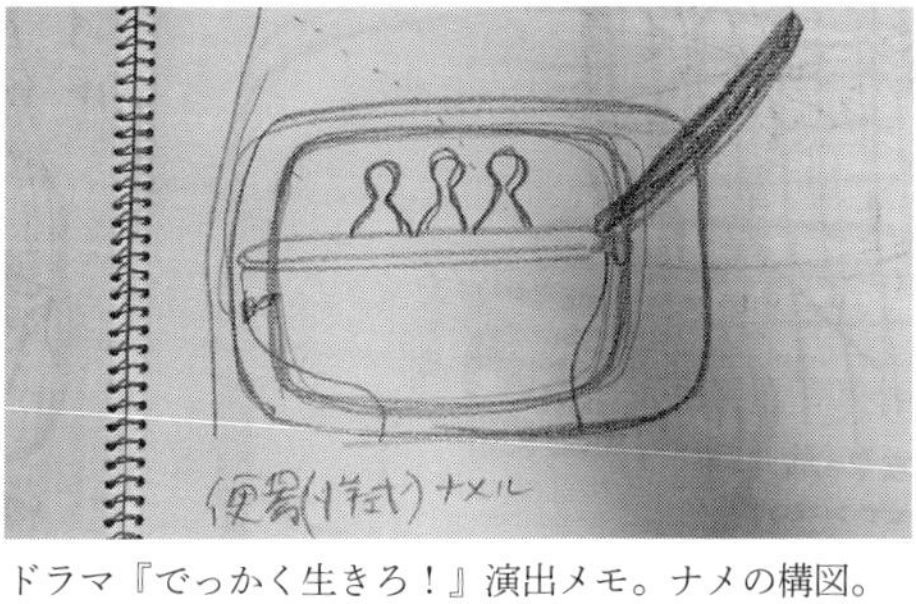

ドラマ『でっかく生きろ！』演出メモ。ナメの構図。

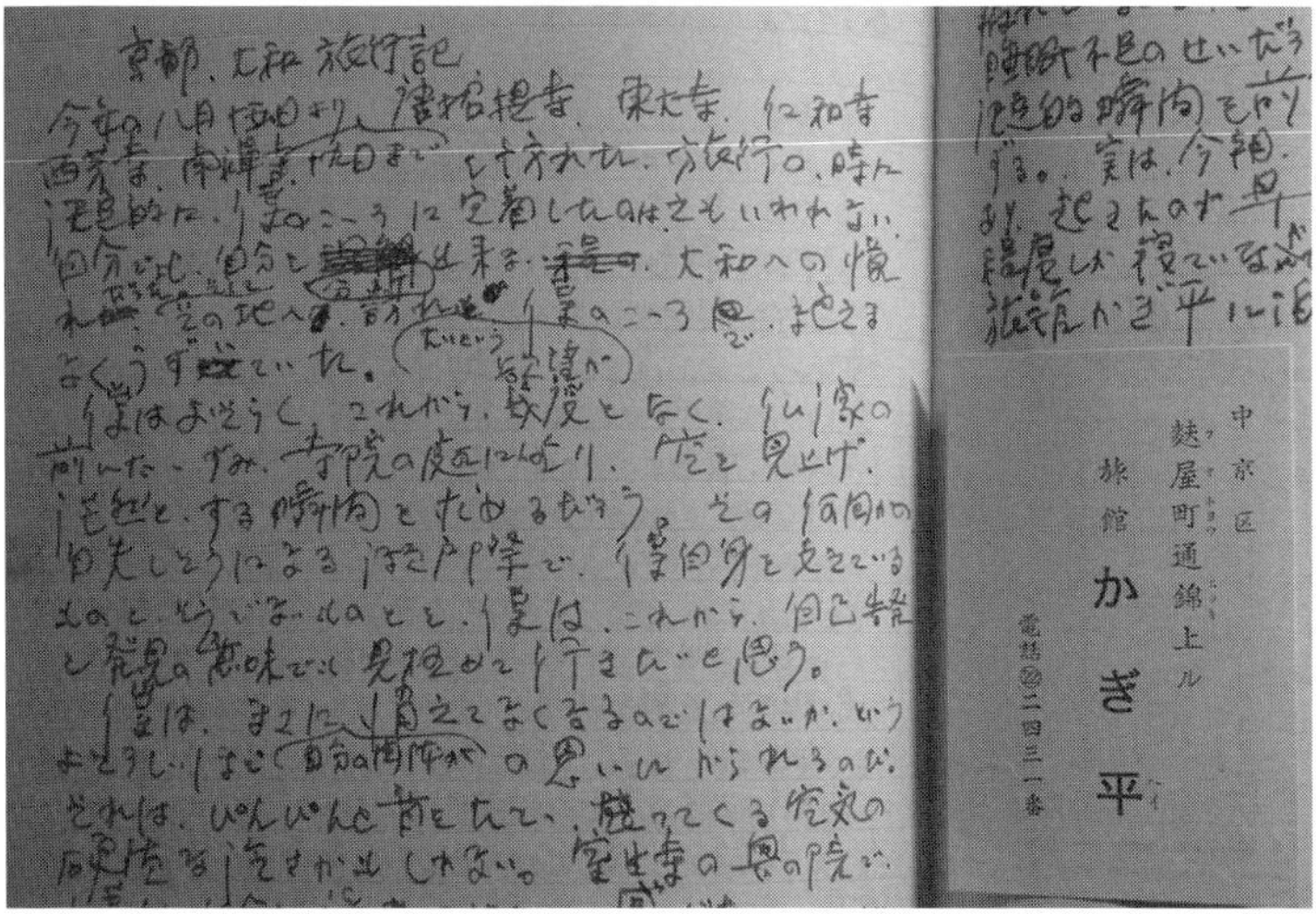

原知佐子と京都旅行に出かける。

原知佐子。京都にて。

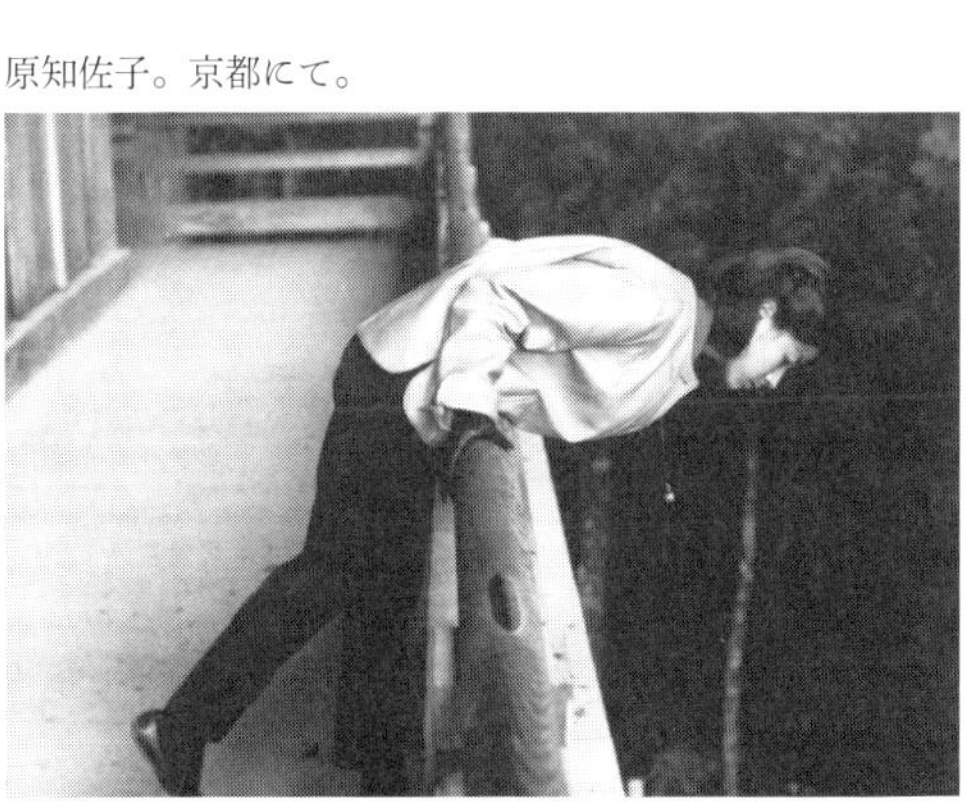

原知佐子への愛を綴る日記。

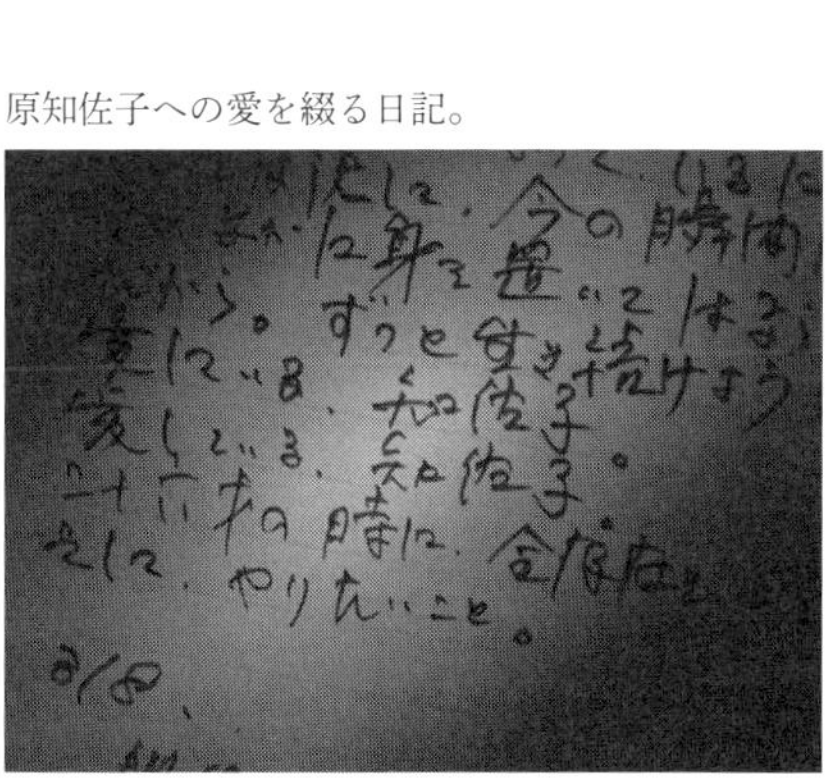

尽きる勇気は、知佐子に迷惑をかけないように。もちろんともに野たれ死ぬ覚悟はあっても、ただ愛する人のために何かをやる、というそのことに尽きているのだ。自分自身のために何かを作ることと、愛するもののために何かを作ること、この二つが今切り離せない粘着力でエネルギーを生み出そうとしている。

しかしここで実相寺が思いとどまって、社外出向監督の道を選んだことで、思いも寄らぬ道が開けた。言わば、美空ひばりという巨大な戦後の偶像に、リアルな生身の人間としての横顔を見出そうとした実相寺は、今度は『ウルトラマン』という国民的ヒーローを大地に引き戻す役割へといざなわれるのだった。

円谷プロと「テレビ映画」

美空ひばり中継事件のおかげでADに舞い戻った実相寺昭雄は、演出部長から「自分で企画を考えず、お仕着せの仕事を粛々とこなすように」と命じられて、石井ふく子プロデューサーのホームドラマ『ただいま11人』などについていた。折しも東京オリンピックの一九六四年、山村聰、池内淳子らによる子だくさんのサラリーマン家庭を描く典型的な高度成長期のホームドラマで、石井ふく子は実相寺にも演出の機会を与えようとしたが、またしても奇抜な着想にこだわるので演出部が許さなかった。

それでもめげずに吉川英治「私本太平記」を大河ドラマ化する企画などを出していたが却下され、演出部で飼い殺しになっていた実相寺は、このモラトリアムにパリに飛んでシネマテーク・フランセーズに日参し、女優の原知佐子と結婚を果した。

ところでこの頃、VTRのスタジオドラマの枠を踏み出した「テレビ映画」への取り組みが局内では本格化していた。すなわち、当時のVTR機材は機動性がなくスタジオ外での撮影が不可能だったが、全篇を一六ミリフィルムで制作すれば自在にロケも可能でスタジオドラマの制約からも解放される。この言わば簡易なテレビ用のフィルム作品を「テレビ映画」と呼称した。わが国のテレビジョンの放送が始まってまだ間もないこの時期は、放映用のソフトにも事欠き、そこを埋めるべくアメリカでは一般的だったスタジオ製作の「テレビ映画」が歓迎された。当時の視聴者が『ローハイド』『ララミー牧場』『ボナンザ』『サンセット77』『アンタッチャブル』『ベン・ケーシー』『コンバット』『パパは何でも知っている』『名犬ラッシー』『ルート66』『逃亡者』といったきら星のごときアメリカ製テレビ映画を浴びて育ったのは、こういう背景ゆえのことである。

日本においては、それまでも一六ミリで撮影した実景素材をスタジオドラマの放映中にインサートすることは頻繁にあり（実相寺もよくそれを試みていた）、一九五八年には実質的なテレビ映画第一号であるTBS『月光仮面』が広告代理店の宣弘社で自主製作されて大人気を呼んだ。この趨勢を受けてTBSでも円谷一、中川晴之助《はるのすけ》ら新鋭のディレクターを渡米させて研修させたり、栫井《かこい》巍《たかし》ディレクターにフィルムでホームドラマを試験的に作らせたりしていたが、やがて彼らは演出部から「テレビ映画」専門の映画部に異動していた。

実相寺と原知佐子の結婚パーティー。

そもそも海外のドラマの版権をもらって、その日本語版を作るのが映画部の仕事だった。そこに六二、三年頃から監督を養成しようとディレクターが配属されたんですね。最初は飯島敏宏さん、円谷一さん、中川晴之助さんの三人。円谷さんがひろってくれたので、僕が四人目に加わった。しかし、映画部の監督は四人目の僕でおしまいです。フィルムのプロはいくらでも外にいるんだから、局からわざわざ監督を出すことはない、と四人で打ち切りになった。僕らは何の管理もないところに行けたから、ある意味ではとてもいい思いをしたんですが、局の方針としては監督は外で調達すればいいやということになった。その転換は早かったですね。それから、三年くらいの間に「テレビ映画」全盛期になった。

一九六五年、演出部でディレクターの機会を失ってくすぶっていた実相寺は、映画部の円谷一が演出する日仏合作の「テレビ映画」である『スパイ 平行線の世界』の助監督をつとめるという名目で映画部に移り、社外出向監督として円谷プロに活動の場を移すこととなった。

円谷一監督のもと、監督補として中川晴之助、演出助手に実相寺のほか鈴木俊継、東條昭平、音楽に冬木透、美術に成田亨、撮影技術に内海正治という布陣で制作されたこのドラマは、後の『ウルトラ』シリーズを支える手練れが総結集した異色作だった。当時まだ岸惠子と結婚していたイヴ・シャンピ監督がフランス側、ＴＢＳの並木章が日本側のプロデューサーをつとめた本作は、合作といっても各々がスパイという題材で作品を競作するという珍しい企画で、その三五ミリで贅沢に撮られた六〇分の日本篇〈介入〉には渡辺文雄、土屋嘉男、水野久美らが出演している。

この現場から実相寺が解放されたのが一九六六年の春だったが、その頃は年頭から放映されていた円谷プロ制作による特撮テレビ映画『ウルトラQ』が人気を集めていた。当時のテレビ映画のなかで『ウルトラQ』の高品質ぶりは目覚ましく、それもそのはず円谷英二は初めて手がけるテレビ映画に妥協を許さず、高額の合成用のオプチカル・プリンターを輸入し、通常一六ミリだったテレビ映画に三五ミリフィルムも用い、金も手間もかけている。

そんな円谷英二は、彼の晩年の代表作である『フランケンシュタインの怪獣 サンダ対ガイラ』を同年の東宝の夏休み興行に向けて制作中であったが、円谷プロに籍を置く実相寺は、この敬愛

演出部の先輩・飯島敏宏と。

してやまない特撮の巨匠のドキュメンタリーを撮り、それが美空ひばり中継事件以来干されて二年ぶりの演出作となった。『現代の主役』というTBSで毎週木曜午後一〇時三〇分より放映されていたドキュメンタリー番組の一企画〈ウルトラQのおやじ〉である。

ここで実相寺は、円谷プロ文芸部の企画者、脚本家として『ウルトラ』シリーズほかで傑作を続々発表する金城哲夫をインタビュアーとして登場させ、円谷英二と妻子との対話、東宝の重鎮・森岩雄の話などを織り込みながら、例によって型どおりではない即興的なムードで愛情をこめて円谷の姿を追った。窃視するようなカメラポジションと超クローズアップ、臨場感ある自然音の採用、そして『ウルトラQ』の人気怪獣、M1号とラゴンが円谷英二に怪獣の将来を問いかける（！）というケッ作な諧謔など、後の『ウルトラマン』で開花する実相寺演出が随所に愉しめるモノクロ番組だった。

『ウルトラマン』

『ウルトラQ』の興奮さめやらぬ同年七月、後番組には引き続き円谷プロの『ウルトラマン』が放映されることとなり、実相寺はその本放送に先立つPR番組『ウルトラマン前夜祭』のディレクターを樋口祐三とともに任せられる。これは杉並公会堂で子どもたちの観客に着ぐるみのウルトラマンや怪獣をお披露目する公開録画のバラエティ番組であったが、実は『ウルトラマン』の制作に予想外の手間がかかって、スケジュール超過に危機感をもった映画部の栫井《かこい》巍《たかし》プロデューサーが放映開始を遅らす時間稼ぎのために企画したのであった。

そもそも中継番組へのトラウマが芽生えていた実相寺としては気がすすまなかったうえに、舞台上でのウルトラマンにピアノ線が緞帳に引っかかって醜態をさらしたり、仕込みの豚（怪獣博士がマシンで豚から怪獣まで製造するという設定だった）が言うことをきかず暴走したり、それはお粗末な進行となったたもようで、呆然とした実相寺は飯島敏宏が完成させていた第三話『科特隊出撃せよ』のハイライトを挿入してなんとかごまかした。

　そのなんともいえない出来に怒った栫井プロデューサーからは、責任をとって絶対に実相寺と樋口の連名で演出のクレジットを出すよう厳命されたが、余りに恥ずかしかった実相寺は放送当日にこっそり演出のテロップを抜いてしまったという。そんな経緯にもかかわらず、本放送開始の一週間前に放映されたこの番組は三〇パーセント近い高視聴率を弾き出し、実相寺へのお咎めは一切帳消しとなった。

　さて、こんなことを経て実相寺は人気番組『ウルトラマン』の監督として登板することになるのだが、TBSの先輩ディレクターである飯島敏宏はすでに『ウルトラQ』でも監督をつとめ傑作をいくつも生み出していた。『ウルトラマン』には企画段階からかかわっていた飯島は、あの成田亨による初期デザインにも意見を述べ、余りにも有名なポップな変身カットや「SHWAAACH」の発声など子どもごころをわしづかみにしたフォーマットの数々を編み出した。

　そんな飯島は、現場をかためるために最初に第二話〈侵略者を撃て〉、第三話〈科特隊出撃せよ〉、第五話〈ミロガンダの秘密〉の監督を三本かけもちで任されたが、制作費を食いまくった『ウルトラQ』への反省から、特撮部分には三五ミリフィルムを使っても本篇には一六ミリと決められ、予算的にもスケジュール的にも相当きりつめられていたという。飯島に尋ねると、「当時は予算も何もなくて、もう〝ワンカットいい画があればいいや〟って感じで撮ってましたね。たとえば二本持ちの時は、本篇部分だけ二本ぶんバーッと撮ってから特撮へ、みたいなスケジュールでした。そういえば、〈科特隊出撃せよ〉に出て来る怪獣ネロンガは、東宝映画で使ったバラゴンという四つん這い怪獣の傑作があって、その頭だけを作り替えたものなんです。実はネロンガの前にも『ウルトラQ』にパゴスという名で出ているんですが（笑）」と語ってくれた。

　このように予算を浮かすために怪獣の着ぐるみも東宝映画や『ウルトラQ』のものが流用されたが、

コストダウンのために本篇班が特撮班を兼務する一班体制も歓迎されたという。「作品がカラーになってお金もかかるので、〝できたら一班で〟というムードが出てきた。それに僕なんか『ウルトラQ』でかなり特撮にも慣れてきたので、ついつい自分でやりたくなったんですね」と言う飯島は、この条件を逆手にとって〈侵略者を撃て〉は一班体制であのバルタン星人の動きも演出してみせた。

こうしてTBSの栫井巍プロデューサーと円谷プロの金城哲夫が中心となって築いた路線のコンセプトを、ミステリからコミックスまで戦後のアメリカ文化を浴びまくった飯島敏宏のポップな映像感覚で具現化した『ウルトラマン』は、厳しい制作条件にもめげず絶大な人気を博すこととなった。従来の宣弘社が発想した和製テレビヒーローは、『月光仮面』『隠密剣士』『快傑ハリマオ』のように、戦前の「少年倶楽部」的ワールドを原点とするアジア志向であったのに対し、円谷プロの『ウルトラマン』はアメコミからシュルレアリスムにまたがる欧米型の意匠のアマルガムであり、鮮烈なモダンさと新奇さを逆らせていた。

もっともその画期的なコンセプトの『ウルトラマン』も基調となる物語は明快な勧善懲悪物であった訳だが、ここに投入された実相寺昭雄と脚本の佐々木守のコンビは、正調『ウルトラマン』の偶像を人間の位置まで引き寄せて、もっと悩みに満ちた、もしくはもっとコミカルな「生身のウルトラマン」を創造しようとした。もちろん番組の人気の源泉は、飯島敏宏の諸作を代表とする王道の痛快さであって、こうした（特段路線の幅を拡げることも求められていないなかでの）実相寺と佐々木のこだわりには局の反発もあったようである。

ここに当時、実相寺がスタッフに配ったという『ウルトラマン』の演出メモがあるのだが、その檄文めいたマニフェストを引用しよう。

テーマは思想であり、それはアクチュアルなものでなければならないと思います。『ウルトラマ

科学特捜隊の本部セットのイメージ。

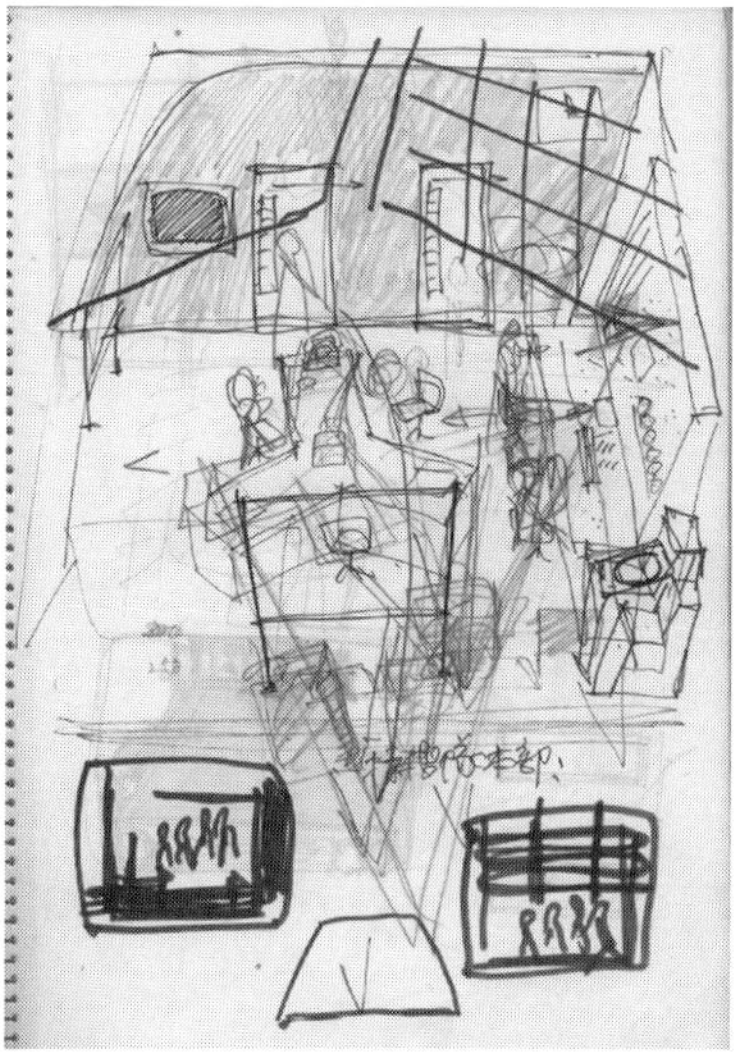

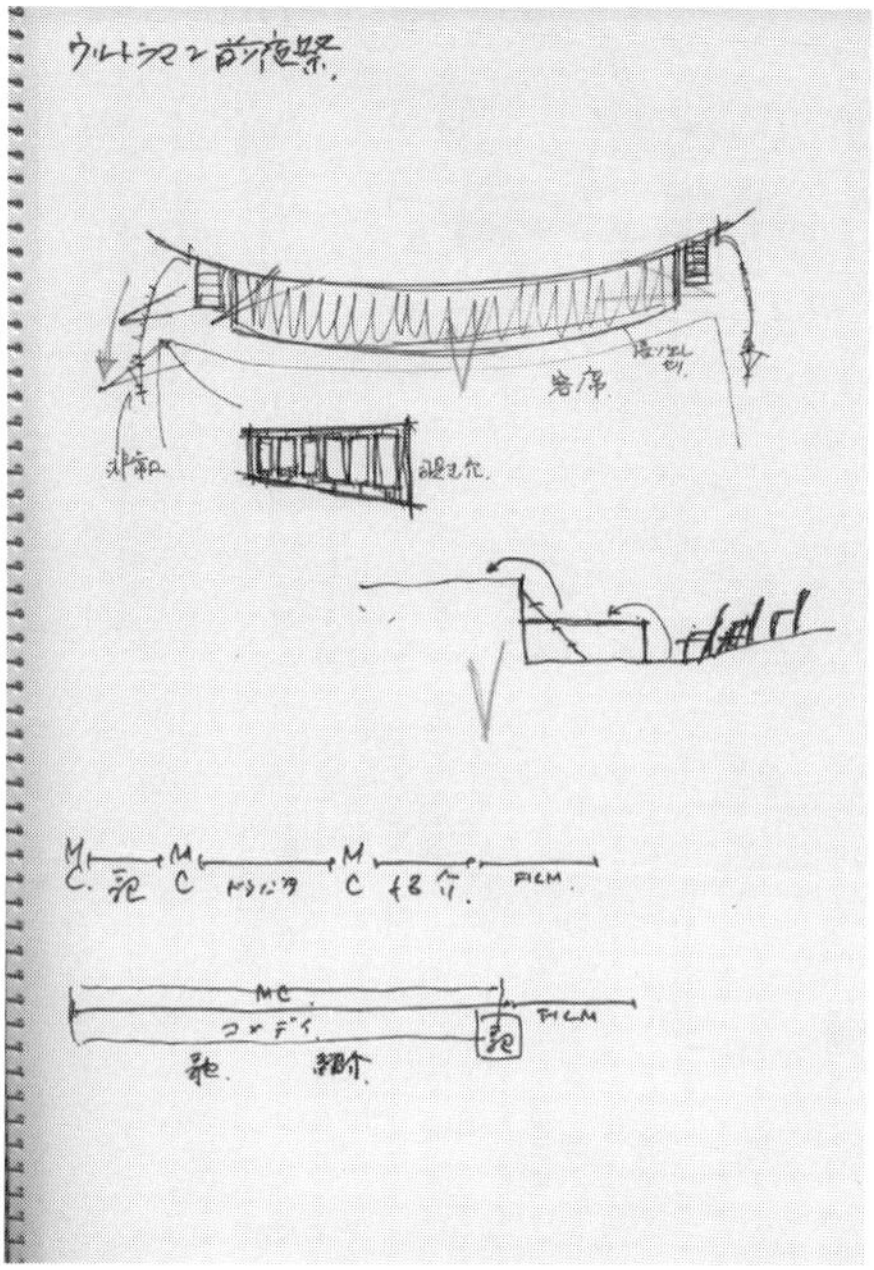

『ウルトラマン前夜祭』演出メモ。

『ウルトラマン前夜祭』杉並公会堂の舞台アイディア。

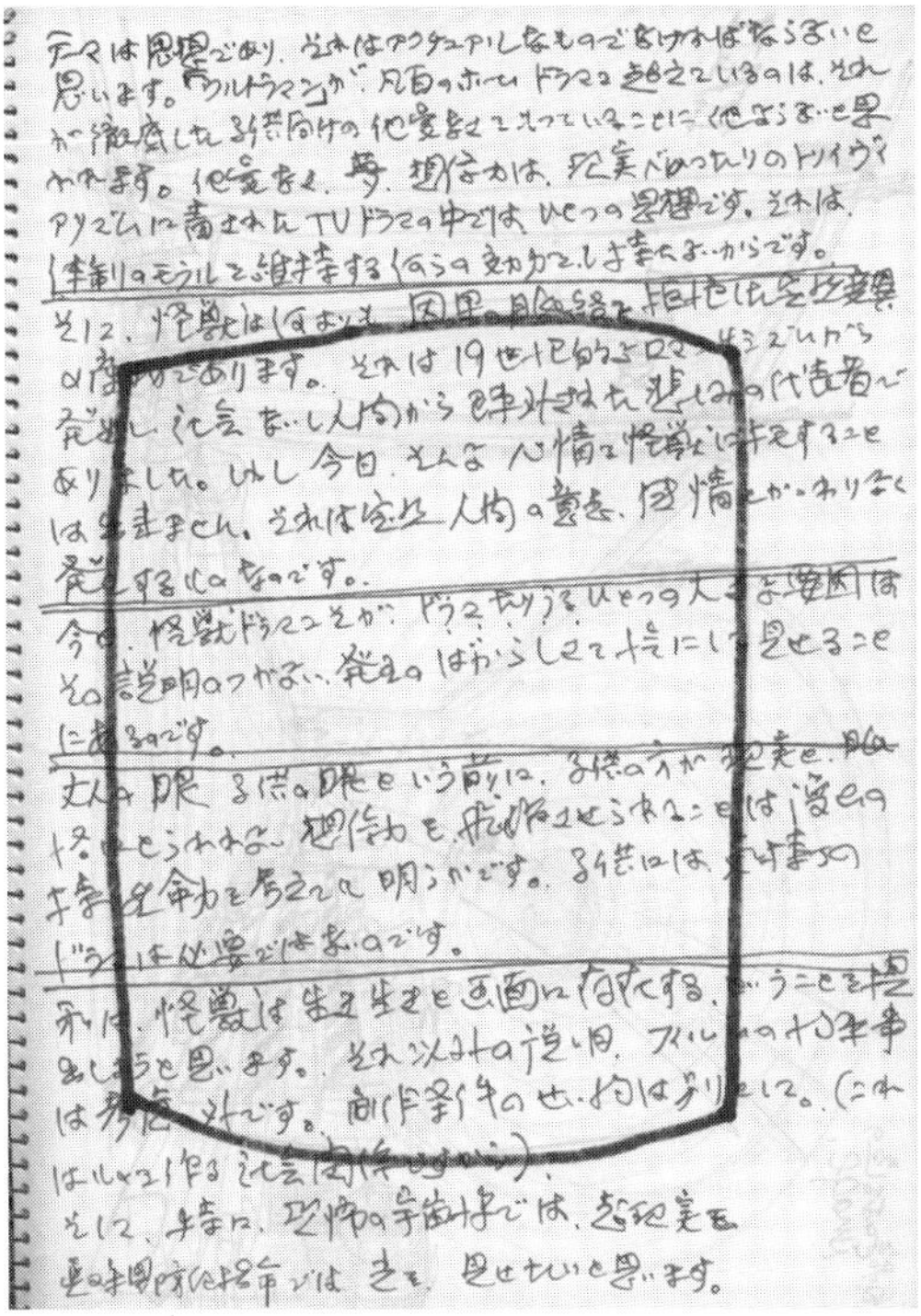

『ウルトラマン』の演出指針。

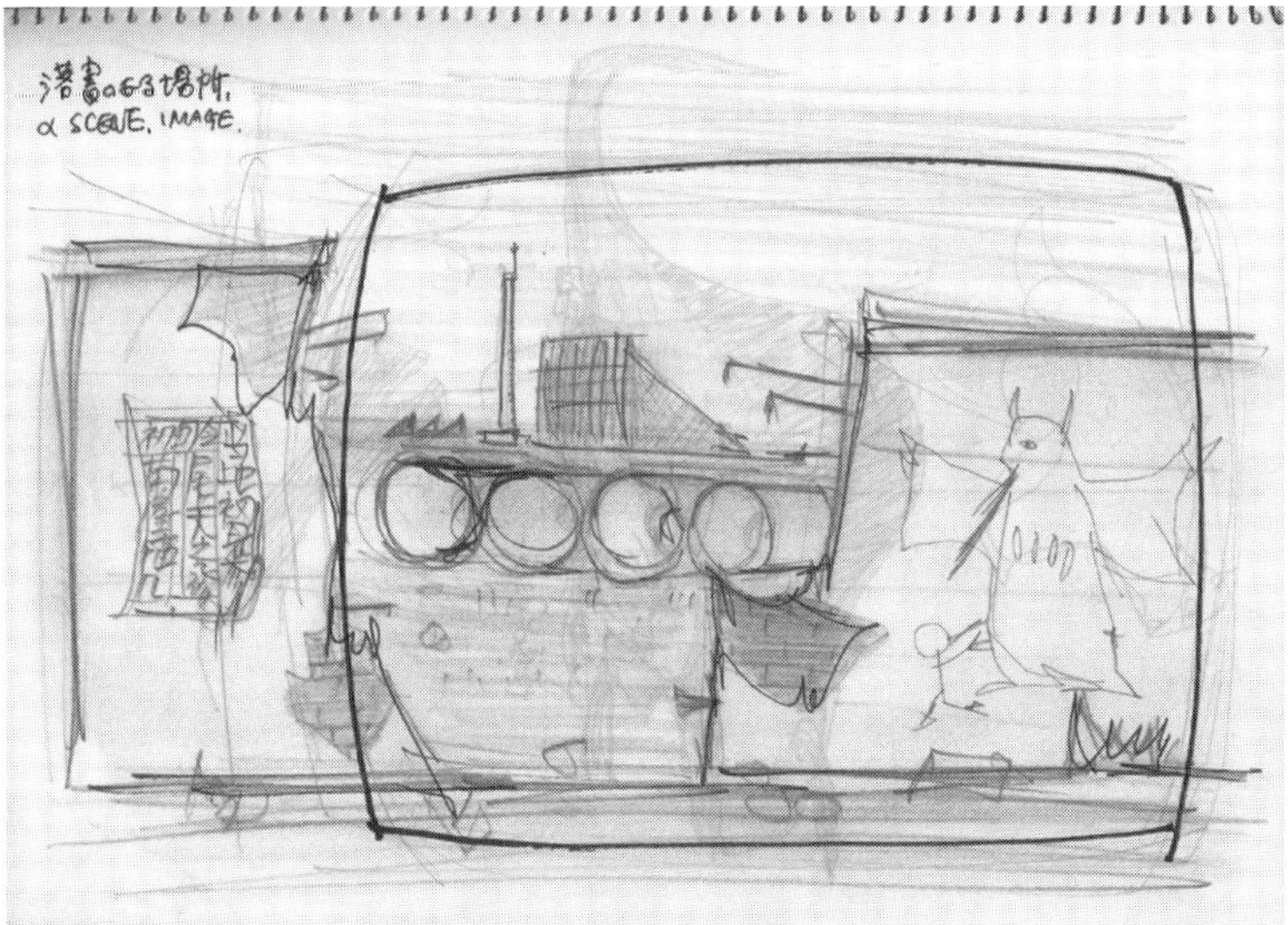

〈恐怖の宇宙線〉空き地のイメージ。

ン』が凡百のホームドラマを超えているのは、それが徹底した子供向けの他愛のなさをもっていることに他ならないと思われます。他愛のなさ、夢、想像力は、現実べったりのトリヴィアリズムに毒されたＴＶドラマの中では、ひとつの思想です。それは、体制のモラルを維持する何らの効力も持たないからです。そして、怪獣は何よりも、因果の脈絡を拒絶した突然変異の産物であります。それは一九世紀的なロマンチシズムから発出し、社会ないし人間から疎外された悲しみの代表者でありました。

しかし今日、そんな心情を怪獣に託することは出来ません。それは突然、人間の意思、感情とかかわりなく発生するものなのです。今日、怪獣ドラマこそが、ドラマたりうるひとつの大きな要因は、その説明のつかない発生のばからしさを絵にして見せることにあるのです。大人の眼、子供の眼という前に、子供の方が現実を、脈絡にとらわれない想像力を飛躍させられることは、漫画の持つ生命力を考えても明らかです。子供には気持ちのドラマは必要ないのです。私は怪獣はいきいきと画面に存在する、ということを提出しようと思います。それ以外の説明、フィルムの約束事は考慮外です。制作条件の制約は別として（これはものを作る社会関係ですから）。そして、特に〈恐怖の宇宙船〉では超現実を、〈真珠貝防衛指令〉では光を見せたいと思います。

この啓蒙的な演出メモを読んで、円谷プロの特撮職人たちはいったいどんな顔をしたのだろうか。実相寺の長年のパートナーとなる撮影の中堀正夫は、当時撮影助手であったが、局から余りにも異色な監督が来たと噂になっていた実相寺が、ある日特撮の現場にあらわれた時のことをよく覚えているという。それは〈真珠貝防衛指令〉でガマクジラが真珠を食べるシーンの撮影だったようだが、実相寺が「あなたは女性が宝石を見る時の、あの貪欲な感じが全然表現できていない」と真顔で怒るので、演じていたスーツアクターは（そんな注文をされた試しもないであろうから）途方に暮れていたという。それは実に珍妙なる空気であったが、実相寺があまりにも真摯なので、誰も笑うに笑えず反応に窮したという。いずれにせよ、こんな演出メモにせよ、実際の注文にせよ、実相寺が現場を大いに動揺させたことは想像に難くない。

『ウルトラマン』の時は、佐々木守ともども児童向けということは全く考えなかったな。僕は二年くらい干されていたから、撮らせてくれるものなら何でもいいやという気分になっていた。『ウルトラマン』の路線を考えたのは栫井さん、金城さん、実現したのが飯島さん。僕は〈キリがない〉〈バクたる〉という題名の『ウルトラQ』のホンは書いたけど（映像化されず）、『ウルトラマン』の企画は高見の見物で関わってないんです。だから僕は、『ウルトラマン』の時は横から変わったものを作ったんですが、「しょうがねえな」って許されていたのが面白かったな。たまには毛色の違うものを、というあんばいの仕方が栫井さんや金城さんのなかにあって、しかも飯島さんや（円谷）一さんが「あいつに撮らせてやってくれ」って言ってくれたから撮れたわけですね。

ちなみに大島渚の紹介で実相寺のよきパートナーとなった佐々木守には、極端なるネガのテーマ意識と極端なるポジの娯楽志向が共存しており、この極端さは実相寺昭雄がスタジオ時代を通して体得した極端なる方法意識と出会うことによって、まるで対照的なタイプの『ウルトラマン』を生んだ。

そのひどく暗澹たるタイプの作品の筆頭は第二三話〈故郷は地球〉であり、宇宙開発の犠牲者である宇宙飛行士ジャミラが怪物と化して故郷＝地球に帰還するも抹殺されてしまうという二重の悲劇を描く。地球の治安維持のために、心ならずもその抹殺を代行せねばならない因果なウルトラマンや、職務上ジャミラと闘わねばならなかったが個人の思いとしては大国のエゴに峻烈な怒りを隠せない科特隊隊員の姿を、実相寺は力をこめて描いている。ジャミラの断末魔には赤ん坊の泣き声を使ったというが、ここまで悲痛でカタルシスのない『ウルトラマン』はわれわれ子どもはもとより大人の視聴者にも衝撃を与えた。

佐々木守の悲しみに満ちたシナリオは、実相寺の渋くシリアスな作劇とカメラワークによってかなりの重量感とともに描き出された。この頃の実相寺の映像には、思いきった逆光の画や大胆なナメの画が頻出するようになり、たとえば科特隊の隊員たちが顔の区別もつかないシルエットのまま語り合ったり、画面いっぱいに卓上のヘルメットをナメた隙間で小さく顔をのぞかせて話していたり…という独特なカットもしばしば見られる。これらの構図は、スタジオでマルチのカメラを隠すところから生まれたのだというが、こうした特異な構図は『ウルトラマン』に子ども番組にふさわしからぬシリアスな緊張感、閉塞感を醸していた。

さて、〈故郷は地球〉の救いのなさに対し、第一五話〈恐怖の宇宙線〉や第三五話〈怪獣墓場〉ではがらりと肩の力を抜いて、ユーモアもペーソスもあるメルヘンふうの世界が描かれた。当初は〈朝と夜の間に〉というタイトルであったという〈恐怖の宇宙線〉は、子どもが土管に描いた落書きの怪獣に宇宙線があたって、本物の怪獣と化してしまうという話だが、面白いのはこの怪獣ガヴァドンがひたすらにずぼらで眠っていることだった。

特撮映画の先達である『ゴジラ』の監督の本多猪四郎に尋ねると、怪獣とは「自然物」としてただそこに「在るもの」であって、それが被害を与えるといっても台風と同じく悪意あるものではなく、通り過ぎるのを待つしかなく、それをむやみに排撃するのは人間のエゴである、という趣旨の答えが返ってきた。この考えは円谷英二の特撮表現にも通底するもので、二人の手になる怪獣映画の至宝『ゴジラ』第一作では、確かにゴジラはひたすらに「自然物」として悠然と帝都を通過するばかりであった（そんな崇高なゴジラも、人気とともに「自然物」どころか擬人化されマンガのキャラクターのように矮小化されてゆくのであるが）。

まさにこの本多猪四郎や円谷英二の怪獣観を、実相寺昭雄は『ウルトラマン』で継承しているように思われる。すなわち〈恐怖の宇宙線〉のガヴァドンがただ眠っているだけの「自然物」であり、〈怪獣墓場〉のシーボーズも、宇宙空間のウルトラマンの葬った怪獣どもの墓場の番人であったのが何かの間違いで地球に落ちてきて、ただ空に帰還したいと願って泣いているだけの存在である。

しかしこう振り返ってきて気づくのは、そんな実相寺や佐々木守の怪獣観のハイブロウさに、特撮班による怪獣そのものの造型や表現が追いついていないということである。造型にしても動作にしても、ガヴァドンやシーボーズは「自然物」というよりどう見ても「キャラクター」である。これに対しての実相寺の不満は痛烈なものがあって、ガヴァドンはヘンリー・ムーアの彫刻みたいであってほしいのに「ハンペンのお化けみたいでがっかりした」と言い、シーボーズも本来は骨だけ出来た死神めいた凄みを期待したら「言うも愚かしい形」になったばかりでなく、シリアスであるべき振付はマンガ的で、ウルトラマンに手を引かれたシーボーズがダダっ子になったり立小便をするなどという「擬人化」について「私に対する特撮班の嫌がらせか」とさえ非難している。

ストーリー上では、〈怪獣墓場〉のウルトラマンはただ迷子のシーボーズを宇宙に送り返すだけの役割であり、〈恐怖の宇宙線〉に至っては落書きから生まれたガヴァドンを葬ってしまったおかげで子どもから夢を蹂躙するなと「ウルトラマンのバカヤロー」（！）と非難されてしまうなど、ひじょうに特異な展開が試みられているのに、特撮班のいかにも子どもに合わせた感じの表現でずいぶん牧歌的な感じになっていた。

しからばということで、実相寺は特撮班への不満を逆手にとって、ただ超ド級に重たいだけの属性の怪獣スカイドンが空から落下してきて、これを何とかして宇宙へ戻す作戦を科特隊とウルトラマンが反復するという〈空の贈り物〉が発想された。スカイドンはただ重い「自然物」なのだが、シリアスな批判精神は影をひそめ、陽性の娯楽篇になっていた。とはいえ、実相寺＝佐々木コンビはここでも極端で

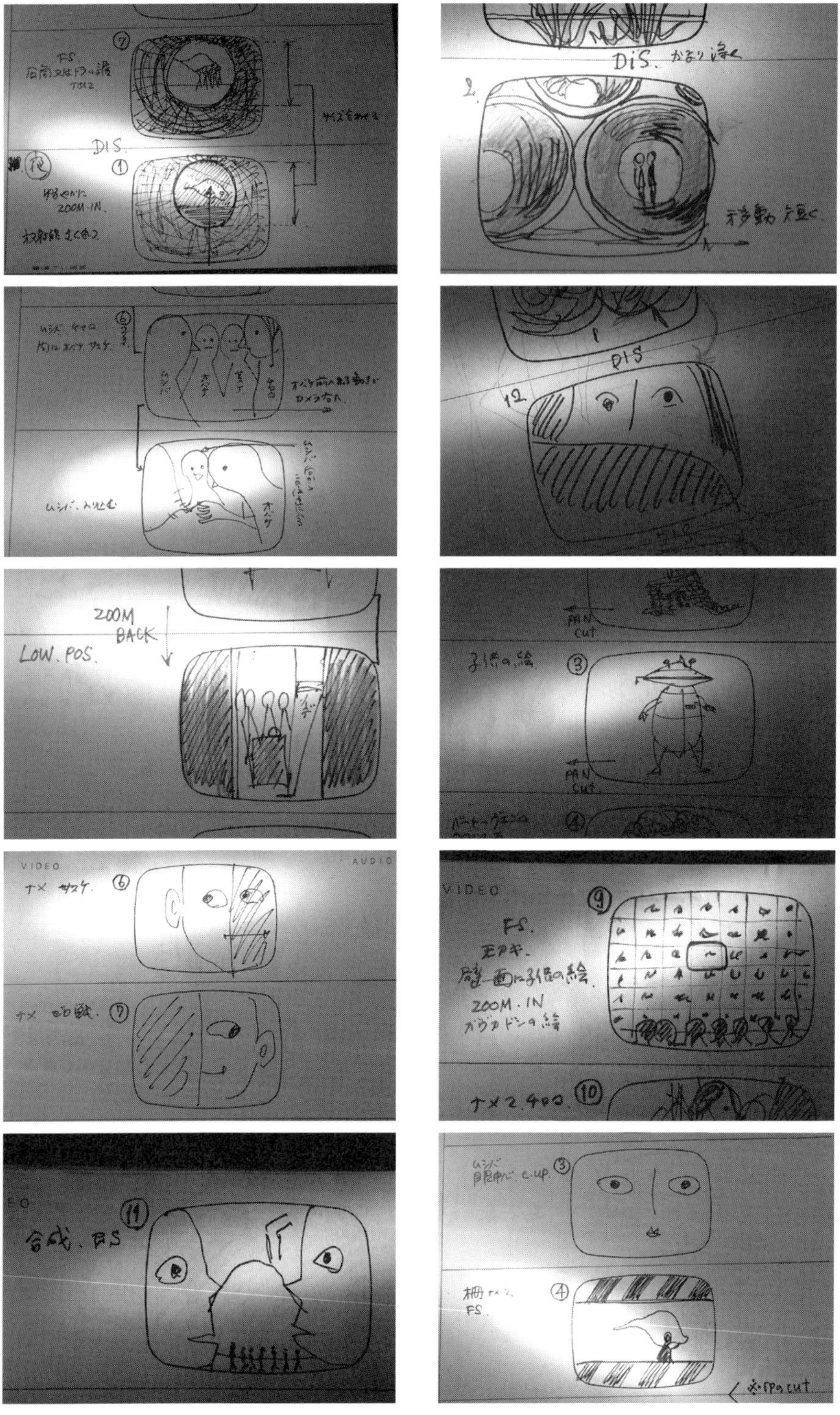

〈恐怖の宇宙線〉演出コンテ。大胆なナメの構図、クローズアップ、逆光ショットなどが頻出。

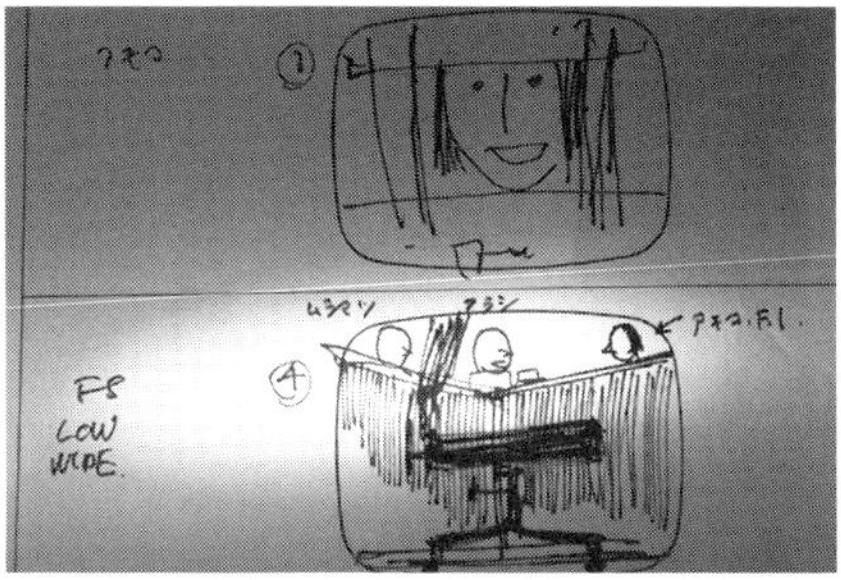
ムラマツ
アラシ
FS
LOW
WIDE.

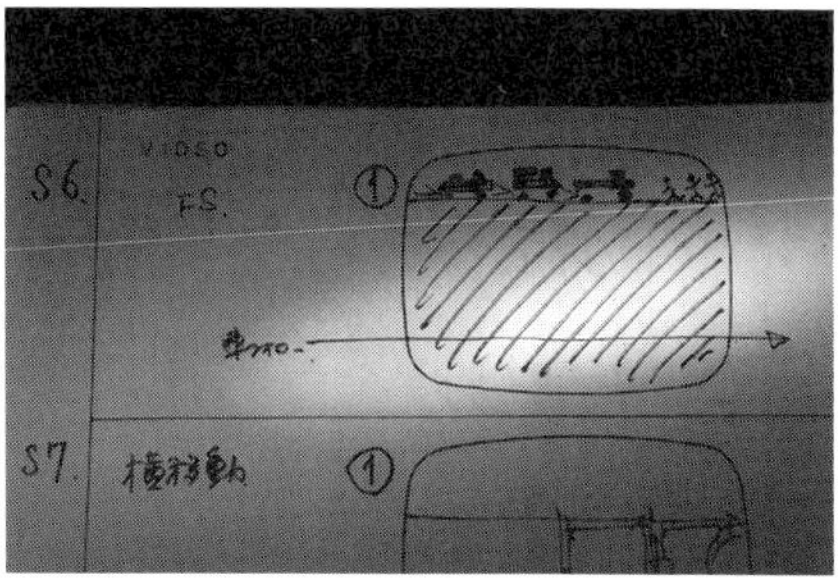
S6.
VIDEO
F.S.
S7.
横移動

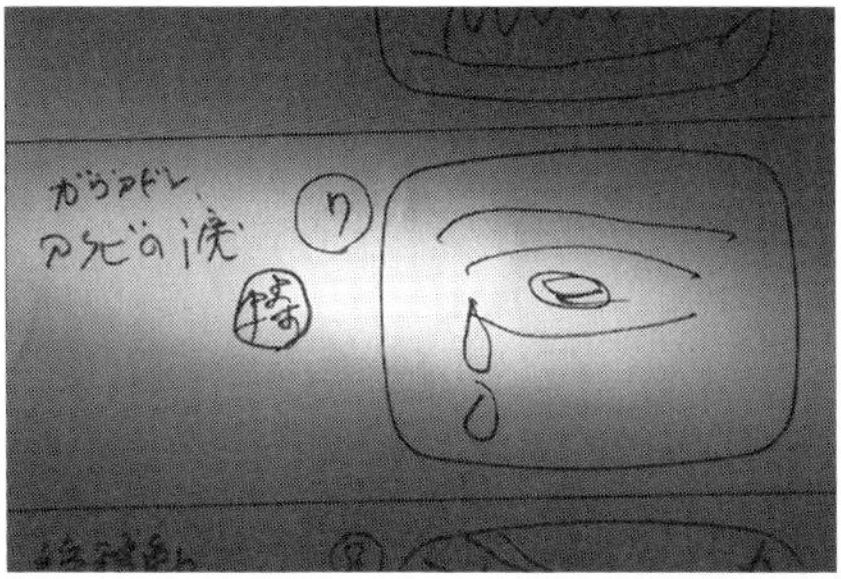
アキビの涙

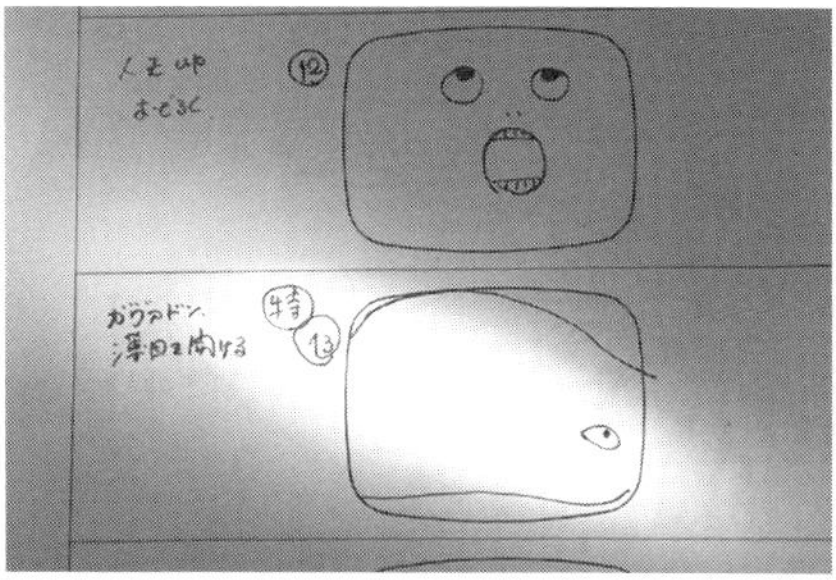

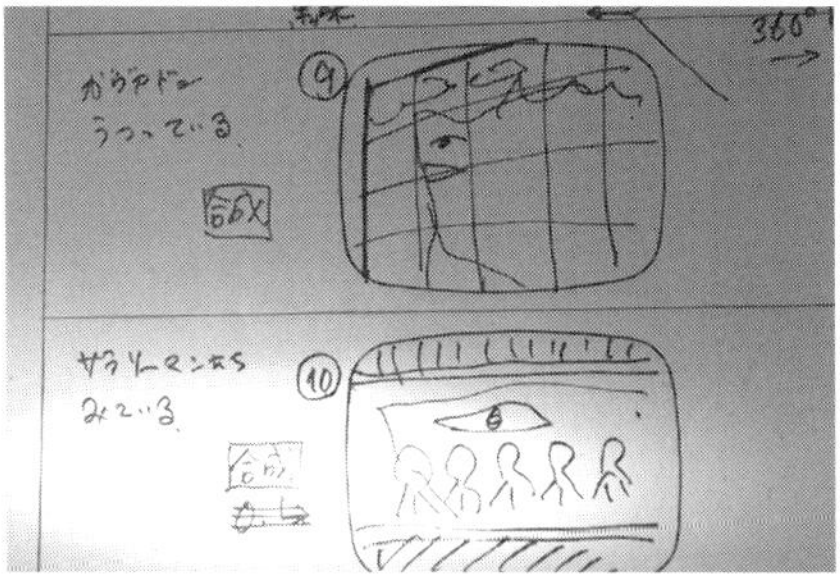
うつっている.
サラリーマンたち
みている.

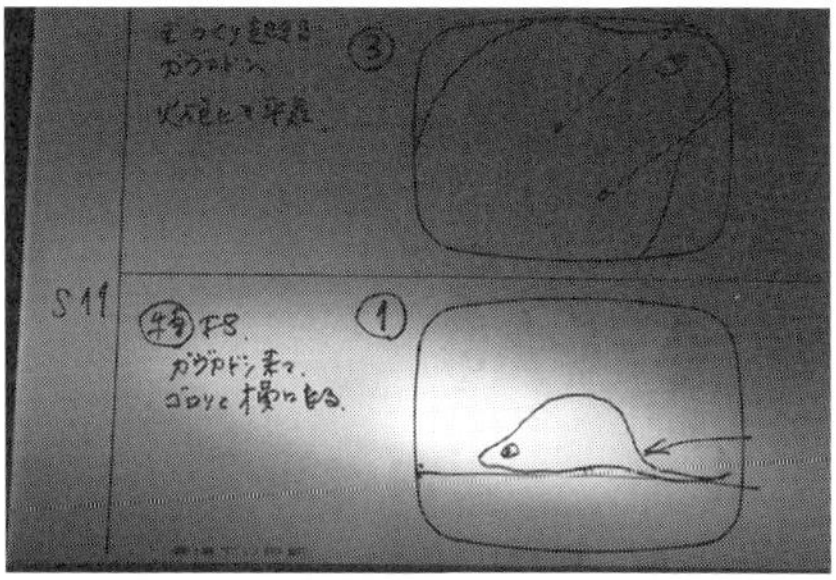
S11
ゴロッと横になる.

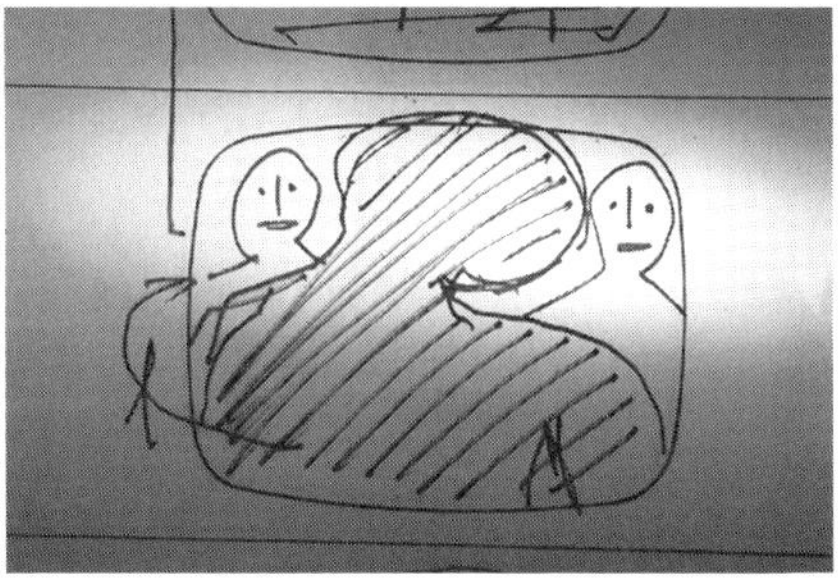

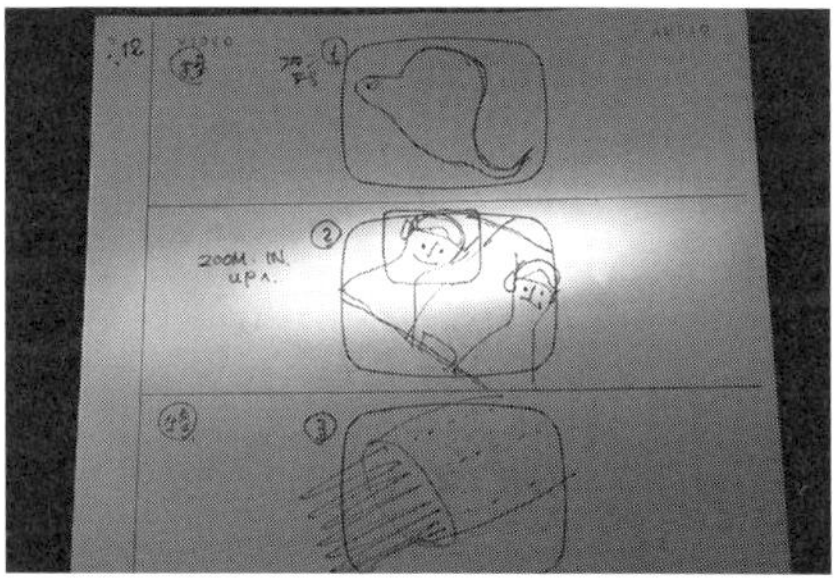
ZOOM IN
UP A.

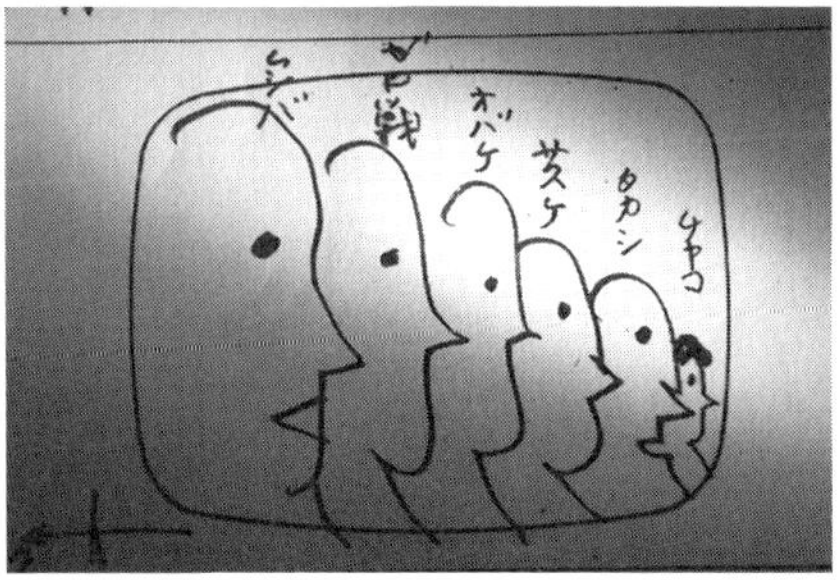
オバケ
サスケ
タカシ

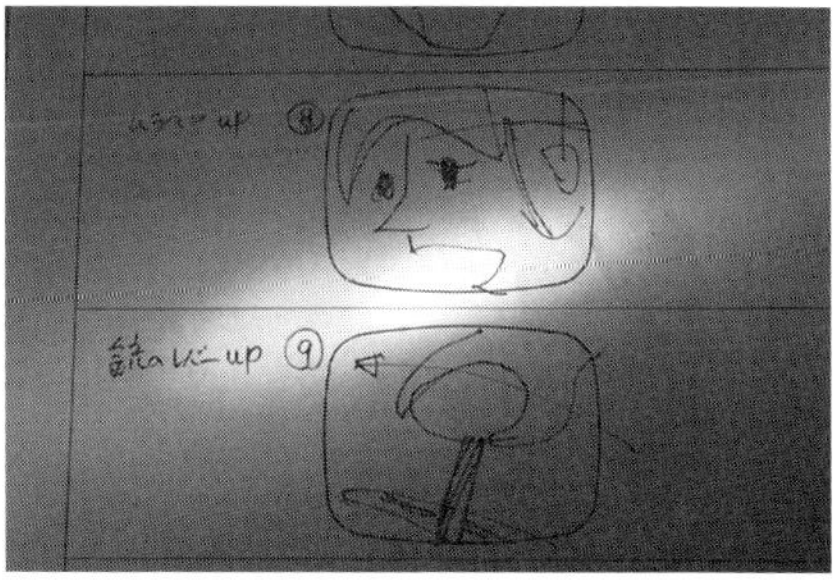
up

あり、その笑いがほどよいギャグにはおさまらず、とにかく全篇ただ重たい怪獣をどかすために科特隊とウルトラマンがじたばたするという無意味なスラップスティックになっていて、怪獣の肛門にロケットを突っ込んで飛ばすなどという悪ふざけも目に余ったか、局側から『ウルトラマン』を担当してはじめて「意味不明」「露悪的」の批判が出たという。

そしてこのドライなパロディ精神の白眉が、黒部進扮するハヤタ隊員がウルトラマンに変身する、本来なら最も颯爽とカッコよくなければならないカットで、慌てた彼がベータカプセルと間違えてカレーライスのスプーンを宙にかざすというアイディアだった。ついでにいえば、本作ではウルトラマンが番組中で二度登場している（ヒーローは勿体つけて出し惜しみするものだから、一回が鉄則なのだ）。定番のヒーロー物の作法からすると、ここで実相寺はヒーローを軽々に扱って懲戒物のタブーを犯したという訳である。

変身するハヤタ隊員にスプーンを持たせた時は、栫井さんに怒られました。ウルトラマンをコミカルには扱いたくないという暗黙の掟がありましたからね。野長瀬三摩地《のながせさまじ》さんには「おまえ、二回も変身させるなんてずるいヨ」（笑）なんて言われた。それに『ウルトラ』シリーズは輸出を考えているから、和室を出しちゃいけなかった。それなのに後の『ウルトラセブン』の時は卓袱台を囲んで座らせたり、ペロリンガ星人をそのへんの商店に登場させたりして叱られました。そういえば、『ウルトラマン』にはホシノ君という子どものレギュラーがいたんですが、これも意識的に消してたんです。僕はせっかちで子どもと動物がダメなんですよ（笑）。

局のプロデューサーは、この実相寺の愛情あるパロディ精神を、勧善懲悪のヒーローを冒瀆する振舞いとして批判したが、当時の幼い視聴者であった私はこの遊びっぷりに狂喜乱舞した。それでウルトラマンのことがカッコわるく見えるどころか、今でいえばひじょうにクールなジョークという感じがして、よけいにこの番組が好きになった。この反応は全国で起こったらしく、すわお蔵入りかと思われたこの作品が実相寺の手がけた各話のなかで最も好評を得た。

『ウルトラマン』の正調なラインを作っていた飯島敏宏に、この実相寺の破天荒ぶりをどう眺めていたのか尋ねてみると「『ウルトラマン』のような長いシリーズを続けるうえでは主人公のパロディをやってはいけないという空気があったんですが、まあ実相寺は黙って聞く男じゃないですから（笑）。円谷一さんともども後輩の実相寺にはのびのび仕事をさせてあげたいという気持ちでしたから、彼もそれに応えて、やりたいことをやってましたね。結局、シリーズの中のヘテロドクスな部分を実相寺がやって、オーソドックスな部分を僕がやった。ウマが合ったのかもしれません」という見解だった。

こうして振りきった成功例の一方で、たとえば第一四話〈真珠貝防衛指令〉では極めてグロテスクな怪獣が美しい真珠を好むという面白さを出そうとしたところ、成田亨のデザイン画こそその意図に応えていたものの、実際の怪獣ガマクジラの造型はコミカルで「遊園地の浮袋」みたいであったため意図も瓦解し、以後、実相寺はなるべく特撮部分のボリュームを減らそうとさえ思った。

そのあらわれが第二二話〈地上破壊工作〉で、サングラスをした国際スパイのようないでたちの地底人が科特隊に潜入してくる話だが、実相寺は本気で特撮を排除しようとして特撮班と軋轢があったようである。ゴダールの半SF作品『アルファヴィル』の顕著な影響が見てとれる本作では、その想像的・仮構的なタッチをもって地底人たちの陰謀を描こうとして『ウルトラマン』シリーズ中でも異色の作品となっているが、どうしても怪獣を省くわけにはいかずテレスドンという「オケラが巨大化したような奴」を仕方なく登場させねばならず、このいかにも実相寺好みの『アルファヴィル』的な世界観の徹底は、後の『ウルトラセブン』〈第四惑星の悪夢〉に待つことになる。

僕が考えていたイメージに比べると特撮がチャチだという気分が生意気にもありまして、なるべく特撮を削ってスプーンで遊んだりしたんですね。怪獣はどうしても着ぐるみだから、コミカルな人間ぶりになっちゃたりするでしょう？　そういうオモチャふうの非現実感やチャチさばかりが気になっちゃって、ガマクジラなんか見た瞬間にイヤになった。シーボーズだって骨むき出しの、もっとおぞましいものだったはずなんです。ただ、そういうオモチャにはそれなりの持ち味もあって、着ぐるみの実写はコマ撮りよりいいものですよ。その後、そういうことがわかって来た時には、もうそれをやってみせる機会がすっかりなくなってしまっていた（笑）。そういった特撮を積極的にやっていたのが飯島敏宏さんで、合成の使い方なんて凄くうまい。僕だと、たとえば人物と巨大な怪獣を合成して平面的な画になるのなら、合成じゃなくて人物と怪獣の切り返しでいいよということになってしまう。合成で三五ミリを使うぶんだけ本篇用の一六ミリのフィルムをたくさんもらった方がいい、と。そんな感じだから、合成スタッフの中野稔に「合成をバカにして信用してない」ってずいぶん言われました（笑）。

逆光とナメの画、超クローズアップ、特撮の排除とアレゴリカルな本篇部分の脚色、ストーリーの極端なる明暗…といったカラーに彩られた実相寺版『ウルトラマン』は、飯島敏宏や円谷一が描いていた世界とは対極のアプローチで押しまくっていたが、この異端的な創意がスタッフに浸透して、続く『ウルトラセブン』『怪奇大作戦』ではいよいよ実相寺の作家性が強烈に押し出されることになる。

『レモンのような女』

新天地の円谷プロへ出向し、二年ぶりに『ウルトラマン』でテレビ映画の監督をつとめた実相寺昭雄は、翌一九六七年から六八年にかけてテレビ映画の秀作を続々と世に問う。折から国産のテレビ映画制作もたけなわであったが、実相寺の作品はずばぬけていた。この時期は、七〇年代に映画監督として本格的に活動を始める前の実相寺としてはひとつのピークであったに違いない。

『ウルトラマン』の〈空の贈り物〉を作り終えて迎えた六七年の初夏、岸惠子がパリから一時帰国するのにあわせて国際放映が短期ドラマシリーズ『レモンのような女』を制作することになった。そもそもは四社の制作会社が四人の女優に合わせて競作するという企画だったのだが、この『レモンのような女』では岸惠子が毎回違う役柄の女に扮する六話からなっていた。

このシリーズで、実相寺は第二話〈私は私─アクチュアルな女より─〉、第三話〈燕がえしのサヨコ〉、第五話〈夏の香り〉を担当し、第一話〈離婚 結婚〉、第四話〈土の館〉は円谷一が演出した。最終話の第六話は変わりだねで、岸惠子のスケジュールがとれずに〈そばとオハジキ〉〈その時雨が降っていなかったら〉〈熱帯魚〉の三エピソードからなるオムニバス作品で、おのおの実相寺、飯島敏宏、円谷一が演出を分担した（ちなみに〈その時雨が降っていなかったら〉の脚本は山田洋次である）。

ところが本来第二話のために用意され、実相寺がロケハンまで進めていた田井洋子の脚本（岸惠子は画材屋の経営者という設定）に岸サイドが難色を示し、急遽市川喜一プロデューサーが岸惠子主演、今井正監督で映画化するつもりだった泉大八の『アクチュアルな女』という脚本の提供を受けて、実相寺がテレビドラマとして改訂することになった。こうして出来上がった〈私は私─アクチュアルな女より─〉は、株取引で稼いでいる型破りな女教師（岸惠子）と恋人（高橋幸治）の物語で、その裏の顔が糾弾されて彼女の辞職が問われることになる。

まだまだジェンダーフリーには遠く及ばない時代の自立した女性像を苦みとともに描いた佳篇だが、実相寺はこの突貫工事の現場で軽やかなカメラワークを試みた。シリーズ全体の音楽を担当したのは冬木透だったが、実相寺はこの回の劇伴にモーツァルトの「ディヴェルティメントＫ１３６」を採用した。

実相寺と岸惠子。

『レモンのような女』集合写真。

続く第三話〈燕がえしのサヨコ〉は凄腕の女スリ（岸恵子）が舎弟（なべおさみ）を連れて荒稼ぎしているところに、伊丹十三扮する冴えないもっさりした男との出会いがあり、ふたりの一夜にわたるちょっと不思議な交歓を描く。モーツァルトの「魔笛」をアレンジした劇伴をバックに綴られる、田村孟の脚本になるこの淡い物語は、実相寺の一面であるごく優しくリリカルな情感をたたえて心に残る。

『レモンのような女』は移動ショットがずいぶん多いんです。田村孟さんの〈燕がえしのサヨコ〉なんて、都電のレールを使って銀座四丁目から新橋まで移動した。信号と連動するのが大変でした。ただ、この頃までは生放送のスタジオドラマでナメに入ってカメラを隠す癖が残っていて、円谷プロに来てからも手前のものをナメて覗きアングルで撮っていたんですね。するとこの『レモンのような女』の時に田村孟さんにからかわれて、あまりナメの構図はやらないようになった。それから、『おかあさん』の時、佐々木守に初めて書いてもらったのが想像妊娠の話で、これがボツになったので『レモンのような女』の〈夏の香り〉になった。

〈燕がえしのサヨコ〉のラスト、伊丹十三と粋に別れて銀座を颯爽と歩いてゆく岸恵子の姿を見送りながら、どこまでもどこまでもカメラが都電の線路に乗ってトラックバックするさまは圧巻である。ここにはスタジオを飛び出した実相寺の移動撮影へのフェティシズムが極端なるかたちで表れているように思うが、この移動撮影は後述する京都スタッフとの出会いによってさらにこみ入ったものに進化してゆく。

ちなみに大島渚の創造社作品に濃密なシナリオを提供していた田村孟は、ちょうどこの頃、最高傑作のひとつであろう『白昼の通り魔』や佐々木守と共同で『日本春歌考』『無理心中日本の夏』といった挑戦作を放っていたが、この〈燕がえしのサヨコ〉で「ナメの構図はやめたほうがいい」、先立つ『おかあさん』では「頭から余り高いボルテージで演出していると収拾がつかなくなる」といった辛辣な批評を述べていたといい、実相寺はこの田村の言葉をかなり厳粛に受け止めていたようだ。

さて、次の第五話〈夏の香り〉は、東京郊外の夏の一日、岸惠子が気ままにそぞろ歩きながら、さまざまな人びとに出会ってゆくスケッチ的な作品だが、実相寺のテレビ映画のなかでは格別に爽やかな魅力に包まれた傑作であろう。女はバンドのボーカルをやっているが、メンバーのそれぞれが夢を諦める時期にさしかかっていて、この日にはいささかニヒルな解散の乾杯となる。そして女は、石立鉄男扮する年下の恋人と出会い、街をぶらつきながら、お互いの将来を話し合い、優しく別れる。そして、彼の子どもを身籠っていたつもりだった女は、それが想像妊娠だったことを知る。いろいろなものを失った一日の終わり、夕陽とかぐわしい夏の香りのなかで、女はむしろ軽やかに人生を愉しんでいる。

そもそも佐々木守は〈イルカに乗った女〉というミステリアスなイルカ調教師を主人公にした脚本を書こうとしていたが、スケジュールが厳しくなったので、くだんの『おかあさん』の時のアイディアが浮上した。このとりたてて起伏のない、洒脱なニュアンスの漂い続けるシナリオの雰囲気を損なわぬよう、実相寺はゆるやかな方法意識をもって即興的な移動づくしでさらりと物語を描いた。実相寺によればこの撮影日数は五日しかなく、その制約ゆえにあまり画角までこまごまとチェックせず、細かくカットを割ることもなく、おおらかに仕上げたというが、それでもじゅうぶんに実相寺らしい映像のフォルムは感じられたはずである。

さて第六話は先述したように岸惠子のスケジュール過密ゆえ、彼女だけで番組一本を撮る時間がないことが判明し、三つのエピソードの最後の〈熱帯魚〉（岡田真澄扮するスターを育てたマネージャーに岸が扮する）にだけ岸が登場し、ほかは別の挿話にするというアイディアで間に合わせた。実相寺による最初の挿話〈そばとオハジキ〉は、佐々木守が急ぎ仕上げたシナリオで斎藤憐と原田糸子の下町カップルの日常をスケッチ的に描いた。

『ウルトラセブン』

六七年の初夏に『レモンのような女』を終えた実相寺だが、次のテレビ映画は円谷プロが『ウルトラマン』に次ぐヒーロー物として企画した『ウルトラセブン』であった。『ウルトラマン』は高視聴率を弾き出したが、その製作費も時間も要する内容ゆえにスケジュールの遅延を避けがたく、ついに円谷プロが放映に間に合わせ続けることが不可能になってきたため、実に三クールという中途半端なところで惜しまれながら終了せざるを得なかった。

後番組として六七年四月から東映制作の『キャプテンウルトラ』が放映開始され、その二クールの間に円谷プロは『ウルトラセブン』の企画を進めていた。ＴＢＳ側のプロデューサーも栫井巍から三輪俊道にかわり、よりメカニカルなハードＳＦ的な路線が打ち出された。

兵器からエイリアンまで七〇年万博前夜のモダンデザインが世界観に行き渡り、『ウルトラマン』の売り物だった「怪獣」にかわって意思をもつ「宇宙人」が次々と登場する設定となった。それゆえに『ウルトラマン』では描けなかった文明批判、戦争批判のドラマへの踏み込みがあって、大人の鑑賞にもたえ得る作品が志向された。

この意欲的なシリーズで、実相寺はファンの語り草となっている目覚ましい作品を四話演出した。まず金城哲夫の脚本による第八話の〈狙われた街〉は人を狂わせる結晶を仕込んだ煙草を売って、恐慌を煽ろうとしているメトロン星人の話で、冒頭のタクシー暴走から旅客機墜落の遺族の葬儀に至るシークエンスの、クールな映像と臨場感あるシリアスな作劇のもと、何やら不吉さがたちこめてゆく過程の描写が冴えに冴える。さらに市井に潜伏する宇宙人の尻尾をつかもうとウルトラ警備隊のモロボシダン（森次浩嗣）と友里アンヌ（ひし美ゆり子）が喫茶店に張込むくだり、さらに尾行した彼らが夕方の工場街に迷い込むくだりなど、リアリティの追求がひじょうに魅力的だった。撮影の福沢康道は成瀬巳喜男監督『女の中にいる他人』、森谷司郎監督『二人の恋人』、和田嘉訓監督『自動車泥棒』などを手がけた名職人だが、クールに澄んだ画調と光と緑おどるパステルの画調を駆使して、これと冬木透のモーツァルト的楽曲の掛け算により、実相寺ワールドは到底子ども番組とは見えない上質さに達していた。

　白眉はついに見つけたメトロン星人がおんぼろアパートに隠れていて、モロボシダンと卓袱台をはさんでひとくさり議論するという伝説的な場面だ。この場面についてもプロデューサーから「この手のSF特撮番組では和室ではなく洋室にすべし」と注意されたというが、当時見ていた記憶ではやはりこの和室に宇宙人という扱いはあまりにもインパクトがあって、珍妙どころかひじょうにクールな迫真性に痺れたのをよく覚えている。子どもというのは、こういう大人っぽい本格感にしたたかに反応するものであり、その虚心な眼を侮ってはいけない。すっかり着ぐるみの造型には希望をもっていなかった実相寺は、この人気者のメトロン星人すらも「長靴の化け物」と揶揄していたが、それにもめげずウルトラセブンとメトロン星人の戦いをシルエットとストップモーションづくしで描ききるなど、とことん野心的な演出を施している。

　次の佐々木守の脚本による第一二話〈遊星より愛をこめて〉も、実相寺の表現の試みが独特なニュアンスを充満させる秀作である。核実験により放射能で血液が汚染されたスペル星人が、人間を装って地球に潜伏し、きれいな血液を収集しようと特殊な時計をばらまき、女性たちが劇的な貧血で犠牲となる。スペル星人は佐竹という男に化けて、アンヌ隊員の友人の早苗（桜井浩子）を欺いて恋人となり、着々と吸血時計を配るのだが、やがて足がついてアンヌとモロボシダンにアジトを突き止められる。ちょうど子どもたちにも時計を配ってより純度の高い血液を奪おうとしていたスペル星人は、追いつめられて

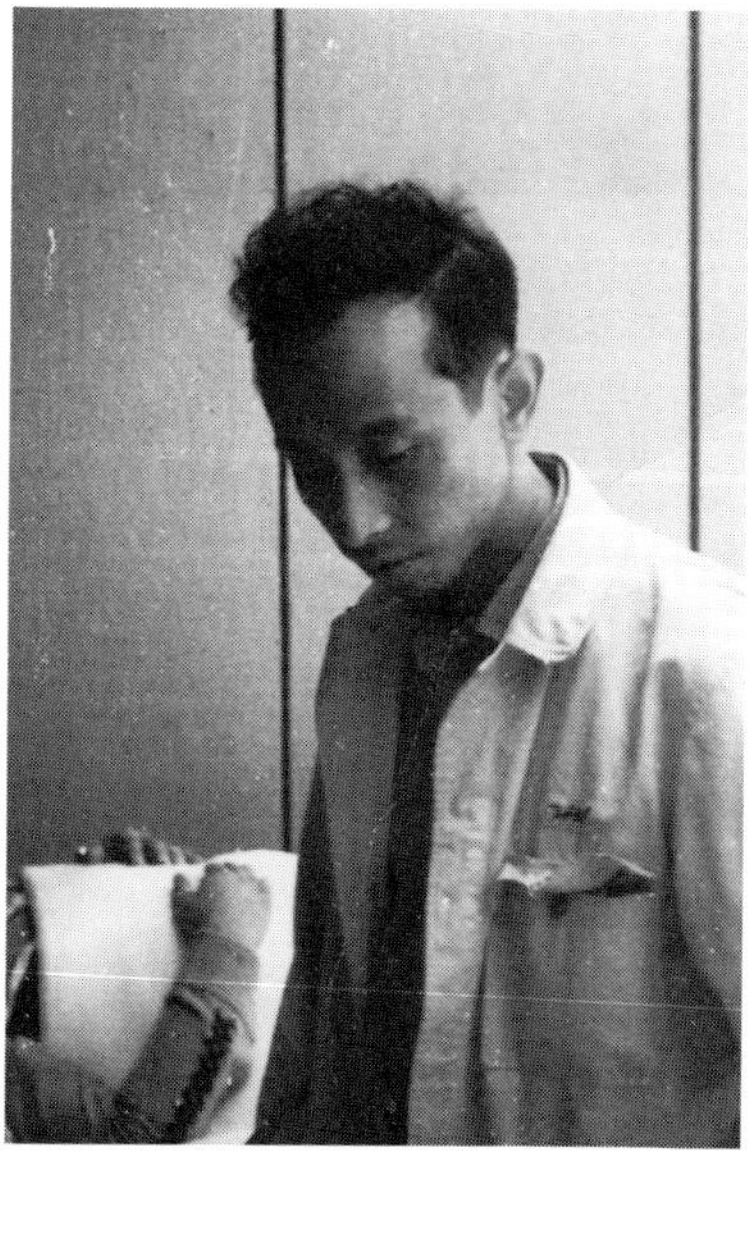

実相寺。ウルトラ警備隊の隊員が寝ている。

遂におぞましい正体を現し、やがて恋人の真の姿を知った早苗は打ちひしがれる。

女性が不意に街角で貧血で倒れるまがまがしい導入部、次いで私服のダンとアンヌが人間を装う宇宙人を尾行する臨場感あるシークエンスと、実はくだんの〈狙われた街〉の同工異曲なのだが、大きな違いは桜井浩子の恋愛感情とその傷ましい破綻を描く挿話のあることだった。実相寺は事件の進展をいつもの陰翳と穿った構図と細かいカット割りでサスペンスフルに描きながら、桜井浩子の悲恋のシークエンスは鮮やかな緑と柔らかな陽射しと流麗な移動ショットでナイーヴに点描する。

そして時計のプレゼントを目当てにスペル星人が潜む「百窓の家」（六〇年代から七〇年代の特撮テレビ映画のロケセットとして横断的に登場したこの奇異なる家屋は、時にはミニチュアとなって特撮セットにも出現した）に大勢の子どもたちが集まって来るもウルトラ警備隊に阻止され、追いつめられたスペル星人はこの基地を壊して巨大で不吉な形相の正体を現す。このスペル星人が街に立ちはだかり、子どもたちが逃げ惑う真昼の悪夢のような場面は、まさに実相寺演出ならではの特異な臨場感があって、放映当時にはトラウマ的な思い出となった。

つづく戦闘シーンも光線の軌跡が画面じゅうを埋め尽くす大胆なるアート性がみなぎっていて、とにかく本作には実相寺はじめ作り手側の非凡なる試行が満載である。かねがね怪獣や宇宙人のデザイン、造型には不満があった実相寺は、もともとは甲虫のような形状だったというスペル星人を、シリーズ中でも類をみない不快でおぞましい姿にしたいと主張し、デザイナーの成田亨の反対を押しきったという（もっとも実相寺の思い描いたのは全身に毛細血管の浮き出たグロテスクなイメージだったが、出来上がったのは「包帯巻きのミイラ」「ミシュランのゴム人形」だったとまたしても幻滅しまくっている）。

ところがつとに知られるように、この全身真っ白の核実験で被曝した痕跡のあるスペル星人の画像が、本放送からまる三年後の一九七〇年秋、さる学習雑誌の付録のカードになったところで問題が起こった。カードには「ひばく星人」というキャプションがあり、これを知るところとなった原爆被害者団体協議会から抗議が起こり、新聞各紙も被爆者を怪獣扱いするとは何事かという論調の報道に出て、騒ぎは一気に拡大した。円谷プロはすぐさま謝罪し、スペル星人の資料も外に出さないことにした。この流れで作品自体も自主的に「永久欠番」の扱いとなった。

しかしここで注意しなくてはならないのは、作品自体にはどこにも「ひばく星人」などという不謹慎な表現はなく、実相寺がくだんのようなデザインに固執したのも、愚かな核実験によっておぞましい姿になったスペル星人をもって原爆批判、ひいては文明批判を行いたかったからで、この一連の抗議の内容とは真反対のねらいをもって作られていたということだ。確かにスペル星人は被曝で破滅の道に追い込まれ、生存のために地球を荒らしに来るエゴイスティックな悪役だが、仮にそれが何かの喩だとしても、被爆者ではなくいわば大国の為政者というところだろう。まさにラストシーンでは、自らの文明に滅ぼされたスペル星人を他山の石としつつ、ダンとアンヌが宇宙の平和を祈念するところで終わる。

かかる作品自体の意図に全く問題がなかったということは、本放送の時も、その後の再放送の時も、まる三年にわたって何ひとつクレームなどなかったことが証明している。それにもかかわらず雑誌付録のカードに対する抗議が高まるなか、（各方面への慮りもあろう）円谷プロはとにかくスペル星人にまつわる物を一切封印して収拾を図った。こうして思わぬかたちで抗議の対象のカードと心中するかたちになった作品そのものは、先述したように実相寺と佐々木守の思いと創意がこめられた秀作なので、普通に再見できる日が来ることを切望する。

この後で実相寺は、ＴＢＳの時代劇『風』の演出を任せられて一時京都映画に赴くのだが、そのことは後述するとして、翌六八年の春にまた東京に戻った実相寺は改めて『ウルトラセブン』後半に参加することになる。そんな第四三話〈第四惑星の悪夢〉は、当時の円谷プロ文芸部を金城哲夫とともに支えたシナリオライター・上原正三と川崎高の筆名になる実相寺の共同脚本で（おおかたは上原が書いたという）、お気に入りのゴダール『アルファヴィル』的な半ＳＦ的世界観を存分に活かしたものだった。地球防衛軍のロケットが長距離飛行のテストを行うにあたり、ウルトラ警備隊のダンとソガ（阿知波信介）が乗り込む。だが、軌道を外れたロケットは二人が眠っている間に見知らぬ星に到着する。二人はそこを地球だと勘違いするが、実は人間そっくりのロボットが人類を支配している謎の星だったという物語だ。

　SFといっても、映っているものは普通の埋め立て地であり団地でありテレビスタジオで、登場するのは人類側もロボット側も普通の生身の人間である。これをSFとして成立させているのは、普通の（というよりむしろクラシックな）パリを近未来の風景として描いてみせた『アルファヴィル』のゴダールと同じ、実相寺の演出家としてのまなざしだけである。

　そもそも特撮班のセンスに失望して特撮部分を減らそうとしては物議を醸していた実相寺だが、この『ウルトラセブン』後半ともなるとかなりテレビ映画の現場の質が下がっていた（これは飯島敏宏も同じ発言をしている）といい、いよいよ旗幟鮮明に反=特撮志向を打ち出した本作は、シリーズ中でも突出した作家性みなぎるものとなった。もともと物語上のテーマを追い越して表現そのもののフォルムで語ろうとしてき実相寺ゆえ、この日常の変哲もない風景を表現のトーン・アンド・マナーで「地球そっくりの異星」に見立てるという課題には、大いにそそられたことだろう。

　上原正三は、シナリオを渡した実相寺がさして細かなチェックもせずに台本を承諾してわさわさと現場にのぞんだことに不安感を覚えたそうである。しかし、出来上がったものを貫く世界観には驚き、そこに強烈な演出のまなざしが存在することに感銘を受けたという。本作はまさにそういうタイプの挑戦作だ。そしてまた、子どものお目当ての宇宙人も怪獣も出て来ずに、ウルトラセブンがまるで怪獣のように普通の街を壊してまわる（ロボットが恐怖政治を敷いている街なので）という大団円も、なんとも奇妙な諧謔を感じた。

　最後の担当話、第四四話〈円盤が来た〉はやはり川崎高こと実相寺と上原正三の共同脚本（こちらは実相寺がほとんど執筆したようだ）の、〈第四惑星の恐怖〉の硬質さ、怜悧さとは対照的に

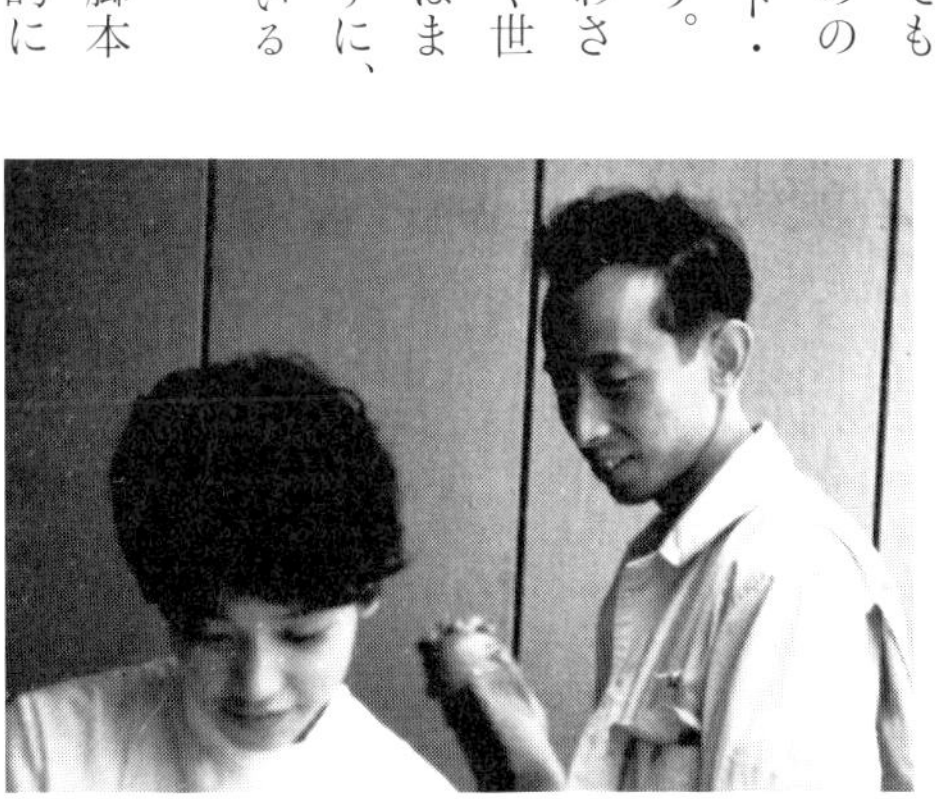

実相寺とアンヌ隊員役のひし美ゆり子。

メルヘン的で優しい、実相寺の別の一面がよく出ている佳篇である。冴えない工員の青年（冷泉公裕）はアマチュア天文観測家で、夜中に望遠鏡で星をのぞいている時だけ心やすらぐのだが、彼が円盤の大群の飛来に気づく。しかし、驚いた彼の申告を誰もまともに聞いてくれない。そんな彼を慰めていた謎の少年（高野浩幸）は、ある日そのペロリンガ星人としての正体を現し、こんなに彼を信じてくれない地球なんか見限って宇宙へ行こうと誘惑する…。

もともとは実相寺の偏愛するルネ・クレール『夜ごとの美女』にあやかって〈夜ごとの円盤〉という洒落たタイトルだった本作（この原題は後に実相寺の著作の書名となるが）では、〈狙われた街〉でメトロン星人に和室であぐらをかかせて顰蹙を買った実相寺が、またしてもそこらの商店街にペロリンガ星人を潜伏させている。こういう感覚は後にわかりやすいパロディと解されてしまうが、当時としては日常の光景に宇宙人を潜ませてミスマッチを狙っていたのではなく、この宇宙人たちに味のある背景とドラマ性を与える工夫だったわけである。

こんな優しさとペーソス溢れる物語の延長で、お定まりのウルトラセブンと宇宙人の対決場面になると、実相寺は今度は実験映画ふうのストップモーションや二重露光を多用し、積極的に平凡なカタルシスを抜き取って、まるで不思議でサイケデリックな見せ場にしてしまうのであった（なんとシナリオでは「ホークと円盤群とが、星と光と影と、サイケな視覚の中で、サイケな感じの闘いを見せる」と記されている！）。こうして制作現場の状況への不満はあれど、実相寺は子ども向け特撮番組という口実のもと、そんな枠などおかまいなしの高度な表現のテレビ映画を着々と送り出していた。

『風』

そして『ウルトラセブン』の作業にはさまるかたちで、実相寺はＴＢＳが松竹と組んで制作した時代劇『風』の演出のために京都へ呼ばれた。『風』は、当時不動の人気を集めていたフジテレビ水曜日午後八時の大川橋蔵主演『銭形平次』の裏番組だったが、『鳳城の花嫁』『赤穂浪士』『水戸黄門』『新吾十番勝負』などで知られる東映時代劇の大ベテラン監督・松田定次がメイン監督をつとめ、全四一話にわたって高視聴率をマークした。天保の圧政の時代、風の新十郎と名乗る謎の義賊（栗塚旭）が本来は敵である女忍者（土田早苗）や同心（小林昭二）らと不思議なシンパシーで結ばれながら悪事を解決してゆくという物語だった。

ＮＥＴ（後のテレビ朝日）『新選組血風録』で人気者になっていた栗塚旭は、テレビ映画が自前で作り上げたスターであったが、この栗塚をＴＢＳが迎えて放つ期待の新番組ということで局から急遽飯島敏宏と実相寺が演出に参加することとなった。とはいえ、すでに局内でテレビ映画の演出家を育ててゆく方針は立ち消えになりつつあり、映画部の人間として外部に出向していた飯島や実相寺はかなり独自のポジションで外部の現場を渡り歩いていた。

実相寺によれば今ひとつ路線の軸が見えないまま撮影に入った感があったそうで、作家的主張の激しい実相寺は職人的矜持のかたまりであった京都の職人スタッフたちと衝突するのでは、と危惧する声もあったようだが、意外にも実相寺にとって京都は実にいごこちがよかったらしく、ここで地元スタッフから吸収したさまざまな技法を続く『怪奇大作戦』に活かしまくっている。

京都に行く時は、円谷一さんに「おまえ、今までのような勝手なやり方をしてるとスタッフに刺されて鴨川に浮くぞ」なんてさんざん言われたんです。それに円谷のおやじさん（円谷英二）も心配したのか、京都の仕事先から訪ねて来てくれたこともあった。しかし、京都のスタッフは、昔ながらのきちんとしたスタッフ構成を残していて、本当にすばらしかった。何もトラブルがないどころか、むしろその後、ＡＴＧ作品から『歌麿　夢と知りせば』まで十年間も京都に入り浸ったというぐらいです。僕が魚眼レンズで切り返しの画を撮ったりするものだから、「こんな画でいいんですか」（笑）ってテクニシャンの京都のスタッフから面白がられましたね。

まず『風』の第九話〈走れ！新十郎〉は、輿入れの行列から逃げ出してきたとある藩の姫君（左時枝）が、婚礼までの三日間を市井に隠れて過ごしたいと希望し、自由に生きる飛脚の男（清水紘治）に惹かれてささやかな思い出をつくる物語だが、佐々木守脚本のもともとの題名は〈百合姫ぶるうす〉だった。実相寺はさまざまな移動の技法を試しながら、優しいメルヘンのような物語を綴った。

続く一三話〈絵姿五人小町〉は、当初佐々木守が書いていた大江戸の町にロックが流れ、若者たちの生態が描かれるというユニークなシナリオが採用されず、速筆の佐々木が急遽書き直したものである。そのため、実相寺作品のなかではオーソドックスな部類なのかもしれないが、これとて現在見ると大変な凝りようである。

悪徳大名と通じた絵師（原保美）が、自分が羽子板に描いた江戸の美女たちを次々に誘拐し、異国へ売りさばこうとしている企みを、新十郎とかがりが手を携えて暴いてゆく。この正調のストーリーを、実相寺はきめ細かい動的なカット割り、ストップモーションやワイプのてきぱきとしたインサート、流麗な移動など、数々のテクニックを披歴する。こうした京都体験を通して実相寺が吸収した技術のなかで、最も印象的だったのは移動撮影のテクニックだったという。

実相寺は京都の職人スタッフにとても愛された。

僕は長いカットが好きで、スタジオ時代にも長回しをやっていたんですが、それでも京都へ行くまではあまり使わなかった。本格的な移動車を使ったのは、京都が初めてだったんです。その頃のテレビ映画は「ズームレンズが一本あれば」というムードで、ほとんど移動車を使っていなかったものだから、逆に移動車を使いたいという特機部の人が燃えちゃって、ハッスルしていろいろな移動をやってくれた。それと同じことを次の『怪奇大作戦』でやったんですね。

『風』の第二一話〈誰がための仇討ち〉は、ある武士の男（内田良平）が妻（原知佐子）の兄の仇討ちを果そうと期すが、妻の激しい妄執に心が渇き、女郎に溺れたのをきっかけにとことん堕ちてゆくという物語で、石堂淑朗らしい暗い情念が引き立つ脚本だった。ついに人をあやめて金品を盗むに至るこの男を、新十郎は斬らねばならなくなるが、この苛酷な対決を実相寺は鮮烈な逆光ショットでとらえた。本作での演出は、実相寺調をなすひとつの要素である逆光のシルエットに凝っている。

第二五話〈江戸惜春譜〉は、遠島になった恋仲の植木屋（山口崇）の冤罪をはらすべく、娼婦となって潜伏し汚職の証拠をつかもうとする女（斎藤チヤ子）に新十郎が協力、その仇討ちに手を貸すという物語だが、京都の職人的な脚本家、鈴木生朗《いくろう》によるごくオーソドックスな時代劇の定番芸で、実相寺も本作では激しい方法的主張を控えて、粛々と撮っている感じである。

とまれ、こうして初期のテレビスタジオから撮影所末期の伝統までを渡り歩くうちに、実相寺調のタッチは培われていった。それは言ってみればテレビでも映画でもなく、テレビ映画の作り手ゆえにたどりついた映像感覚だったと言えるだろう。思いきったナメの画と超クローズアップはテレビスタジオの痕跡であり、ダイナミックな移動への執着は映画の痕跡だろう。

映画からテレビドラマ、オリジナルビデオまで幅広く手がける実相寺だが、その作り手の位置をとりわけユニークにしているのは、映画とテレビの技術のアマルガムであるテレビ映画独特の手法を一貫して作家性としたことだ。ちなみに、この実相寺調のうちナメの構図は、その後さらに風変りなかたちへと応用されていった。

スタジオドラマ時代の癖で、ごく普通のものを撮る時でも手前のものをナメて撮っていたんですが、『怪奇大作戦』の頃からナメはあまりやっていないと思うんですよ。逆に、中堀（正夫）とやるようになってからは、手前に人物を置いて、ちょっと高いアングルからワイドで撮って、人物の後ろに背景が広がるような画になった。これはもう一種生理みたいなもので、情況がいいと生理がどんどん回転していい画が出てくるんですが、説明的なシーンになるとカメラ割りに理屈が入ってきてつまらなくなってしまうんですよね。

シネマスコープ時代の映画は広い画面を埋めるために頻繁に物をナメていた。したがって、実相寺がスタジオでナメの画にこだわっていたのは、そもそも映画的なシズルを狙おうという意図だったのかもしれない。しかし、いずれにしてもテレビスタジオと映画の影響のぶつかるところに、特異な実相寺調の構図が生まれたことは確かだろう。

『怪奇大作戦』

局のスタジオから円谷プロの特撮物、そして松竹京都の時代劇と、現場を渡り歩くうちに出来上がっていった実相寺調は、『風』をはさんだ『ウルトラセブン』の終了後、（ここで実相寺はまた京都へ舞い戻って自主製作の短篇映画『宵闇迫れば』を撮るのだが、それは次章でふれる）後番組のＴＢＳ『怪奇大作戦』で全開になる。ここで実相寺が存分に腕をふるうことが出来た背景には、ＴＢＳの異才プロデューサー、橋本洋二の存在がある。

ここで暫しその横顔に迂回すると、一九三一年生まれの橋本洋二は東京教育大学〈現、筑波大学〉の文学部社会学科を卒業後、五四年にラジオ東京時代のＴＢＳに入社した。当初、ラジオのドキュメンタリー番組の録音構成を手がけていた橋本は、六六年に映画部に移り、『ウルトラセブン』の局側プロデューサーであった三輪俊道の補佐から始めて、佐々木守、市川森一、山中恒といった気鋭の脚本家を集めて『コメットさん』の製作にも携わった。

そんな橋本に委ねられた『怪奇大作戦』は、シリーズ全体を貫く批判精神と情念の強烈さが、放映時はもとより〈本当にこのシリーズは毎週釘づけになって見ていたが、子どもながらに毎回作品力に圧倒され、見た後には怖さと見応えのおかげでよく発熱していた〉現在見てもまるで色褪せていない。そしてまさにこの批判精神と情念は、橋本が最もこだわって脚本家に要求するところで、その点については脚本家、監督と納得がゆくまでディスカッションしてからシナリオ作業を開始した。

橋本に尋ねると「ドラマづくりではもちろん演出やキャストも大切なのですが、脚本がちゃんとできていれば四分の三は手もとに引き寄せられるという実感を持ちまして、特に脚本づくりに血道をあげたわけです」と語っていたが、この妥協を許さぬ橋本の姿勢は〈橋本学校〉と呼ばれ、何人ものライターがリタイアしたというが、そこをくぐりぬけて弾けてみせた代表格が市川森一と上原正三であった。

「円谷プロというとても魅力あるプロダクションが怪獣物の特撮で終始してしまうのが非常にもったいないと思い、もっと別のかたちで特撮のパワーを活かせるよう、円谷プロの引き出しをもっと増やしてもらいたいと考えていた」という橋本が企画した『怪奇大作戦』は、警視庁に協力する科学捜査研究所〝ＳＲＩ〟のメンバーが奇怪な難事件を解決してゆく物語だが、そのスマートなミステリ解決のカタルシスよりも、社会への憎悪や欲望に突き動かされた犯人たちの暗さ、哀しさが番組の柱になっているというのが異色だった。

橋本は、円谷のお家芸の特撮を用いた異様な犯罪のトリックを見せ場として掲げながら、ストーリーは勧善懲悪の謎解きではなく、犯罪者たちの屈折した感情を描き出すことをドラマの中心にした。その切り口として衝動殺人、交通事故、自然破壊、老人や若者の疎外といったジャーナリスティックな問題もたびたびモチーフにされ、さしづめ橋本はここで高度経済成長の陰で生み出された日本の憂鬱に病める部分、もしくは忘れ去られようとしていた感情の闇の部分を照らし出そうとするかのようだ。レギュラーの捜査メンバーも岸田森、原保美、小林昭二らバイプレーヤー的な芸達者が演じ、しかも何の疑いもなく正義をふりかざすヒーローではなく、むしろ犯罪者たちの痛ましい妄執や怨念を、半ば理解と同情とともに悲しく見守るという設定だった。

こんな作品が企画され、受け入れられていた時代のムードについても記しておくべきだろう。『怪奇大作戦』の放映が開始された一九六八年の秋は、ベトナム戦争の激化を背景とした反戦運動と、大学紛争が最高潮に達しつつある時期だった。前年秋の第一次羽田闘争に始まり、空母エンタープライズ寄港反対闘争、東大闘争、成田空港建設反対闘争を経て、『怪奇大作戦』のオンエア直後には国際反戦デーの新宿騒乱事件が相次いだ。さらにこの年の五月には、放送史に刻まれるＴＢＳ闘争も起こって、報道部員だった萩元晴彦、村木良彦、『ニュースコープ』のキャスターだった田英夫らの配置転換、番組降板をめぐる人事発令に対して、組合はそれを報道人の表現・言論の自由を奪う処分と解し、報道局のストライキをはじめとする激しい反対運動を展開した。

文字通り〝闘争の季節〟の番組であった『怪奇大作戦』には高度成長期のうららかさの背後にある闇を凝視しようという批判精神がたぎっていたが、破防法闘争時代の学生であった橋本洋二は、ＴＢＳの社員として六〇年安保の敗退を取材しているうちに「リーダーの号令でただ解散してゆくこの人たちひとりひとりは何も考えていないんじゃないか。みんながそれぞれのテーマを持っていれば、あんなみじめな終わり方をしなかったのではないか」と思ったという。橋本のそんな痛覚の反映ともいうべき『怪奇大作戦』では、文字通り「それぞれの怒り」に突き動かされた強烈な「情念」の主体たる犯人像が次々と描かれ、実相寺＝佐々木守コンビがその狙いに見事に応えてみせた。

逆にそれまでの王道的な『ウルトラ』シリーズを牽引してきた金城哲夫＝円谷一コンビはなかなかこの橋本の意図を消化できず、橋本はそもそも第一話として作られていた彼らの仕事〈人喰い蛾〉に納得せず再撮影を命じ、金城哲夫が沖縄の後輩として円谷プロに引き入れた上原正三を脚本に起用、飯島敏宏が演出した〈壁ぬけ男〉を第一話にもってきた。「そんなことになって、円谷プロとしては衝撃的だったと思うんです。今まで絶対に円谷一と金城哲夫でやれば間違いないと言われていたところに、私が『これはダメだ。別のを一話にするんだ』と言い出したわけですから。そのひずみを修復しないままに、金ちゃんの後輩の上原正三をメインライターと考えて仕事を進めてしまった。だから、金ちゃんはその後『怪奇大作戦』をほとんど書かなかったはずです。しかし一度へこんだ関係をちゃんとなおさないままに金ちゃんとも一君ともお別れすることになってしまったのは、私の一生のなかで非常に悔やまれる点なんです」と、橋本は回想する。

さて、話を元に戻すと、『怪奇大作戦』で上原正三の本線に対して異色作を連打した佐々木守は、すでにラジオ時代から橋本の注目するところであった。一九三六年生まれの佐々木守は、明治大学文学部卒業後、松本俊夫らとともに教育映画作家協会（後の記録映画作家協会）の機関誌『記録映画』の編集に携わり、一方では児童文学に関心をもって作家の佐野光津男らとも活動していたが、やがて佐野とラジオドラマを作っていた橋本洋二とも知り合うことになった。そこで橋本が佐々木に試しにラジオドラマを書かせたことが、佐々木の脚本家人生の始まりであり、『戦国忍法帖』という二〇分の帯ドラマでは膨大な放送原稿を持ち前の速筆でこなして驚嘆させた。

さらに佐々木は、「記録映画」の編集者として知り合った大島渚が松竹を退社して興した独立プロ・創造社の活動にも加わり、大島唯一の連続テレビシリーズ『アジアの曙』の脚本を皮切りに、石堂淑朗や田村孟からシナリオ作法を吸収しつつ『白昼の通り魔』のチーフ助監督もつとめ、創造社が解散するまでのほとんどの大島映画の共同脚本をつとめた。そして大島の紹介により、名コンビとなる実相寺昭雄とも知り合うことになる。数々の力作を生んだ『怪奇大作戦』全二六話のなかでも、佐々木守脚本、実相寺昭雄演出の四本は、独特な切り口による問題意識と特異な映像感覚が重なり合って、ずば抜けた印象がある。

実相寺としては『ウルトラセブン』後半の、テレビ映画ずれしたスタッフのやる気のない仕事ぶり（それにしては実相寺の腕力で前述の通り作品はよいものに仕上がっていたが）によほど辟易していたらしく、『怪奇大作戦』では絶対に妥協しないと決めていたらしい。そのこだわりのしわ寄せが他の監督に行くことも承知のうえで、自らの意図を実現させるためには「狂気か子どもかのように妥協しなかった」という。「人には誰しも花の時がある。演出にしてからがそうだ。『怪奇大作戦』こそ、私の花の時じゃなかったか、と思えてならない。後年、自主製作の映画を自分なりのテーマで撮った時も、もっと妥協しながらものを作っていたと思う」「今思い返してみると、こんなテレビ映画の作り方は夢物語だ」と実相寺をして言わしめるほどの、それはテレビ映画のひとつの頂点であった。

実相寺が最初に手がけたのは、第四話〈恐怖の電話〉だったが、これも当時見た時はあまりの迫真性と臨場感に驚いた。

橋本洋二さんが佐々木守に最初に書かせたテスト台本が〈死神と話した男たち〉（放映題〈恐怖の電話〉）だった。橋本さんとしては僕と佐々木守の路線で、というムードがあったんだけど、僕は一回めはやりたくない。メインの路線を作る主戦投手がひと通り投げた後のローテーションの谷間、二クールめのアタマあたりに変化球を投げるほうがラクなんです（笑）。だから、この時もとにかく路線とかにこだわらず、時間をかけてじっくり撮った。〈恐怖の電話〉は撮り直しまでして、二〇日間くらいかけている。もう次の組がインしているのに、池谷（仙克）、大木（淳）、稲垣（涌三）といったメインスタッフだけ残って撮り足しをしたりした。僕はズームが嫌だったので、電話機をトラックアップするだけで三〇回ぐらいやったんです。とにかくメインスタッフの間には妥協しないという気分がみなぎっていた。『怪奇大作戦』は今見ても、自分でもよくやっているなと思う唯一のものですね。今だったら面倒くさくて、とてもあそこまでは、と思いますよ。

〈恐怖の電話〉は日本軍の南方での押収品である貴金属類を小笠原の島に隠した元軍人が、小笠原返還にあたっていよいよ宝石を取りに行こうと企み、ついてはその隠匿を共謀した戦友たちを殺してゆく物語だった。そもそもがパイロット台本として書かれた王道的な線の内容であるため、他の実相寺＝佐々木作品の作品のように、ある犯人の強烈な思いがたちこめる物語ではなく、硬質なサスペンス作品の秀作という印象だが、特筆すべきはその人物たちの動静や捜査の過程を追う細部のリアリティで、もちろんトリックはまるで架空のものながら、実相寺はとにかく劇中の真実味を醸すことにこだわり、実際の電話局やレコード会社の無響室などにカメラを持ち込んだ。

カメラのタッチも至ってクールで、『ウルトラセブン』〈遊星より愛をこめて〉ともども、ヒロインの桜井浩子を追う視線もヌーヴェル・ヴァーグふうの洒脱なメロウさが光った。ちなみに、この作品で稲垣涌三のカメラに撮影助手としてついていたのが、後に実相寺映画のほとんどの撮影を手がける中堀正夫であり、同じく実相寺作品の特異な音響づくりを支えた音響効果の小森護雄《もりお》とも本作のダビングの際に知り合ったという。

続く佐々木守脚本の第五話〈死神の子守歌〉は、胎内被爆による白血病に悩む歌手の妹（深山ユリ）を助けようと、新しい治療法を探す科学者の兄（草野大悟）が、行きずりの女たちをモルモットにして殺してゆくという暗澹たる物語だった。連続殺人を暗示するような山本直純作曲の哀切な子守歌をバックに、実相寺は人物たちににじり寄るようなアップで悲劇を描くのだが、特に兄が夜の林のなかに追いつめられ、機動隊に徹底的にガス銃で痛めつけられながら逮捕される結末部分は、これでもかとパセティックな迫力を突きつけてくる、撮影助手で現場にいた中堀正夫に聞くと、この臨場感に満ちたカメラワークと演技が絡む難しいカットで、微妙な照明のニュアンス（人物たちの顔がいくぶん浮き上がった）が気に入らなかった実相寺はまさかの再撮影を行ったという。

実相寺はこうした粘りが可能であったのは、なんといっても橋本洋二が味方してくれていたからであり、同時に理解者であった先輩の飯島敏宏が陰に陽に助け船を出してくれたからだという。そして翌一九六九年の京都篇で、実相寺は『風』で出会った京都映画の名職人たちを動員して『怪奇大作戦』シリーズ中に屹立する傑作を撮る。京都篇とは石堂淑朗脚本の第二三話〈呪いの壺〉、佐々木守脚本の第二五話〈京都買います〉だが、すでにこの頃は予算もなくなっていて実現が難しくなっていたが、橋本洋二の熱意もあってロケーションが開始されることとなった。

製作費もかなり切り詰められてきて、京都の二本は特に危ぶまれたんですが、それをあえてやろうと言ったのは橋本さんの英断ですよ。橋本さんはどうしてもそれまでの円谷プロのドラマ性の稀薄な部分にテコ入れしたいということで、金城（哲夫）さんともその点でぶつかったんでしょうが、結局橋本さんが押し通した。だから、『怪奇大作戦』の時は、俺が責任持ってやるからとことんやれ、と後押しをしてくれたんです。

まず第二三話〈呪いの壺〉は、こんな怨念に満ちた悲痛な物語だ。京都の古美術商に雇われて名品の贋作を作らされ続けている老いた陶工がいる。やはりその古美術商に雇われている陶工の息子（花ノ本《はなのもと》寿《ことぶき》）は、父の境遇を悲しみ、その怨嗟をこめるがごとく父の手になる売り物の壺のなかに旧陸軍が生産していたらしい放射性物質をしのばせ、そのおかげで壺を買った金持ちたちが次々に死んでゆく。石堂淑朗らしいダークな怒りのたぎる脚本だが、石堂はほかにも〈京都買います〉の奈良バージョンのような〈平城京のミイラ〉というシナリオを書いていて、これも実相寺は評価していたが映像化には至らなかった。

さて〈呪いの壺〉の実相寺演出は、鋭角的なアングルと流れるような移動づくしを試み（以後の映画作品を貫く実相寺調はここでいったんの完成を見たと言えよう）、屈折した人物がひしめく古都の物語を鬼気迫るムードで表現した。そして、陶工の息子が捜査陣に追いつめられた時、ねじまげられた彼の心はアナーキーな破壊衝動を生み、壺の死の灰を京の空にばらまいて古寺とともに心中を図る。ここで大きめのスケールの寺のミニチュアが燃え盛る情景の描写は驚くべき精緻さで（ミニチュア特撮の至宝と呼ばれる場面だが、それにしても放映時に見ていた私は絶対に本物の寺を燃やしていると思ったものだ）、まさにここには特撮が「情念」みなぎる物語に融合した成果があって、円谷特撮を幅広い概念で活かそうと試みた橋本洋二のねらいの結実があるだろう。

鬱屈した犯人に扮して鮮烈な印象をのこす花ノ本寿は日舞の一五世花ノ本流宗家だが、武智鉄二監督の『源氏物語』など映画、ドラマにもよく出演しており、実相寺は佐々木守脚本のＴＢＳ『七人の刑事』〈若者の子守歌〉のゲスト主役だったのを見て気に入り、『風』の〈絵姿五人小町〉（脆弱でエゴイスティックな男の自滅を好演）に続いて起用した。花ノ本は舞踊に専念すべく実相寺の映画『無常』をもって俳優業からは退いたが、『あさき夢みし』など実相寺のオファーに限ってはしばらく受けていた。岸田森や堀内正美にも通ずるような、俗世から浮いたナイーヴさは、いかにも実相寺ごのみの俳優という感じがした。

そしてシリーズの最高傑作とされることも多い第二五話〈京都買います〉だが、この着想の原点には佐々木守の『あをによし』というプロットがあった。それは、古都の美しさを荒廃させてゆく現代人のありさまを見かねて、宇宙人が奈良の文化財を奪い取ってしまうというシニカルなＳＦ物で、佐々木が前年に芸術祭ドラマの企画としてＴＢＳの映画部に提出していたものだ。そのドラマ化は実現しなかったものの、それを下敷きにして〈京都買います〉が生まれた。

京都の伝統と文化がないがしろにされている現実を深く憂えた歴史学者とその助手（斎藤チヤ子）が、物体転送装置を使って国宝の数々を喧噪を免れた山中に隠匿し、仏像たちのユートピアを作ろうとする物語は、『あをによし』の骨格をそのまま活かしている。当初のタイトルはずばり〈消えた仏像〉であったが、ここでミソなのは、いつもは犯罪者の心情を冷静に傍観しているＳＲＩ所員・牧史郎（岸田森）が、仏像の魅力に憑かれたその助手の女性の純粋な心境に感じ入り、ほのかな恋愛感情すら抱くというところである。結局、牧は職務に忠実に女の犯罪を暴かざるを得ないのだが、その一方で彼は女の無垢な理想を踏みにじったことに傷つき、法のために恋愛感情を殺した無念さにさいなまれる。

実相寺は、この哀しみに満ちた純愛の物語を、悲愴なかたちではなくシャープな実相寺調の技法を総動員しながら、澄んだ静かなタッチで映像化した。『ウルトラ』ヒーローに（ひいては円谷プロに）多面的なドラマを与えようとした橋本洋二の発想は、この実相寺の稀有なる表現をもって十二分に実践されたのではないか。すなわち、勧善懲悪の花形『ウルトラマン』のポジションは、宇宙人の立場からすると侵略者、弾圧者の一面を持つ『ウルトラセブン』で相対化され、さらに『怪奇大作戦』ではアンチヒーローの牧史郎が敵＝犯罪者と自らを隔てる壁を取り払って、その罪を罰することの無根拠さにまでたち至るのであった。

橋本洋二も本作をいたく賞賛しており、「キザな言い方ですが『怪奇大作戦』では人間の情念を、こういう架空の設定を借りて露出させてみたかったのです。たまたま上正（上原正三）の書いたものには人間の憎しみや怨念が強く描かれていましたが、それにとどまらず佐々木守の〈京都買います〉は京都

〈京都買います〉ロケ。

を守ろうとする人たちの情念をラブストーリーのなかに描き出していた。〈京都買います〉が出来た時には、「ああ、これが第一話だったらなあ」と思いました。あれはとてもいい作品だったと今も思っているんですよ」と語った。実相寺自身も、この頃の自分が「やさしさをもって人や物を見ていたように思える」ので〈京都買います〉には最も愛着があると告白していた。

庵野秀明は二〇〇九年の自作の映画『エヴァンゲリヲン新劇場版：破』のなかで、〈京都買います〉を印象的に彩ったフェルナンド・ソル作曲の「モーツァルトの〈魔笛〉の主題による変奏曲」を引用して敬虔なオマージュを捧げていたが、このように長く深くファンに愛され続ける傑作を生みだしながら、『怪奇大作戦』は二クールで終了した。

橋本洋二に聞けば「決して視聴率も悪くなかったのですが、〈この番組を見た夜に子どもがうなされる〉（笑）とか〈残忍だ〉とか、顰蹙や抗議の電話もあったりして、二クールで終わりました」とのことだったが、確かに山浦弘靖脚本、満田穧監督の第二四話〈狂鬼人間〉のような問題作（心身耗弱の男に夫と子どもを殺された女が、犯人に刑事罰を科さなかった刑法に挑戦すべく、人を一時的に狂わせるマシンを開発して無差別殺人を起こす！）を筆頭に、いわゆる「タケダ・アワー」と呼ばれた武田薬品工業提供の日曜夜七時のゴールデンタイムによくぞこんな番組が流れたものだと感心するばかりである。〈狂鬼人間〉は〈京都買います〉のようなファンタジーとはまた違う意味での、陰惨な重量感に満ちた傑作であった。

コダイ・グループと『シルバー仮面』

番組終了の理由はその内容の恐ろしさや救いのなさにもあるだろうが、しかし当時す

『怪奇大作戦』ロケ。小林昭二、松山省二（政路）と。

でにテレビ映画は合理化、効率化により制作条件も厳しくなってきており、とりわけ円谷プロのように金のかかる特撮分野には局も腰が引けて、傑作づくしの『怪奇大作戦』の後は全く作品の受注が途絶えてしまう。『怪奇大作戦』に先立つ半年前、一九六八年四月にスタートしたフジテレビ『マイティジャック』は、大人向けのメカアクションを目指した画期的な企画だったが、テレビ映画規格をはみ出した製作費の割には視聴率は不振で、これも円谷プロには大きな痛手となった。

このため、経営再建を図った親会社の東宝は円谷プロの企画文芸部を廃止するなどリストラを断行し、せっかく育っていた若き精鋭たちは契約解除で散りぢりとなった。これを機に、『ウルトラＱ』から照明に携わっていた小林哲也は、特撮監督の佐川和夫、高野宏一ら旧円谷スタッフとともに共同出資で独自の特撮スタジオを持つ映像製作会社「日本現代企画」を立ち上げ、池谷《いけや》仙克《のりよし》ら美術スタッフは「ＮＩＤＯ」というグループを結成、それぞれに新たな仕事を探っていた。その後、実相寺と特撮監督の大木淳吉の呼びかけで「ＮＩＤＯ」は発展的解消、実相寺周辺のなじみのスタッフの窓口として「コダイ・グループ」が立ち上げられた（「日本現代企画」に対して「コダイ＝古代」と命名された）。

実相寺は局のディレクターという立場でありながら、このコダイ・グループに集うフリースタッフたちの生活を維持するために電通関係のＣＭやＰＲ映画を数多くこなし、折しも『宵闇せまれば』で知遇を得た葛井欣士郎プロデューサーの差配で初の長篇劇映画『無常』（次章でふれる）を撮る話ももちあがっていたため、徐々に独立する気持ちに傾いていた。そして、〈Ｏｈ！モーレツ〉のＴＶＣＭで有名になった小川ローザの主演ドラマ『Ｏｈ！それ見よ』の小山内美江子脚本、福田陽一郎脚本の二本を並木章プロデューサーのもとで演出したのを最後に、一九七〇年二月、ＴＢＳを退社しフリーになる。そして『無常』に続き、翌七一年には『曼陀羅』とＡＴＧで自主製作映画を精力的に撮った。

そんな同年の夏に、あらためてＴＢＳの橋本洋二プロデューサーから革新的なテレビヒーローの創造に誘われる。橋本は『怪奇大作戦』の後も、『柔道一直線』『刑事くん』『帰ってきたウルトラマン』といった作品であいかわらずの橋本イズムを発揮し、戦後民主主義の平準化、均質化の病いを吹き飛ばす純粋な「情念」で主張するヒーロー像を打ち出し、視聴者の子どもたちに熱くアピールしていた。

一九六八年の秋、〝闘争の季節〟にあって『怪奇大作戦』で橋本が描いたのは、強烈な「情念」と主体意識で社会の圧力に抗する人物像だった。その善し悪しではない激しさは、時代のムードにぴたりと合っていた。しかし、わずか三年後の七一年、闘争の時代が足早に去った空白のなかで、人びとはにわかにニヒリスティックな気分を共有しはじめた。そんな挫折と敗北の空気のなかでニヒルに豊かさと馴れ合い、現状を無為に肯定しようとする人びとの趨勢に対して、いまだ純粋な「情念」にこだわって「本当にこれでいいのか」と問いかける者はもはやマイノリティになりつつあった。

橋本洋二が、言わば『帰ってきたウルトラマン』の陰画として、新たなるヒーローに託そうとしたのは、そんなマイノリティの姿であったはずだ。誰もがほどよい豊かさと自由に埋没しようとしている時代の流れに逆行するように、その小市民的な幸福を投げ捨てても自らの「情念」にしたがって進んでゆくヒーロー。そんなヒーローは、人びとの希望を担った憧れの対象ではなく、むしろ人びとが目を背けてやりすごしたい排除の対象かもしれない。こうして企画された、人びとに忌まわしく排除され、悪に追われる異端のヒーローが『シルバー仮面』だ。

「『シルバー仮面』は並々ならぬ意欲をもってやったんです。実はアメリカの『逃亡者』のパターンが頭にあった。私はあの番組をとても尊敬しているんです。繁栄したアメリカの社会からはぐれてしまったひとりの人間が、体制の生み出したカオスになんとか立ち向かっていこうとする。それがとてもデリケートに描かれていた。あの番組が、スタッフ共通の話題だったんです。ちょうど『シルバー仮面』の頃は、日本経済も上り坂で、三種の神器も満ち足りて、平和な時代になっていた。そんな時代に逆らって、危機感のようなものを醸し出してみたいと不遜にも思いましてね」と橋本は語った。

『逃亡者』にインスパイアされたという『シルバー仮面』の設定は実にユニークなものだった。ある科学者が宇宙規模の光明とも脅威ともなり得る光子ロケットを完成させつつあったが、それを奪取したい宇宙人に殺される（というところまですでに話は進んでいて、あらかじめ博士は不在である）。ただそのロケットは肝心なエンジン部分だけが未完成で、ロケットの悪用を恐れた博士は自らの五人の子どもたちの体内にエンジンの設計図を隠す。そのせいで、父亡き後、五兄妹は秘密を狙う宇宙人たちに追われ、父の知己を頼って居所を転々とする。けなげな五兄妹は父に託された使命に突き動かされながら、ロケット完成に向けて情熱を注ぐが、追われる危険な身の彼らは行く先々で迷惑がられ、忌避される。時には父の遺志をともにする信義の人と思った科学者が、個人的な平和を脅かされたくないエゴから五兄妹を宇宙人に売ってしまったりと、まあさんざんなヒーローなのである。彼らは正義の理想を背負った颯爽たるヒーローではなく、その使命感ゆえにほうぼうで無理解と裏切りにさらされ、たびたびその所信がくじけそうになるアウトサイダーなのだ。

こんなアンチヒーローは、テレビ草創期から『月光仮面』『隠密剣士』『快傑ハリマオ』といった正調ヒーローを生み出してきた宣弘社のカラーともまるで異質のものであったが、橋本洋二は圧倒的なイニシアチブを発揮し、さらなる賭けに出た。というのも、このただでさえ異色の企画に実相寺昭雄、池谷仙克ら旧円谷プロ系の才能が集まっていたコダイ・グループ、日本現代企画を動員し、『怪奇大作戦』で異色作を連打した実相寺＝佐々木守のコンビをもって制作をスタートしたのだった。

それまでの『ウルトラマン』『ウルトラセブン』といったヒーロー物では、飯島敏宏や満田稔らが主たるポピュラーな路線をつくる一方、実相寺＝佐々木コンビは思いきったマイナー・アプローチに徹して、結果的にシリーズの幅を拡げることになっていた。そのバランスがシリーズ全体をおさまりのよいものにしていたわけだが、『シルバー仮面』の橋本は大胆にもこの変化球チームでシリーズの基調をつくろうと試みた。

七一年一二月、日曜夜七時の「タケダ・アワー」で『シルバー仮面』第一話〈ふるさとは地球〉のオンエアが始まって数分間の衝撃は、今もって覚えている。その頃は同じ等身大ヒーロー物である東映の『仮面ライダー』が爆発的な人気を獲得していた時期であるが、そういう見やすい勧善懲悪のヒーロー物になれている視聴者には、もうトラウマになりそうな思いきったものだった。というのも、宇宙人の襲撃を受けた邸宅が燃え盛るなか、主人公の五兄妹が逃げ惑うその冒頭は、ただでさえ子どもには覚えられない数の登場人物が、その顔も判別できない暗闇を、ロングショットで右往左往するばかりなのだ。

徹底した暗さ、異様なアングルと移動、慌ただしいカッティングと、猛烈に凝りまくった冒頭の実相寺演出は、もうそれだけでこの番組にこめる熱意とこだわりを感じさせてやまない。なんでも放映時に局がこのダークに落した暗部を見やすく持ち上げたりしないように、実相寺は局に乗り込んで見張っていたという。戦後の殺風景な街にネオンサインを導入し、自前の制作でテレビヒーローを続々生み出してきた宣弘社の名物社長、小林利雄は根っからの柔軟なアイディアマンで、この番組のプロデューサーとして筆頭にクレジットされているが、さすがにここまでのことは許容できなかったようだ。小林利雄にこの場面の感想を尋ねると『シルバー仮面』をバンコクで放映したら、あんまり画面が暗いからテレビが故障したんじゃないかって局に電話が殺到した。実相寺さんが監督だったからな。あれはやりすぎですよ。このケースもＴＢＳの方からあのスタッフで行きたいと言ってきたんです。私たちのやり方で作るのならあんなふうにはしない。芸術作品ではないのですから、筋の通った娯楽作品に徹しないと必ず失敗しますよ。最近はいろいろな監督がお客のことを考えないで自分の趣味にしちゃうんだなあ。『シルバー仮面』や『アイアンキング』は、ある一部の人が見るといいのかもしれないけれど、私のものではないですね」といつになく厳しい答えが返ってきた。

しかし実相寺によれば『シルバー仮面』は試写の段階ではひじょうに好評で、小林利雄ですら「すばらしい。ここには何かがある」と言っていたらしいのだが、蓋をあけるとあまりに視聴率が振るわず、小林とて担当広告代理店の社長としては意見を修正せざるを得なかったのだろう。旧円谷プロのメンバ

コダイのロゴマークも実相寺の筆。

『シルバー仮面』第一話の春日五兄弟。

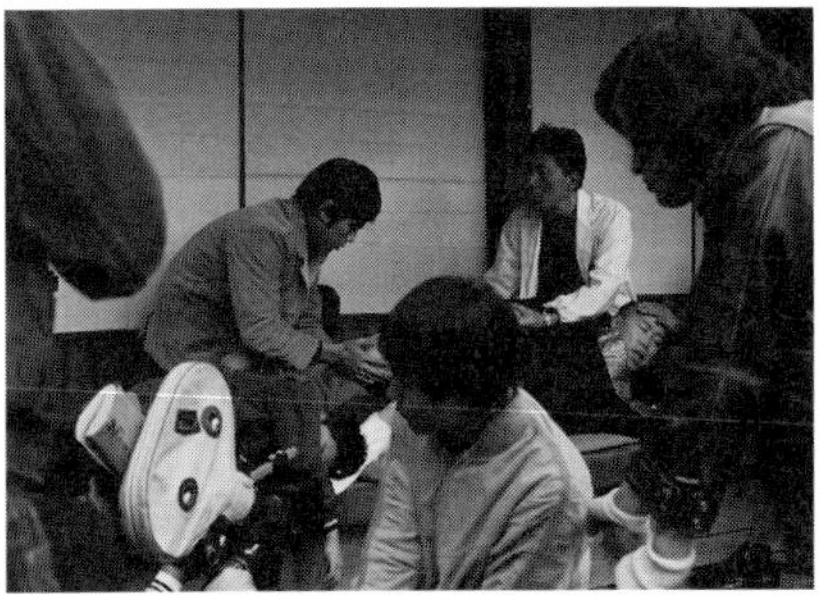

『シルバー仮面』第二話ロケの柴俊夫。

『シルバー仮面』第二話の農村ロケ。

ーが再結集した『シルバー仮面』は、円谷プロの新スタッフが制作した裏番組のフジテレビ『ミラーマン』に視聴率では惨敗した。

この点については実相寺自身も冷静に分析していて、企画会議の段階でも太い芯が見つからず、ドラマ部分とヒーローが闘う見せ場のいずれを前に出すのかも今ひとつ割り切れず、それゆえに佐々木守の脚本もいつもの冴えがなく、「怪獣物をATG映画の調子で撮ったような奇形児」「得体の知れない性格の番組」になってしまったと後に振り返っている。

この敗退の理由について橋本洋二に尋ねると、「あえて現代に危機を作り出して、そのなかで人間がどう行動するか、そういう不条理を生み出すものは何か、という問いかけをやってみたかったんですが、あいにく連続ドラマを支えるだけの設定を突き詰めるところまで行かなかった。あっという間に企画を立てなければならなかったので、案外かんたんに宇宙人が人間を追うという設定になってしまったんですね（笑）。それが非現実的なので、見ている側に今ひとつ伝わらない話になってしまった。そんななかで、とにかく実相寺と佐々木守で勝負をかけようと思った。もちろん私は実相寺がマイナーであることは知っていましたし、設定についても葛藤はあったんですが、やるからには思いきったほうがいいと思いまして、割り切ってスタートしました。ところがいかんせん視聴率がめちゃくちゃで…。まあ実相寺も入れ込み過ぎて、かなりアンダーになってしまったんですが、やはり企画の路線がきっちり出来ていなかったのがいけなかったんですね」ということだった。

この心ならずも追われる五兄妹が主役という基本設定のうえに、かんじんのヒーロー、シルバー仮面もかなり異色の扱いであった。亀石征一郎、夏純子、柴俊夫、篠田三郎、松尾ジーナという際立ったバイプレーヤーやフレッシュな新人からなる五兄妹はそれぞれにわかりやすく性格づけられていたが、そのなかでも最も特徴的でなかった次男役の柴俊夫がシルバー仮面の正体であり、またヒーロー物の通例に反して彼がシルバー仮面であることは兄妹全員の知るところであり、特に彼を特別扱いすることもない。

このように、そもそもヒーローの影が薄く、他の人物のなかにすっかり紛れている点がユニークなのだが、それにとどまらず彼にはこれといった番組の目印になるような「変身ポーズ」も「必殺技」も与えられていない（折しもバカ当たりした『仮面ライダー』が〈変身！〉のポーズやライダーキックといった必殺技で子どもたちを席巻していたというのに、本作では断固そういうお子様向けの媚びがなく、もう反骨もいいところであった）。危機にのぞむと彼はいつしか静かに変身して、ごく地道に素手でアート臭の強い宇宙人に闘いを挑んでゆくだけだ。華やかにかぶいてヒーローが登場し、いかにもといった「必殺技」でエイリアンをなぎ倒すカタルシスをこそ待望している子どもたちの気持ちをよそに、シルバー仮面がじたばたと宇宙人と格闘しているそばから、他の兄妹たちが先んじて銃でとどめをさしてしまう（！）という破格のパターンすらあった（やりだしっぺは第二話の実相寺なのだが、大木淳監督らもそれを継承した）。

実相寺の意図を酌んだ美術の池谷仙克による本作のヒーローや宇宙人のデザインも、異彩を放っていた。一九四〇年生まれの池谷は、武蔵野美術大学を卒業後、『ウルトラマン』で成田亨の助手をつとめ、『ウルトラセブン』から本格的に特撮美術を手がけるようになった。その後、『怪奇大作戦』を経て実相寺監督の劇場用映画のほとんど、鈴木清順監督『陽炎座』『夢二』、寺山修司監督『さらば箱舟』の美術を担当した。

成田亨が『ウルトラマン』『ウルトラセブン』を通して形づくった欧米テイストのヒーロー像やモダンアート的な世界観は、さしずめ来るべき日本万国博的なオプティミスティックな実験精神に満ちていた（事実、七〇年大阪万博のシンボル〈太陽の塔〉内部の不思議な系統樹は成田がデザインしたものだった）。これに対して、池谷仙克のデザインする「怪獣」や「宇宙人」には高度成長期の〈進歩と調和〉にあえてトレンドに逆らうような異物感があった。池谷のデザインはモダンアート的な洗練を拒んで、生物や物体のもつ生な質感を直截につかみとり、イメージの始原のかたちを志向するようなところがあった。縄文美術やアフリカン・アートが、その異物感の手がかりとされたに違いない。

『シルバー仮面』の最初のタイトル案は『二一世紀鉄仮面』で、小林利雄の「現代の鉄仮面」を考えてほしいというオファーに対し、池谷がデザインしたシルバー仮面は、ウエイトリフティングの選手が中世の騎士のような仮面をかぶり、しかも口の部分のみ皮膚が露出しているという極めて異色のものとなった。『ウルトラ』シリーズの成功以降は、常にお子様向けに商品化しやすいデザインが主流となったのに、池谷が実相寺の意向を受けてデザインしたキャラクターたちは、そういうマーチャンダイジング目線のポピュラーな穏健さ、明朗さをまるで無視していた。

こうしてストーリーの設定から映像技法、キャラクターデザインに至るまで、『シルバー仮面』は子どもの私を驚愕させ、いっぺんに虜にしたのであった（もっともそんな変わった子どもは全国に数えるほどしかいなかったようだが）。当時の幼い自分はもちろん演出家という概念が理解できていなかったが、もう少し成長した時に、自分をわけのわからない凄みで釘づけにした『怪奇大作戦』の異色作四本とこの『シルバー仮面』初回が同じ監督によるものと知って、大いに感激したのだった。そしてこの初回の興奮さめやらぬうちに放映された佐々木守脚本の第二話〈地球人は宇宙の敵〉も手加減はなかった。

追っ手を恐れてある農村に潜伏していた五兄妹は、やがて村が宇宙人の襲撃を受けたことで抗議の投石にあって村を追われる。それればかりでなく、捕えた宇宙人からは地球の人間こそが光子ロケットのような脅威をふりかざす「侵略者」ではないかと糾弾されて動揺する。

そして宇宙人はけたけたと奇矯な笑い声をあげながら、サイケな霧で村じゅうを着色してまわる（このすっとぼけた攻撃が今ひとつ凶悪さを欠くところがまたミソである）。実相寺はシルバー仮面と星人の野原での決闘を、まるで擬斗のカタルシスを欠く豆粒のようなロングショットで描き、目覚ましい技が披露されるかと思いきや、横から兄妹の銃撃が星人にとどめをさしてしまう…。いったいお子様は何を楽しみにこの番組を見ればいいのかという感じだが、ませた子どもであった自分はもうこのカットごとの実相寺の本気さとクールさに痺れっぱなしであった。だが、わずか二回目にして『シルバー仮面』の視聴率は惨憺たるものになった。

『シルバー仮面』の頃は、予算をはじめいろいろな意味でテレビ映画が谷間に落ち込んでいってしまった時期です。だから、せめて第一話では照明を暗くしてこだわりを出すことだけを考えた。予算が無いから第一話で使いきってしまって、第二話では柿生の農家を借りたり（笑）、どうせCMで食べていけるから、いつでもやめちゃえという気持ちだったので、この二話しかやっていない。シルバー仮面のデザインもテコ入れで赤味が増えて子ども向けになりましたよね。そもそも番組に理想はあったと思うんだけど、時代が急速にテレビ映画にとって悪いほうへ向かっていた。そのスピードたるや、本当に速かった。

このテコ入れというのは、視聴率の低迷はいかんともし難く、橋本洋二は第一一話以降、番組を『シルバー仮面ジャイアント』と改題し、あのプログレッシブなヒーローだったシルバー仮面は、子どもに好まれるという赤いデザインで「巨大化」し、「変身ポーズ」も「必殺技」も、それまで断固禁じ手にしていた要素を全部ぶちこむという「転向」を果たし、初期の大ファンであった私を茫然とさせた（が、悲しいかなこのテコ入れで少しは視聴率は上向きになった）。二話で降板していた実相寺のスピリットは、他の監督たちによって第一〇話まではそれなりに継承されていたが（大島渚や実相寺の映画作品の助監督をつとめた佐藤静夫の演出による第一〇話〈見知らぬ町に追われて〉などは、まさにATG映画とアメリカン・ニューシネマが合体したようなタッチで本来の『逃亡者』的意図がうまく実現した秀作だった）、この赤裸々な「転向」を経た第一一話以降、初期のこだわりは一気に吹き飛んだ。

橋本洋二としては入魂の異端ヒーロー物に自らきっぱりととどめを刺す気分ではなかったかと思うが、

この路線変更は当然現場の反発も大きく、コダイ・グループのスタッフたちは一気にやる気を失って撤退、池谷仙克と大木淳だけが残って二クールを切り抜けた。

佐々木守作詞による『シルバー仮面』の主題歌〈故郷は地球〉は、実相寺の敬愛してやまない大島渚の映画『夏の妹』にも印象的に引用されたが、このせつないメロディーをバックに季節はずれの使命感を抱えて山岳アジトみたいな場所を彷徨しながら追い詰められてゆく五兄妹のパセティックなイメージは、どこか当時の連合赤軍のメンバーを連想させる。自らの理想と周囲の現状肯定のムードの落差に悩み、社会から排除されながらさすらう五兄妹。新左翼運動の退潮するなか、革命の夢に拘泥し、山中を転々としながら思想を極限まで純粋化していった若者たち。『シルバー仮面』に描かれる、全共闘解体後の荒涼とした風景を眺めていると、心なしかその両者が二重映しに見えてくる。

歌は世につれというが、橋本と実相寺が『怪奇大作戦』で峻烈な「情念」の主体を描いた時期は、ちょうど東大闘争のまっただなかだった。そして三年後、『シルバー仮面』でその「情念」の主体が社会からはずれてゆく哀しみを描こうとした時期は、ぴたり連合赤軍のあさま山荘事件と大量リンチ殺人事件に重なっている。これは偶然の符合ではなく、闘う作り手のせっぱつまった直観が時代の空気をあだ花のごときテレビ映画のなかに詠んでしまったということだろう。そして実相寺にはこの作品への秘めし思いが長きにわたってあったようで、亡くなる直前まで病魔に冒された体に鞭打って仕上げていたのが『シルバー仮面』のリメイク作品『シルバー假面』であった。

映画的ビデオドラマ『波の盆』『青い沼の女』

一九七一年の暮れに放映された『シルバー仮面』第一話、第二話での突出を経て、実相寺のひとつのピークをなしたテレビ映画の時代は終わった。以後の七〇年代前半から八〇年代半ばまでの実相寺は、日本テレビの人気時代劇『子連れ狼』『長崎犯科帳』のタイトルバックを手がけたり、ＴＢＳ『歴史はここに始まる』、よみうりテレビ『遠くへ行きたい』、中部日本放送『すばらしき仲間』、朝日放送『あゝプロ野球』『わたしは旅をする』などのテレビ番組をあれこれ演出してきた。

詩人の富岡多恵子とともに室生犀星にオマージュを捧げつつ、雨ふりしきる金沢で語り、歩く『遠くへ行きたい』〈あめのうた〉などは、通常の旅番組では拝めない特異なる旅情に満ちていた。変わり種は一九八〇年の日生ファミリースペシャル『二十四の瞳』で、全篇七三分のほとんどがアニメーション、実相寺はその導入部の一五分のみを実写ドラマとして演出した。田中澄江の脚本で、主役の大石先生を倍賞千恵子が演じた。

こんななかでＴＢＳ、テレビマンユニオン制作の人気音楽番組『オーケストラがやって来た』は特に実相寺のお気に入りで、一九八三年に番組が終わるまでに四七本も引き受けている。そもそもクラシック音楽に造詣の深い実相寺は、ＴＢＳ『カラヤンとベルリン・フィルのすべて』やテレビ朝日『伝説のピアニスト　ホロヴィッツのコンサート』なども受けている。小説やエッセイも精力的に書き、実はこのテレビ映画卒業後の季節というのは、後の実相寺につながる多様というより雑多でつかみきれない仕事の領域が広がっていった時期なのである。

ただ、ここで興味深いのはテレビ映画のフィルムの「骨董性」に飽きたかのごとく、実相寺がビデオカメラに帰還してテレビジョン本来の特性である「現在性」（つまりは実況の力）と戯れ直しているということだ。そして音楽番組やトーク番組、紀行番組などさまざまなジャンルのテレビ番組を引き受けつつ、ドラマ作品が全くないことが印象的である。もちろん、円谷プロのテレビ映画からＡＴＧ作品、そして七七年の映画『歌麿　夢と知りせば』などは「劇映画」ではあるが、ビデオカメラによる通常のテレビドラマはとんと撮っていなかった。

そんな実相寺が一九八三年に珍しく引き受けたテレビドラマが、日本テレビの西武スペシャルで放映

日本テレビ『遠くへ行きたい』長崎ロケ。

日本テレビ『遠くへ行きたい』姫路ロケ。桜井浩子と。

フジテレビ『二十四の瞳』集合写真。倍賞千恵子、三ツ木清隆と。

フジテレビ『二十四の瞳』小豆島ロケ。倍賞千恵子と。

された単発二時間物の『波の盆』であった。旧知の倉本聰が脚本とはいえ、出演者の台詞まわしや間合いまで自ら厳格にチェックする倉本の仕事のやり方に実相寺の資質が合っているとは到底思えないのだが、しかし実相寺がこれを受けたのは、ある技術的な興味ゆえのことかもしれない。というのも、ちょうどその頃、池上通信機がレンズ交換式のカメラ「EC‐35」を開発していて、それまでのビデオカメラに比べると格段に映画的なタッチの画調が可能になったと言われた。風評を聞いた実相寺はこのカメラを本作に導入したが、倉本が仕上げた脚本は放っておいても上々に違いなく、自分は安心してひたすらこのカメラで遊んでやろうという動機があったのではないか。いずれにしても、演出降板になったTBS『でっかく生きろ!』が東京オリンピックの一九六四年だったので、『波の盆』はなんと一九年ぶりのテレビドラマであった。

明治末年にハワイに移住した男（笠智衆）は、やがて床屋を開業し、戦前は穏やかにアメリカ人たちに溶け込んで暮らしていた。写真だけでお見合いした妻（加藤治子）とも所帯を持ち、四人の子宝にも恵まれた。だが、真珠湾攻撃にはじまる開戦後、男と一家はアメリカと祖国の間で引き裂かれる。それまで友好的だったアメリカ人の待遇も変わってきた。妻の故郷に原爆が落ちて、戦争は終わるが、次男と三男は戦死した。そして長男（中井貴一）が日本を空爆する費用を募金したことが許せず、男は長男を勘当する。日米の戦争は家族にさまざまな爪痕をのこす。

そしてすっかり老いた男は、長く連れ添った妻を亡くし、四男（伊東四朗）とその嫁（原知佐子）の明るい一家に身を寄せて、ごく静かに過ごしている。勘当して別れ別れになった長男は三年前に他界したようだが、そんなある日、長男の娘、すなわち男の孫娘（石田えり）と名乗る女の子が不意に男を訪ねてくる。たまさか許嫁の彼氏（石田純一）とハワイ旅行に来たのだが、未知なる祖父のことが気になってちょっとだけ立ち寄ったのだった。

屈託ない生命力のかたまりのような孫娘との対面に驚きながら、疎遠のままであった長男への思い募

日本テレビ『波の盆』ハワイロケ。笠智衆と撮影の中堀正夫。

セット撮影での笠智衆。

ハワイロケ。石田えりと。

ハワイの邸宅のセット撮影。

り、男はつい彼女にエキセントリックな激しい気持ちを露わにする。無念の気持ちにさいなまれ、それを受け止めてくれる妻も逝ってしまい、どうしたらいいのかわからなくなっている男だった。その思いをせめて共有しようと島にとどまった孫娘は、鎮魂の精霊流しに立ち合う。そこで男は、幻のなかで妻の姿を見、さらに長男と見つめ合うことになるのだが、はたしてそこに和解はあったのか…。

高踏的なデカダンスや孤高な戦いを描くことの多い実相寺作品では珍しく、ひじょうに明快なホームドラマ、メロドラマ的な感情に貫かれている作品であり、もちろんそれは倉本脚本に負うところ大なのだが、もしもこの脚本が別の演出家の手で料理されていたなら、やや直球の激情に流されて窮屈なものになったかもしれない。この真摯なるメロドラマに、よりストイックな強さを与えたものは、まず何より笠智衆という存在であり、そのありようを怜悧に受けて立った実相寺の反＝抒情的演出だろう。

笠智衆は、いわゆる小文字の演技で勝負する俳優ではない。わかりやすいテクニックという点で見れば、笠はむしろそういうことは「何もしていない」ようであり、いわゆる「演技派」でも「技巧派」でもない。だが、職業的俳優にとってはそんな笠のような表現は、最も恐ろしくて真似のできないことで、ついつい何かわかりやすいテクニックを弄してしまう。そんな邪魔な技巧が消えて、ただ俳優の在るがままが露呈するまで、小津安二郎は時には何十回もテストを重ねたわけであるが、笠はかかる小津のねらいにすんなりと嵌っていた稀有な俳優である。

その笠の資質ゆえに、通俗的な喜怒哀楽や起承転結のつまらなさから解放されて、人生と映画のすさまじき生地にふれるような小津作品のアイコンであり続けた訳だが、そんな笠を主役にすえると、この通常のホームドラマよりはずっと抑制的な『波の盆』でさえ、ところどころ感情の発露の生っぽ過ぎるところがあった。そして、いつもと同じく物語から台詞まわしまで自らの色で徹底されている倉本脚本を、実相寺は作品の低温のフォルムによって、笠智衆の側に牽引したという気がする。

その宣言ともとれるのがトップカットの恐るべき長回しで、笠智衆のしみじみとした回顧のモノローグを月並みにカット割りし、しみじみとリズムで抑揚をつけたりしたら、どれほどつまらなくなったことだろう。この長台詞を悠然とこなした笠もさすがだが、実相寺はこのワンカットによって笠の演技ならぬ、笠という素材のありように目を凝らすのだという意図をずばり伝えてくる。

その意図の布告通りに、本作はとにかく笠智衆をはじめ主な俳優たちの（海に向かった）後ろ姿、シルエットの画がきわめて多い。誰かと語っている時、ひとり釣り糸を垂れている時、常に笠は後ろ姿であり、こまかな演技が見えないどころか時にはぐんとロングショットになっている。実相寺のこの意図は、笠のようにただ「そこに在ること」で勝負している姿勢の人には大いに与するものであったはずだが、俳優によってはこのやり方に戦慄する向きもあったようだ。本作を観ていると、その実相寺の意図に堂々応えているのは、ごく意識的にこんな在り方を引き受けてきた笠と、ごく天真爛漫に在るがままを見せることに怖気づいていない新人時代の石田えりであったという気がする。

そして、このおおむね人物の思いが静かに沸騰しているような、控えめな本作にあって、笠智衆にとって（そしておそらくは実相寺にとっても）難所ともいえるところがひとつあった。それは終盤、男が幻のなかで逝ける妻に再会し、秘めていた妻や家族へのさまざまな思いを激情とともに吐露するという場面で、いわゆるメロドラマ的な見せ場であった。ここで笠はどうしても俳優としての美徳にかけて泣くことができない。というよりも正確には、ドラマのなかでこんな号泣を見せるという引き出し自体が無かったに違いない。そこでせめて、笠は涙など見せないが、聞いたこともないような慟哭の唸り声だけはあげてみせる。実相寺とて、ここで笠に安手の涙など見せてほしくはないし、この心ならずもわかりやすい愁嘆場を演じている笠の気持ちを汲んで、粋なはからいをした。というのは、人物たちのシルエットのはざまから夕陽の光芒が割って入る、あの実相寺調の画面をここにしつらえ、加藤治子と向き合って唸っている笠の表情が光のなかに隠れるようにしたのだった。

こうした笠の姿勢と、それを擁護する実相寺の演出によって、このふたりの作品としてはややメロドラマ性が強すぎる『波の盆』は、この倉本脚本との相互作用によって全く嫌味さ、くどさのない涼しい構えを手に入れており、沈痛なる思いを抱え続ける笠智衆の背中と正面顔をただ在るがままに見つづけようという実相寺の強靭な視点は、安手の感傷を排除した感動をもたらした。この実相寺のまなざしは、『ウルトラマン』の節でもふれた怪獣を自然物、「ただそこに在るもの」として見つめる視点とまるで同じものであり、さしずめ実相寺にとって笠智衆は自ずから撮り方まで規定されるような、畏怖すべき演技怪獣であったということだろう。『波の盆』は八三年の芸術祭大賞、ＡＴＰ賞最高賞などを受賞した。

そして実相寺は、『波の盆』で採用した映画タッチのビデオカメラ「ＥＣ‐35」のデモンストレーション短篇『春への憧れ』を池上通信機の制作で撮るが、これはモーツァルト「デュポールのメヌエットによる九つの変奏曲」をバックに、冬から春への奈良の風景を点描した映像詩であった。こんな習作をはさみつつ、実相寺は「ＥＣ‐35」を使って八六年にもう一本の二時間単発テレビドラマを撮った。それが「火曜サスペンス劇場」枠で放映された岸田理生《りお》脚本の『青い沼の女』で、鏡花「沼夫人」を独自に脚色している。

五年前に親友の画商（中山仁）の妻（山本陽子）と沼に入水して自分だけ生き残った画家（田村亮）は、その後自らを責めて精神を病む。ようやく恢復を見つつある時、まったく恨んではいないという画商からの強い誘いで再会し、しばしこの屋敷に逗留する。驚愕したのは、画商が後妻として紹介した女性が亡くなった前夫人に瓜二つだったことで、以後、この後妻を畏怖す

日本テレビ『青い沼の女』集合写真。山本陽子、田村亮と。

る画家は怪奇な現象に見まわれ続ける。そして画家が沼に赴くと、死んだはずの前妻が現れて、心中のやり直しに誘う…。

作品の大部分は珍しく真っ向からホラー色が強く、けっこうおっかないショッカー描写もあって、実相寺作品としてはかなり普通に愉しめる娯楽作である。そして何より本作は、沼が重要な舞台であるにもかかわらず、全シーンをあえてスタジオで撮っているというのが特徴的だ。池谷仙克はその狭さの制約を逆に活かし、葬列の横切る路、時計づくしの洋館、人を吸い込む沼といった舞台を人工美をもって創出した。この電気的な世界が、意外や実相寺ごのみの影絵芝居、回り灯篭みたいな情趣を醸していた。そういえば、日活ロマンポルノで人気のあった志麻いづみが謎の霊媒師の役で熱演していて嬉しかったが、和風の白装束なのにヘッドギアをつけていて、まさにこの「霊気と電子」の感覚は、こうした実相寺の世界に充満するけはいそのものであった。

事ほどさように本作を見ていると、実相寺調をなす技巧の数々がもともと広い映画のステージではなく、狭苦しいテレビスタジオの制約を逆手にとるところから生まれたことを再認識させられる。この頃はとうにビデオカメラは機動的になって、テレビ界の演出家たちはそれを実景のなかに連れ出して、いかに臨場感のある奔放な画を撮れるかということが最大の関心事であった。これに対し実相寺は昔取った杵柄ではないが、あえてなじみ深い狭いスタジオ（局のスタジオではなく、かつて『ウルトラ』シリーズを撮影していた通称「美セン」こと東宝ビルト）に籠って、諸条件をやりくりしながらの特異な画づくりに興じているようであった。本作には、そんな心を許して愉しんでつくったような娯楽作としてのよさがある。二役に扮した山本陽子と中山仁は、常連の田村亮、堀内正美ともども、気張らぬ低温の演技で実相寺の世界観にとても嵌っていた。

ハイビジョンと『東京幻夢』

さて、こうして久々に『波の盆』から『青い沼の女』へとテレビ映画ならぬテレビドラマに帰還して腕をふるった実相寺だが、「EC‐35」に続いてここに現れた恰好の遊び道具がハイビジョンであった。テレビ業界も映画業界も、ハイビジョンをどのように作品にとりこむかを模索していて、私も一九九〇年ごろにTBSに呼ばれてハイビジョンのデモンストレーション作品『陰翳礼讃』（宮田吉雄演出）を見て意見を求められたりした（なにしろハイビジョンを映すモニターが局にしかないのでわざわざ局内で見るしかなかったのだ）。実相寺はこうした試みが本格化する前に、一九八六年の『東京幻夢』でハイビジョンカメラを試し、翌年撮影した映画『帝都物語』では日本映画では初めて部分的にハイビジョンを導入した。

一九八五年にNHKエンジニアリングサービスが主導し、映画、放送、映像機器メーカーなどが集まってハイビジョンの産業応用について探る「NVS（ニュービデオシステム）研究会」が立ち上げられ、そのテスト作品として作られたのが『東京幻夢』だった。写真館を営むカメラマンの青年（堀内正美）は、ある日謎の和服の女性（志水季里子）の訪問を受け、それ以来、彼女の幻を見るようになる。東京の町の写真を撮ってそぞろ歩くうちに、彼はふと迷い込んだ洋館で裸で緊縛された彼女と対峙する…。

こんな技術研究会からの委嘱によるデモ作品でも、古き東京への郷愁やSM的なエロスなど好きなものづくしで仕上げてしまうところが実相寺らしいが、ハイビジョンが活かせそうな合成カットなどはほとんどなく、むしろアナログな画調の試行に凝っていたという天邪鬼さもさすがである（ちなみに実相寺は西村昭五郎監督の日活ロマンポルノの秀作『女教師は二度犯される』で志水季里子を気に入って、本作での起用をとても楽しみにしていたようである）。

『東京幻夢』でハイビジョンを使った感想として、実相寺と中堀からカメラの機動性の悪さや感度不足、被写界深度の浅さなどが研究会に報告されたが、実相寺は一方で漆黒や光沢などの表現、合成の箇易さなどは評価している。そもそも本作が映画のスタッフが初めてハイビジョンで映画作品を作る嚆矢となったわけだが、この技術的な出会いが『帝都物語』での本格的な試行につながってゆく。

ちなみに実相寺は『帝都物語』を経た八八年の蓮實重彦編「季刊リュミエール」に「ハイビジョンの秋」なるタイトルの寄稿をしているのだが、このかなりの長さにして専門的、具体的な機器操作の細部にまで言及したハイビジョン論は、ひじょうに示唆的である。実相寺は使い勝手のよさからハイビジョンには大変好意的であり、当時ハイビジョンの功罪を説く一知半解の議論を批判しながら、今もなお存在するデジタル映像はフィルムより美学的に劣るという偏見を具体的に覆してゆく（この論点は約三十年近くを経た現在を見通したようなラディカルなものである）。

そして、当時のハイビジョンの操作性の難点は日進月歩の技術革新によって解消されているが、たとえばむやみに小型化するとミッチェルのような堂々たる画角も失われるし、カメラの精度が向上して残像が減ることも独特の味が損なわれることになるのでは、と通説ではハイビジョンの未成熟な部分とされてきたことをむしろ肯定的にとらえているのが興味深い。要は、技術を生かすも殺すも、作り手の見立て次第と言っているわけである。「進歩するときには当然捨てられてゆく質もあるわけで、その捨てられた質の落ち穂拾いをしてゆくことも忘れてはならないことじゃないだろうか」という発想は、いかにも実相寺らしい。

また、何よりこんな一節が印象的だ。「ハイビジョンは、突然に、フィルムともテレビとも別の次元から創出された媒体ではなくて、長いテレビの伝統と技術的成果から生まれてきた、フィルムに匹敵し、拡大映写にも耐えうる電送系と光学系をつなぐ接点なのだ。だから、その機械自体には、いくつもの素晴らしさが内包されている。私は、その接点に立ち、両側に足を踏み入れて作品をつくる土壌にいられる現在を幸せだと思う」。これはもはやハイビジョンをめぐる思いというよりも、映画とテレビをまたぐところに独自の作風を生み出してきた実相寺の作家としての出自そのものをめぐる言及であり、しかも実相寺がその自らの立ち位置を極めて自覚的に引き受けていたことを伝える文章である。

このように、フィルムルックを実現した新型ビデオカメラから未知なるハイビジョンカメラへとたどりつく『波の盆』から『東京幻夢』、そして『帝都物語』に至る実相寺の技術的漂泊は、滅びし旧き世界のオーラをいかに新鋭の電子技術のなかに降臨させられるかという「霊気と電子」の主題への傾倒が炙り出されてくるのだった。この先ほどからの「霊気と電子」という形容は、実相寺の言葉にある「光学系と電送系」という表現にそっくり置き換えられるものだろう。

『ウルトラマンティガ』『ウルトラマンダイナ』への帰還

一九八六年のドラマ『青い沼の女』の後、およそ十年近い期間、実相寺は映画作品の演出に傾倒してきたが、その技術的な関心はフィルムルックのビデオカメラからハイビジョンに移り、やがて急速なスピードでハイビジョンは普及し、珍しいものでもなくなった。

そんな一九九〇年代後半、実相寺は改めてテレビドラマに舞い戻るのだが、正確に言うとそれは円谷プロの『ウルトラ』シリーズへの大いなる帰還であった。映画としては七九年にテレビ映画版を再編集した映画『実相寺昭雄監督作品ウルトラマン』もあったし、九〇年にも映画『ウルトラQザ・ムービー星の伝説』を撮ってはいるが、テレビの『ウルトラ』シリーズを最後に演出したのは実に一九六七年の『ウルトラセブン』〈円盤が来た〉が最後である（脚本ということなら七一年に『帰ってきたウルトラマン』第二八話を書いているし、七三年の『ウルトラマンタロウ』でも未実現の脚本を提供してはいるが）。

一方で再放送やビデオ、レーザーディスクの普及により、実相寺の旧作はいよいよ「伝説」化し、ファンとしてはあの異色の演出による最新の『ウルトラ』シリーズを見てみたいという気持ちは募っていたはずだが、そのまさかの夢想がなんとちょうど三〇年ぶりに毎日放送『ウルトラマンティガ』で実現したのであった。当時、実相寺から送られてきたＶＨＳのラベルに〈花〉と〈夢〉と書いてあるのを見た時、私は吹き出した（＝花とゆめ」はもちろん少女マンガ雑誌である）。その三〇年物の重たい期待を飄々とかわす感じの実相寺の悪戯っぽさが、逆にそそられもした。

そしてこの『ウルトラマンティガ』第三七話〈花〉と第四〇話〈夢〉を一気に観た後は、ちょっと感動的であった。それは「伝説」の監督が再登板してくれたという嬉しさゆえかというと、実はそうではない。「伝説」はあくまで、その当時の作品をとりまく文脈のなかでの鮮烈な輝きを指すのであって、ただ同じことを反復されてもふつうなら退屈さや幻滅をいざなうだけだ（もっとも実相寺ほど特異な作家となると、たとえば一九六〇年代後半の作風がそのままタイムスリップしたような『ウルトラＱザ・ムービー 星の伝説』でさえも、その頑なさには大いに驚嘆させられるのだが）。『ウルトラマンティガ』での実相寺は、その頑なに変わらない「伝説」の反復ではない、というよりもそんな「伝説」から最も遠い〈ああ、こんなやり方もあるんだ！〉という新鮮な創意のてんこ盛りであった。

のっけから実相寺調の〈花〉は、怪獣も宇宙人も出現しない平和な日々、隊員たちの一夜の花見を描く。咲き誇る桜の木々に、絵巻のマルチスクリーン。暗がりの石仏に花びらが舞い落ちて、なぜともなく「蝶々夫人」の歌声。私服の隊員たちの酒宴のかたわらで、和服の婦人（原知佐子と三輪ひとみ）を装って野点をする宇宙人。おそらく予算も潤沢とはいえないなかで、シンプルながら背景の桜が透ける不思議な屏風をあしらって意表をつく池谷仙克のセット、そして何より全篇にわたって空間を見せることより隠すことに腐心し、『帝都物語』でも奏功したワセリンの利用でセットの見切れた部分まで大胆に活かしてしまう中堀正夫の撮影と牛場賢二の照明。すべてが、制作条件を発想ひとつで見栄えある意匠に転じさせる、いつもの実相寺組スタッフの技術的な粋の賜物だ。

夜桜の上を戦闘機が飛び、下界では隊員たちが梶井基次郎と古今集に思いをはせているところに、『セブン』ふうモダンデザインの円盤が現れたと思いきや、歌舞伎役者のような未知なる宇宙人の登場となる。「暫」の團十郎のような車鬢《くるまびん》をつけた宇宙人が、これもちょっと見たことがないような対決をティガと演ずる。鮮やかな月と妖しい桜に囲まれた両者は、いつの間にか歌舞伎の舞台そのものにいる。

それは文字通りの暗闘《だんまり》で、ツケがカタカタカタッと小気味よく打たれるなか、暗いシルエットのティガと星人が一枚絵に決まる。そこに常磐津でも義太夫でもなくオペラのソプラノが聞こえたところで、ティガが絢爛たる光線を放ってこの森閑とした対決の幕が下りる。かつては『ウルトラ』シリーズから『シルバー仮面』まで、ヒーローお約束の対決場面をわざとそっけなく省略、または通り一遍のカタルシスを抜くかたちで処理していた実相寺が（それはそれでクールで痺れたが）本作ではむしろその立ち回りにこそ凝ってみせている新展開が素晴らしかった。

私はたまさかこの放送の少し前に、欧米のヒーローにはない日本のヒーローの「変身ポーズ」の原点は歌舞伎の作法だと書いた（『美術手帖』九五年六月号）のだが、それは主として『仮面ライダー』や「戦隊」シリーズのように時代劇の殺陣の流れを汲むストリームのことを指している。モダンアートからヌーヴェル・ヴァーグ、アメコミに至る欧米文化の影響満載の円谷プロ作品の場合、そもそもがこういう和テイストに非ざるポップな表現で「変身」や「必殺技」のビジュアルを描いており、そちら側にいた実相寺はさらに突き進んで、「変身ポーズ」も「必殺技」も排除する徹底ぶりだった。それがなんと、この〈花〉ではかつて自分の趣味とは真反対であったはずのヒーローの和風な大見得を、もっとラディカルに、もっとカッコよくやってのけてしまったわけだ。

続く第四〇話〈夢〉は一転、ヨーロピアンな幻夢の世界のコントだ。恋人にふられた建築技師の青年（角田英介）は悶々と夢を見るのだが、『ウルトラマン』の時のように「恐怖の宇宙線」の影響で、その夢に出てくる怪獣が現実世界に侵犯してしまう。彼女（大家由祐子）に冷遇され、はたまた二股かけられていたと知り、青年の夢はエスカレートして、いよいよ怪獣は手をつけられなくなるのだが、なにしろ夢の産物なので実体ある兵器が効いてくれない。そこで隊員は眠りながら夢のなかでティガに変身して、夢怪獣を倒す、というお話である。〈花〉の時も人物たちはお気楽な感じだが、〈夢〉もこの冴えない青年をはじめ、彼の不眠症の治療医がゲイで迫ってくるなど、すっとぼけた人々によるユーモラスな一篇である。

そしてガウディの建築がそのまま百鬼夜行し出したような怪獣が、石畳のイメージとともに暴れまわる…という異色の意匠も満載で、レギュラーの若いスタッフによる『ティガ』が鮮明なＣＧやビデオ合成のハレの世界であるところへ、実相寺はワンカットごとのフェティッシュさと闇に彩られた二作をもって、圧巻のあやかしの世界を試みてみせた。「伝説」は意気軒高に生きていた、というわけである。

この好評を受けて、実相寺は映画『Ｄ坂の殺人事件』をはさみ、さらに新『ウルトラ』シリーズに参加する。それは翌九八年の『ウルトラマンダイナ』第三八話〈怪獣戯曲〉である。くだんの『ティガ』二作の実相寺は、長年の実相寺調をベースにしつつも、物語と表現についてもう何も禁じ手はなく、なんでもありなのだというくらいの自在さで遊びまくっており、その悠然たるワガママさは実相寺の「伝説」で育った若い作り手たちを圧倒したことだろう。そしてこの〈怪獣戯曲〉で、実相寺の暴れん坊ぶりはさらに発揮されている。

なにしろ謎の天才劇作家（清水紘治）がカスパー・ハウザーのように記憶を失った男（堀内正美）と錬金術をもって、この世に怪獣を降臨させカタストロフの到来を謀る。その展開の一切合財が、彼が書いた戯曲に著されていることを知った隊員は、作家の邸に潜入するも逆に捕らわれの身となってしまう。そんなオチがあるような無いような、なんともわけのわからない寓話であったが、天からくだってくる怪獣がまたバベルの塔そのままというキテレツな思いつきである。

清水紘治の怪演で思い出す『悪徳の栄え』もそうであったように、脚本が明快な展開ではなく濃い趣味性や特異なアイディアに走ると、実相寺作品はにわかに閉じてしまうのだが、本作もそのきらいがあった。〈花〉と〈夢〉のような開かれた、もしくはシンプルな物語との掛け算では目覚ましい成果をなす実相寺演出だが、〈怪獣戯曲〉のように言わばネタどまり、モチーフどまりの作品の場合は、逆に無為にディレッタンティズムが放流されっぱなしのようになって惜しい仕上がりになった（なにしろ技巧へのこだわりは常に圧倒的なので）。

こうした『ウルトラマン』新作への登板に続いて、世紀をまたいで今度は二〇〇四年に復活した『ウルトラQ』新シリーズにも実相寺は請われて参加することとなった。そのテレビ東京深夜枠での『ウルトラQ dark fantasy』は、旧シリーズと同様にほぼ毎回読み切りの形式だったが、旧シリーズ制作前後にはすでに『ウルトラ』シリーズの担い手であった実相寺、上原正三、藤川桂介、山田正弘といった「父」世代、熱心な旧シリーズ視聴者だったはずの金子修介、北浦嗣巳《つぐみ》ら「兄」世代、そして幼い視聴者であったがゆえにより強烈な影響を受けたはずの鶴田法男、高橋洋、小中千昭《こなかちあき》といった「弟」世代…と、かつての作り手と視聴者が世代をまたいで新作再生に結集する、というメモリアルな企画であった。

こんな布陣にあって実相寺が手がけたのはシリーズ終盤の第二四話〈ヒトガタ〉、第二五話〈闇〉であった。先述した九〇年代も後半の『ウルトラマンティガ』以降、明らかに実相寺の円谷作品におけるポジションは変わったといえるだろう。というのも、一九六〇年代の『ウルトラマン』での実相寺は、飯島敏宏や円谷一が固める王道路線の演出とは異なる変化球的作品を、自らのこだわりとして掘り下げていたわけで、むしろその主張はシリーズの暖簾の色を混乱させるものとしてプロデューサーから白眼視されることもあった。それが『ウルトラセブン』を経た『怪奇大作戦』では橋本洋二という異色のプロデューサーの熱い協力を得たものの、おおかたの作り手側も視聴者側も、まだ実相寺昭雄作品をひじょうにユニークな「異物」ととらえていた。

ところがその後三〇年におよぶ『ウルトラ』シリーズ離脱のうちに、幼児期に実相寺作品に深い影響を受けた子どもたちが成長して再評価される機会も増え、七九年には全話のなかから実相寺の担当作だけを集めて再編集した映画『実相寺昭雄監督作品 ウルトラマン』も公開された。こうして言わば実相寺チルドレンは根強い観客として熱烈に支持を続け、その一部は自らが『ウルトラ』シリーズやさまざまな映像作品の作り手側にまわって、実相寺の影響を作品に反映させるに至った。

一方で実相寺自身も著作『星の林に月の舟』などで自らが『ウルトラ』シリーズに関わり始めた時期を回顧し、それを原作にした二時間ドラマ『ウルトラマンをつくった男たち 星の林に月の舟』では実相寺をモデルにした主人公の円谷プロの現場での奮闘記が描かれ、制作当時はさまざまな意味で「異物」扱いだった実相寺が、いつしか『ウルトラマン』を代表する作家として敬意を集めることになっていた。言わば、若き実相寺が孤軍奮闘して蒔いた種子が、二十余年を経て実相寺チルドレンの熱い支持というかたちで開花した季節であった。

それゆえに九七年の『ウルトラマンティガ』以降の「帰ってきた実相寺」に求められたのは、あらかじめあの「異物」感を見せてほしい、あの「伝説」の実相寺調を今に再現してほしい、ということであった。その返歌の手始めであった『ティガ』の〈花〉は、まさにそういう期待に存分に応えながらも、作品全体としてはかつて神経質に排除していたヒーロー物のオーソドキシーを引き受けてみせる構えがあって、その裏切りがまた実相寺らしくもあった。

『ウルトラQ dark fantasy』『ウルトラマンマックス』

そして〈花〉や〈夢〉が三〇年ぶりの『ウルトラ』シリーズの見やすく開かれたほうの新境地であるとすれば、他の『ウルトラマンダイナ』〈怪獣戯曲〉や続く『ウルトラQ dark fantasy』の二作は、実相寺がかつてよりも主題と方法に偏執して、いっそ作品が壊れてもいいというくらいのアナーキーさにたどり着いていて、これもまた未知なる境地というべきであろう。いずれにしても、実相寺調が物語と最高の鞘部で融合していた『怪奇大作戦』の〈京都買います〉や〈呪いの壺〉のようなおさまりを期待すると、この前者はともかく後者の過剰さ（いや破格さと言うべきか）には実相寺ファンとて面食らったことだろう。

そんな『ウルトラQ dark fantasy』の第二四話〈ヒトガタ〉は、実相寺が『悪徳の栄え』でも愛ある視線を捧げていた球体関節人形をめぐるファンタジーで、ある厭世的で自室にひきこもっている学者（堀内正美）が人形に出会い、徐々に強烈な思いとともに惹きつけられる。そしてなんと人形も学者に言葉を返してくる。デカルトの「ワレ思ウ故ニ我アリ」が引用され、どうやら学者の想念が人形を実体化させているらしいことがわかる。学者に思いを寄せるメイドふうの助手（大家由祐子）がこの様子に危機感を持ち、人形の背景を探ると、ある老科学者（寺田農）が人間の思念を物理的に存在させる技術を思いつき、それをこの人形というかたちにしたらしいことがわかる。

もともとが突飛な設定であるうえに、さまざまな薀蓄や設定の上塗りが続くので、もはや何が起こってもそういうものかと思うほかない。助手は学者を救うべく、ついに人形を壊そうと試みるのだが、なぜそれが密教の儀式になるのか、そういうナンセンスがあまり笑えないのも、あまりにも視聴者が心理的に入ってゆく足場がないからだろう。実相寺はとにかくこの球体関節人形を魅力的に撮ることにしか興味のない感じで、作品全体のまとまりなどは二の次という感じである。

さすがにおそらくもともとのシナリオはもっとちゃんとした展開とオチがあるのではと推察するが、実相寺はモチーフどまりの物語の細部を、とにかく映像的には凝って撮っていた。この傾向は、次の第二五話〈闇〉にしても同様である。かつて惨劇が起きたらしい廃屋がテレビ中継の現場となって、アナウンサー、撮影クルー、ディレクターそれぞれの持ち場ごとに奇異なる現象に襲われる…と記すと面白くなりそうなところだが、演出にこのオカルト的なサスペンスに展開を収斂させる意図はなく、変事が起こり出してもディレクター（橋爪淳）とスタッフ（嶋田久作）が柳田民族学の薀蓄を語っていたりする。

本作は実相寺ごのみの廃墟を撮った丸田祥三の写真集『棄景』から始まり、続いて現場スタッフがロケセットの廃墟を暗幕で覆って闇をつくり、後は徹底して闇の世界で進行する。電源がいかれて、時として画面は真っ暗になって、かすかな光を頼りにディレクターとスタッフの饒舌は続く。これを観ていると、あの『シルバー仮面』冒頭で物議を醸した闇を、あの頃よりずっと放送コードやコンプライアンスで窮屈になったテレビに再来させるという悪戯を、自分の好きな廃墟でやっていればいいやという感じにさえ見える。

放送当時の批評で、私はこんな感想を記している。「シリーズ内自己批判ととれなくもない異色作が実相寺昭雄監督の〈闇〉であった。さる取材でこの回の見どころを聞かれた実相寺監督が「暗くて見どころは見えないんじゃないかな」と答えているのを読んで吹き出したが、いやこれは冗談ではないのである。テレビクルーが番組中継の最中にたびたび謎の闇に包まれるという異色の設定は、陰翳礼賛の世界を排除してしまったテレビ文化へのアンチテーゼとなっていた」。しかし、一歩論を進めるならば、実相寺昭雄もあらかじめ「異端監督」としてカテゴライズされ、こんな「アンチテーゼ」も深夜枠のちょっとした「狙い」として受け取られてしまうこの不毛感漂う時代にあって、わかりやすい「前衛」はことごとく驚きもなくパターン認識されてしまうのであった。

だからこそ、実相寺は〈京都買います〉のような清々しい「前衛」にして「反権力」の美しいメルヘンの反復ではなく、もっとわけのわからない破格のしろものを模索したかったのではあるまいか。この『ウルトラQ dark fantasy』の二篇は、実相寺作品によって育てられたスタッフが「人形」「廃墟」「闇」といった実相寺の偏愛するモチーフも満載で招聘して「伝説」のピッチを待望した作品であるわけだが、ここで存分に放牧された実相寺は、用意されたシナリオのおさまり具合も気にせずに好き放題をやっている。だが、そんな暴れっぷりとともに、えもいわれぬニヒリズムも感じさせられる。奇しくも二篇の主人公の学者もディレクターも、虚無的な世捨て人として彼岸からの召喚を待っているようなところがあって、あれは、この頃の実相寺の投影であったかもしれない。

そして翌二〇〇五年の中部日本放送『ウルトラマンマックス』では、実に往年の『ウルトラマン』における飯島敏宏＝実相寺の王道／変化球ラインがそのまま復活するとともに、まさにその関係の現在版という感じで金子修介＝三池崇史ラインがそれぞれの持ち味をふんだんに発揮し、『ウルトラ』シリーズの表現の幅が最大限に活かされた。その第二二話〈胡蝶の夢〉、第二四話〈狙われない街〉が、実相寺最後の『ウルトラ』シリーズ作品となったが、この二作ではくだんの『ウルトラQ dark fantasy』の破格さに磨きがかかっている。

特に小林雄次脚本の第二二話〈胡蝶の夢〉は、いかに実相寺に変化球が期待されているとはいえ、やはり一応子ども向け特撮ヒーロー番組で手加減せずにこういうことをやってのける図太さ、頑なさは凄いなと思わせるものがあった。主人公はなんとこの番組の脚本家（さすがのはまり役の石橋蓮司）なのだが、新たな怪獣と物語を考えて途方に暮れるうちに、謎の工房で怪獣をつくる女（怪演の真田薫）の導きで、夢と現実の融溶した世界を彷徨することになる。そこでは脚本家がマックスに変身する隊員トウマ・カイト（青山草太）になったり、その逆もあったりで、まさに胡蝶の夢の不確かさ、曖昧さの世界が続く。

そこで「天才金城哲夫的に名前から入って」発想された「魔デウス」なる怪獣がケツ作で、その名はギリシャ演劇の「デウス・エクス・マキナ（機械仕掛けの神）」に由来するわけだが、要はドラマの内容が錯綜して展開が手詰まりになった時に、絶対神が現れて強引なる大団円に導く手法ゆえ、あまり感心されないものである。

ゲーテ「ファウスト」のメフィストフェレスの悪行を遮る天使の不意の降臨も、東宝特撮映画のフランケンシュタインを葬る富士山や海底火山の突発的噴火も、「デウス・エクス・マキナ」の典型であるわけだが、そういう意味ではウルトラマンという存在自体がこれである。この思考放棄のマンネリに抗って新鮮な怪獣の物語を書きたいと願う脚本家に、手練れの職人監督（諏訪太郎）は「デウス・エクス・マキナは怪獣物のパターンだね」「単純でいいじゃないか。宇宙人も怪獣も急にやってくる。理屈はい

祖師ヶ谷大蔵の旧・円谷プロ社屋前にて。

実相寺組ゆかりの佐野史郎と。

くらでも後付けできるさ」と疑問もなく言い放つ。

一方、怪獣工房の女は、どうせそのお約束で怪獣は滅ぼされてしまうのだから、一度世界を征服させてあげたいと語り、脚本家でありつつカイトでもある男は、怪獣退治の専門家として「無機的でつかみどころのない、感情移入できないオブジェのような怪獣が最恐である」とつい女に余計な助言をしてしまうのだが、はたとそれは逆ウルトラマン的な、破壊神の「デウス・エクス・マキナ」を作ろうとしているのでは、と気づく。「魔デウス」は、その危惧どおり突然現れて、問答無用に強い天下無敵の怪獣となってしまう。慌ててマックスが勝つシナリオを書いて「魔デウス」を葬らんとする脚本家に、カイトは変身せよと言い、逆に自らはシナリオを書く。そしてなんたることか、脚本家が変身して「魔デウス」に挑むのであった。

この約四〇年前の『ウルトラマン』〈空の贈り物〉でハヤタ隊員にベーターカプセルのかわりにカレーライスのスプーンを持たせて破格の演出を〈プロデューサーから叱られながら〉やってみせた実相寺だが、さすがにその再演を待たれているとはいえ、まさか隊員服の石橋蓮司（！）をウルトラマンマックスに変身させるとは、その手があったかという感じであった。そして登場したマックスは、これまたちょっと風変わりな戦いを強いられる。

こうして一応はお約束に立ち戻った作品だが、しかし実相寺はこれを「デウス・エクス・マキナ」の困った典型例のひとつである「夢落ち」にだけはしなかった。結局、最後の最後まで脚本家の浮遊したあちらとこちらの閾は、書斎と作戦室が何食わぬかたちでつながった冒頭以来、はっきりせぬままである。思えばこの胡蝶の夢的な着想は、『ウルトラQ dark fantasy』の〈ヒトガタ〉でもふれられていたが、あいかわらず実相寺は性急な感じなのに本作のほうがちゃんと話になっていたのは、『ウルトラマンマックス』という確固たる基盤ありきだったからかもしれない。また、実相寺はかねてヒーロー物を作りながら、どんなにドラマを煮詰めても「ヒーローが出て来て闘い出すと物語は思考停止になっちゃうんだよね」とよく口にしていたので、この「デウス・エクス・マキナ」の回は実相寺としてもかなり乗って作ったのではないか。

続く第二四話〈狙われない街〉は、まさかの『ウルトラセブン』第八話〈狙われた街〉の続篇にしてセルフパロディであって、前作がきわめてシリアスな傑作だったこともあり、この打って変わっての飄々たる遊びっぷりはかなり笑える。『ウルトラセブン』の項でふれたように、前作ではある街に潜伏したメトロン星人が人を狂わす物質を煙草にしこんで侵略をもくろんでいたわけだが、その時セブンに攻撃されて傷を負った星人が心優しい怪獣倉庫（円谷プロにあった怪獣の着ぐるみの保管とメンテナンスをする古い倉庫）のおじさんに救われて、以後ずっとそこに隠れていたという話である。

この四〇年前の実相寺は宇宙人を（ＳＦでは禁じ手とされた）和室や商店街に登場させてプロデューサーを怒らせていたわけだが、今回も背景は寺社に古い木造アパートにとそこは徹底している。そして今回も携帯電話に人を狂暴化させるアンテナを仕込んで悪さをしていたメトロン星人だが、追ってきたカイト隊員にもう何もせず星に帰ると言う。人類はもう何もせずとも退化して、やがて自ずと自分たちの支配下に置けることを確信したので後は放っておこう、携帯の細工は、その退化にちょっと手を貸したまでだと、なんともシニカルな言葉をのこして、星人は去る。

まだガラケーの時代だが、街角や電車のなかの若者たちが携帯に熱中、マナーを無視して野蛮になっている映像と猿のイメージの交差するところに、人間の姿（寺田農）をしたメトロン星人の人を食ったような饒舌が続き、ついに巨大化した星人とマックスは、あの『セブン』の時と同じ工場街と川と夕陽のセットで対峙し、すわ戦闘かと思いきや、星人はバイバイをして迎えの円盤で飛んでゆき、マックスもついついつられて手なんか振ってしまう。

作り手という立場ではない時の実相寺本人は、レトロな風景やファンシーなキャラクターグッズが好きでわれわれを戸惑わせたが、作品がレトロであったり、ファンシー（！）であることもなかった。

四〇年前は下宿屋の畳の部屋で卓袱台を囲んでいたメトロン星人（実相寺はあくまでシリアスな文脈で「市井に潜む宇宙人」像を演出していたわけだが）は、歳月の過ぎるうちに人気怪獣・宇宙人の上位に挙げられるようになり、卓袱台のおかげですっかりパロディ感覚のユーモラスな人気者となった。そんなことを受けて、〈狙われない街〉の「怪獣倉庫」の和室に住むメトロン星人を、実相寺は珍しく「レトロでファンシー」なソフビみたいに描いてみせるのだが、作品そのものはまるでそんな雰囲気に流されず、風刺も諧謔も冴えに冴えてまたしても見たこともないような新鮮な『ウルトラ』シリーズの一本に仕立てた。

これをもって実相寺最後の『ウルトラ』作品となってしまうわけだが、方法的主張にまるで褪色するところなく、せっぱつまった勢いもおさまる気配なしなれど、自らの病いのことを自覚したせいか、この傑作二篇には『ウルトラ』の世界への愛着と、まなざしの優しさがにじみ出ているように思う。

仏殿

映画作品

ＡＴＧと『宵闇せまれば』『無常』

一九七〇年八月八日公開の初長篇劇映画『無常』に先立って、実相寺昭雄は一九六八年に四三分の自主制作映画『宵闇せまれば』を監督している。この作品はかつて大島渚監督が東京12チャンネルのテレビドラマとして書いたものだが、内容について局側と折り合わず制作されないままに終わり、それを入手した実相寺が大島に請うて映画化した。

そもそも一九六二年、ＴＢＳの連続ドラマ『おかあさん』の一話〈あなたを呼ぶ声〉で初めてスタジオドラマを演出した実相寺は、『愛と希望の街』以来その作風に感銘を受けていた大島渚に脚本執筆を依頼し、翌六三年にも大島脚本のスタジオドラマ『いつか極光《オオロラ》の輝く街に』を演出している。大島はその演出の技巧的であり過ぎる点を批判したが、これをきっかけに大島組の後続世代の脚本家、佐々木守を実相寺に紹介し、後に円谷作品を中心に数々の異色作を生み出す実相寺＝佐々木コンビ誕生のきっかけを作った。

『宵闇せまれば』は、夕暮れ時のあるアパートの一室に集う四人の学生（斎藤憐、清水紘治、樋浦勉、三留由美子）がたまさか外れたガス栓を見て、このガスを放出したままにして誰が最後まで部屋にいられるかを賭ける、という虚無的なゲームをめぐる物語である（このアイディアは田村孟、佐々木守らの脚本による大島監督の映画『日本春歌考』の、伊丹一三の教師のガス中毒死の場面に発展したのではなかろうか）。戦争の極限状況を遠く離れた高度成長期の日本の、豊かさと引き換えに身動きを封じられていった若者たちの閉塞感とニヒルな苛立ちが凝縮された掌篇だ。時期的に言えば、ＴＢＳ＝円谷プロの『怪奇大作戦』シリーズで実相寺が佐々木守、石堂淑朗の脚本で異色作を連打した直後にあたる、一九六九年二月一五日に大島渚監督のＡＴＧ映画『新宿泥棒日記』と併映という最良のかたちで公開された（詳しく言えば、これは『怪奇大作戦』の力作、第二三話〈呪いの壺〉が放映される前日の土曜日である）。これが縁で実相寺とＡＴＧの名プロデューサー葛《くず》井《い》欣《きん》士郎《しろう》が企画を進め、『宵闇せまれば』の淡《あわ》豊昭（後に『ミラーマン』『ジャンボーグA』などの特撮番組のプロデューサーとして知られる）が改めて現場プロデューサーとなって本格的長篇映画『無常』が誕生した。

舞台は琵琶湖のそばであるらしい日野家、その旧家のたたずまいが冒頭から反復される家屋の壁づたいの極めてシャープな移動でとらえられる。この移動映像は画角も速度も明らかに自然なドラマの構築を促すものではなく、ひじょうに尖鋭でクールな方法意識が前に張り出したものであり、かつて大島渚が自らの脚本の映像化に際して実相寺を批判した技巧の主張は改められることなく、むしろ実相寺のトレードマークとして標榜されることとなる。

それはこの自己主張の激しい移動ショットにとどまらず、以後頻出する画面の大部分を人物や物のナメの画で覆い隠し、その隙間からシーンの主体となる人間を窃視するような特異なショットや、俯瞰気味に人物の表情と背景の奥行ある画をもろともにとらえるグラフィカルなショットなど、すでにテレビ映画で試行されていた奇異なるアングルが続々披歴される。およそこうした風変りな画づくりへの傾倒は、映画話法としてはかなりキワモノであり、異端的である。だが、実相寺は終生正調の映像作法を受け入れることはなく、頑なにこのキワモノの美学を通した。

『無常』の撮影助手で『哥』『あさき夢みし』以降はメインのカメラマンとなり、大作『帝都物語』をはじめほとんどの実相寺作品を任されてきた中堀正夫によれば、とにかく毎回この実相寺調が頑固に反復されるので、ドラマ『波の盆』の際にほんの少しだけ画角を変える工夫をしてみたところ即座に実相寺に修正させられたという。こうした実相寺の特徴的な技法について、当時の映画批評はシネマ・ヴェリテやヌーヴェル・ヴァーグの影響下に生まれたものだという見解であったかもしれないが、しかし本書で繰り返しふれているように、このアングルやサイズについてはフランス映画をめぐる見識と、テレビのスタジオドラマのテクニックのアマルガムであろう。すなわち狭いスタジオで対面する話者を撮影する際に、どんなアングルでカメラを潜り込ませて空間を切り取れば、カメラの存在をぼかしながらユニークで臨場感のある画が撮れるのかという模索が、あのフレーム内の特異なるレイアウトを誕生させたに違いない。

一九五九年にTBSに入局した実相寺は東京オリンピックの一九六四年までの五年間、テレビドラマや歌番組の中継などで既成の安定した撮影と編集に飽き足らず、大胆な画づくりの試みを繰り返す。その最たるものが一九六三年の美空ひばりの歌番組中継で、喉の奥が映るような極端なアップや誰だかわからないくらいまで引いたロングショットを試して、局やファンから大顰蹙を買った。このほか、スチル画面の挿入やストップモーションの多用（これらはフランソワ・トリュフォーの影響もあるもようだが）など、この五年間の実相寺はテレビ番組の演出を通して、独自の奇抜な画づくりを試し続けた。

その型破りな試行は局の不評を浴びて、やがて実相寺は担当していたドラマを降ろされて干されてしまうのだが、そんな流れで一九六五年にTBSの映画部に移り、円谷プロに出向して一九六六年の『ウルトラマン』、一九六七年の『ウルトラセブン』（加えれば同年の岸恵子主演の洒脱な連作『レモンのような女』）でそれまでのテレビ番組演出で試行してきた特異な技巧を噴出させた。当時、熱心な子どもの視聴者であった私は、明らかに実相寺昭雄の演出した回にはいつもの安定的で明快な語りとは根っこから違う、異様な様式を感じてトラウマになっていた。だが、子どもというのは直観的に、作り手が子ども相手に場違いな高級なものを見せようとしている本気さを感じ取るもので、難解さを感じながらもむしょうに惹きつけられるのであった。

ところでこれらの特撮ドラマは、実相寺にとっては本格的なフィルムとの遭遇の機会でもあった。言わばテレビ局のスタジオや調整室で培われた「電送系」の技法が、ビデオ機材の機動性の無さやビデオテープの高価さゆえに頼りにされていた一六ミリフィルムの極めて手工業的な「光学系」の世界に移植されたというわけである。それにとどまらず、実相寺はこの映画における職人的な技にも大いに啓発された。というのは、一九六七年に京都映画に出向して、ＴＢＳの寛大なる先輩ディレクター飯島敏宏とともに携わったテレビ時代劇『風』のことであり、東映の名職人だった松田定次監督をメインとするこの現場で、実相寺は実に多彩な移動撮影の技巧にふれて感銘を受けている。もっとも実相寺は、オーソドックスな時代劇の立ち回りを賑々しくパノラマ的に盛り上げてきたに違いない移動撮影の職人技を、自らの好む「電送系」のもっと冷えたフォルムをつくる手段に応用した訳であるが。

こうしてテレビドラマと映画の現場での試行錯誤をもってたどりついた「画角」と「移動」の合体をもって、特異なる実相寺調がひととおりの完成を見た訳であるが、これが華麗に全開となったのは一九六八年の円谷プロ『怪奇大作戦』の諸作だろう。とりわけ京都で撮影された〈呪いの壺〉〈京都買います〉は、その滅びゆく日本的風土をめぐる妄執と怨念をすこぶる異色な映像感覚で描いて、「テレビ映画」という時代のあだ花の突出点をなしたと言えるだろう。そして、この主題と方法は、まさに来るべき『無常』に始まるＡＴＧ作品群につながってゆくものである。

さて、長めの迂回をして【回廊】の章でふれた実相寺調の出来上がるプロセスをおさらいしてきたが、ここで『無常』に話を戻せば、主舞台の花ノ本寿が書生となっている旧家は「日野家」であった。本作の脚本の石堂淑朗は、『怪奇大作戦』の秀作〈呪いの壺〉でも花ノ本寿ら怨念に生きる陶芸一家を「日野家」としていたが、さらに日本家屋の壁面を滑走してゆくような切れ味の移動の反復、岡田英次扮する仏師の創作の孤高ぶり、冬木透の古典派的な音楽と小森護雄の雅楽的なノイズ…などの要素の横溢するところ、本作と『怪奇大作戦』の特に京都篇との地続き感はいや増すばかりである。

しかし驚嘆すべき実相寺流の完成度を手にした『怪奇大作戦』シリーズながら、（一応日曜夜七時のゴールデンタイムに流れる子ども向けの特撮番組という枠だったので）ひとつだけ実相寺を語るうえで重要なモチーフが欠けていた。それはほかならぬ性愛と官能である。自らのユニークな技法の語彙を開巻早々これで

僧侶役の岡村春彦。

『無常』ロケにて。佐々木功と。

撮影の稲垣涌三。

田村亮と。

『無常』ロケハン写真。

司美智子と。

『無常』では大胆な移動撮影が試みられた。

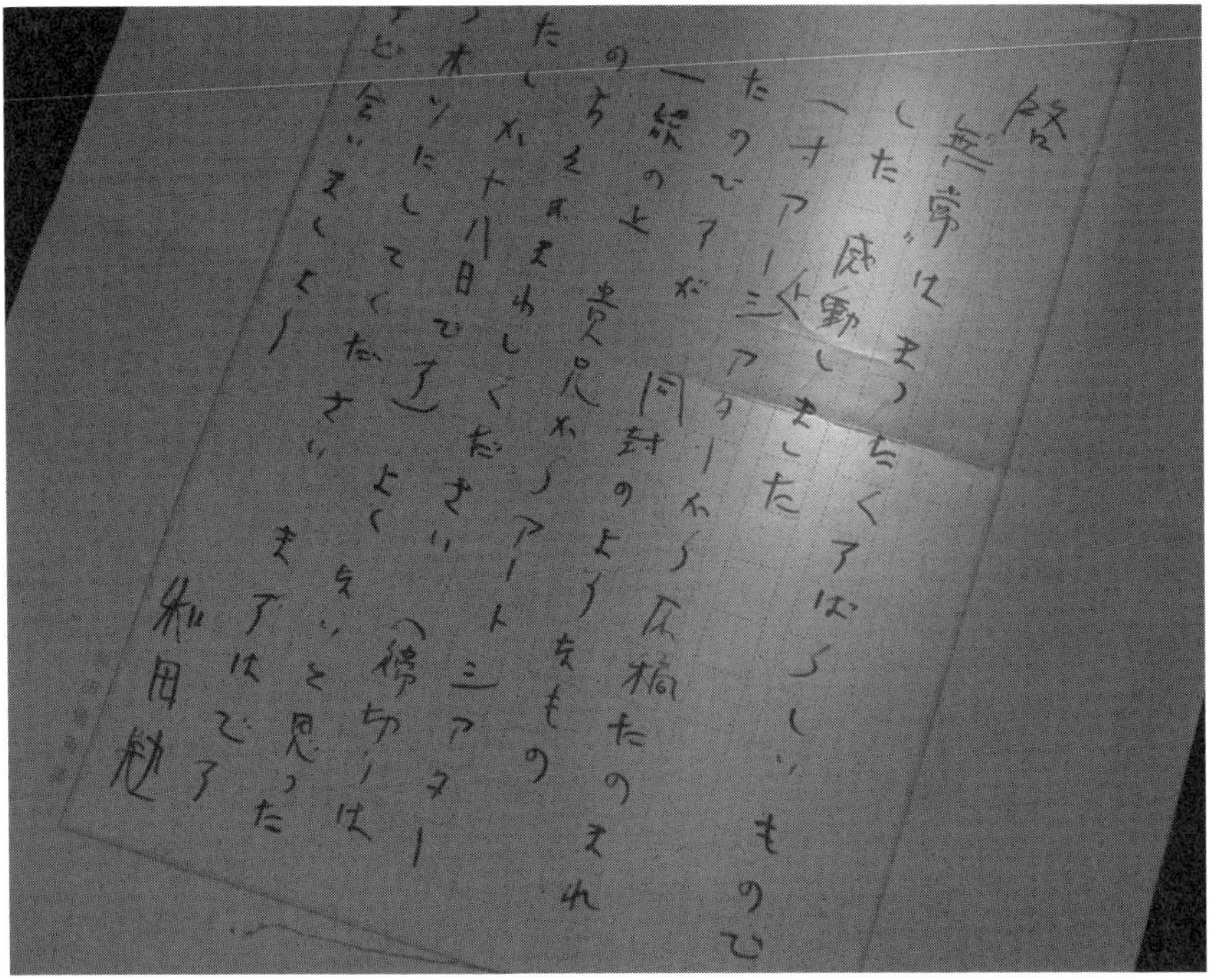

NHKの異才・和田勉からの『無常』への感動を伝える書簡。

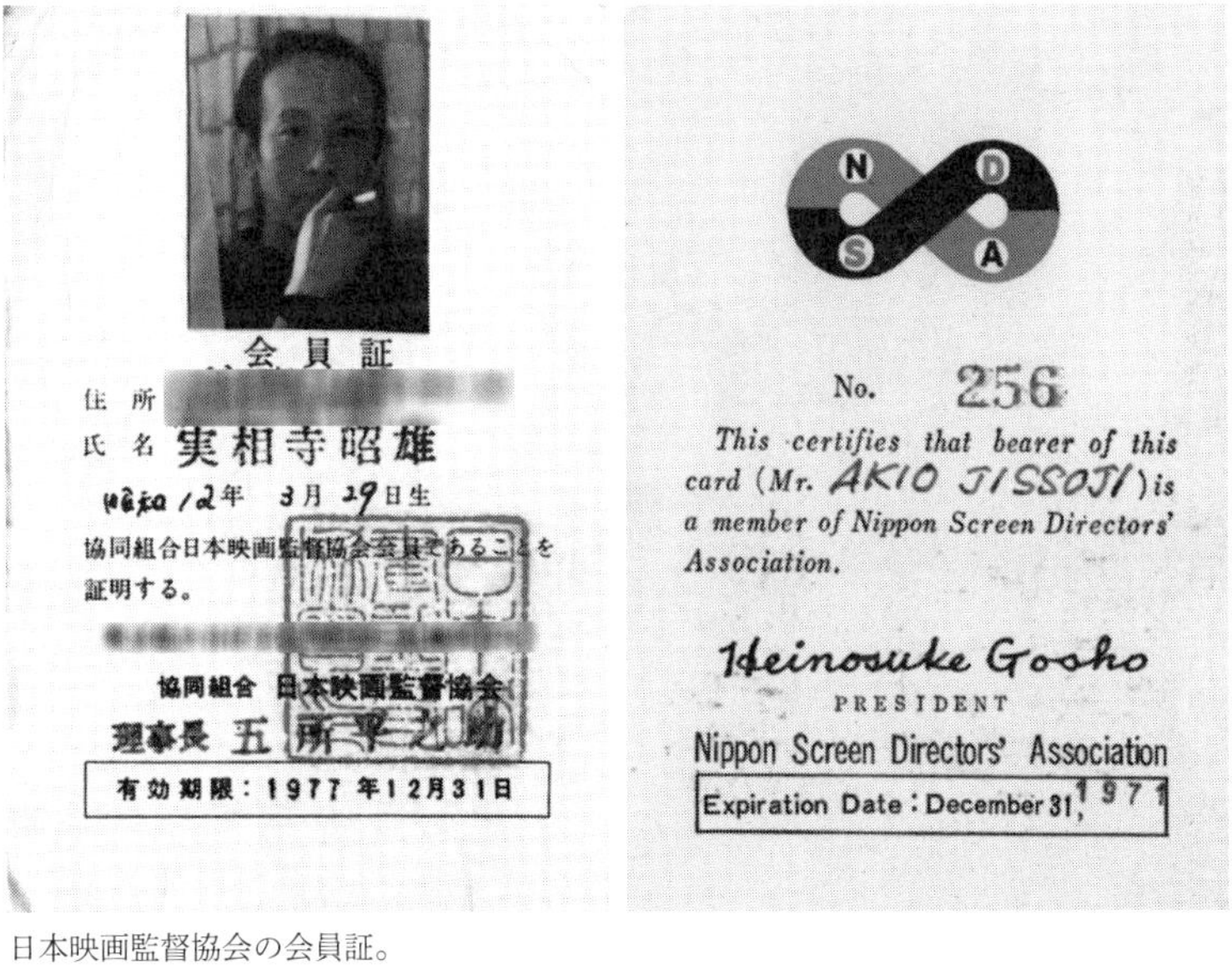

会員証
住所 [redacted]
氏名 実相寺昭雄
昭和12年 3月29日生
協同組合日本映画監督協会会員であることを
証明する。
[redacted]
協同組合 日本映画監督協会
理事長 五所平之助
有効期限：1977年12月31日

No. 256
This certifies that bearer of this card (Mr. AKIO JISSOJI) is a member of Nippon Screen Directors' Association.
Heinosuke Gosho
PRESIDENT
Nippon Screen Directors' Association
Expiration Date : December 31, 1971

日本映画監督協会の会員証。

もかと開陳しまくる『無常』で、ついに実相寺はそのモチーフにもぐいぐいと挑んでいった。当時の実相寺映画を象徴する男優ともいえる田村亮扮する日野正夫は、家が大阪で問屋を営んで大金持ちであるのにかまけて、大学に行くこともなく仏像を愛でるばかりの日々を過ごしている。両親は正夫の態度に頭を抱えているが、彼には不思議な色香のある姉・百合（司美智子）がいて、彼女がなかなか嫁がないのも親たちの悩みの種である。本作の軸となるのは、このえも言われぬデカダンティズム漂う姉弟の禁断の情交である。

親たちが用事で東京へ行き、留守中二人きりになった姉弟が悪ふざけ高じて遂に一線を超えるシークエンスは、本作の白眉である。能面をかぶった二人は誰もいない日本家屋の陰翳のなかを鬼ごっこのように駆け回る。この旧家のロケセットも何しろ本物（能面も凄いいわれのあるものらしい）であるからには、どこをどう撮ってもバレるものが無いという強みもあって、カメラはじゃれあう二人を移動に次ぐ移動で自在にとらえ続ける。その積み重ねが、徐々に鬼気迫る感情を盛り上げて、正夫と百合は激しい情交になだれこんでゆく。

『無常』はどう見ても純然たるアートフィルムだが、一九七〇年の公開時には近親相姦を過激に描いたポルノグラフィ的な作品としてヒットし、公開館が拡大した。日本映画の官能表現の幅を豊かに押し拡げた日活ロマンポルノの誕生はまだ一年先のことであるから、『無常』の性表現のインパクトはかなりのものがあったと推察できる。こうして実相寺はＡＴＧの諸作では一貫して性愛のモチーフに果敢に取り組んでいるが、いかに強烈な情交の場面であろうとも低温で鋭角的な技法づくしの実相寺調に乱れはないので、驚くべきほどに煽情的な印象は濾過されている。

インモラルな性愛を描くにあたっての躊躇なくドライな技法の誇示、その悪びれなさは、実は描かれている正夫と百合という人物の発想（信条？）そのものとシンクロしているようである。つまり、正夫はそんな関係に突き進んでひととき「恐ろしいことや」とひるむ百合に「こうなるのが自然なんや」と確信犯的な宣言をする。そして関係を深め、「姉ちゃんのからだがこんなに素晴らしいものとは知らんかった」と率直な上にも率直に感動する正夫に対し、百合はまんざらでもない感じで「こんな素晴らしい世界があるとは知らんかった」とまっすぐに呼応する。そんな激しさ増す情交の場面で、彼らの喜悦の表情が一瞬能面に見える。この観念性はいささか生っぽいが、要は実相寺がここで問題にしているのは性愛そのものの細部というよりも、そこにひそむ強烈な意志なのである。

本作は、この禁断の愛がどんどん倫理の涯てに傾斜していっても通り一遍の悲劇を生まないところが独特で、とにかくこの姉弟の強靱なラディカリズムは、彼らを制度的な社会通念やモラルで悔い改めさせようとする人々をことごとく打ち負かしてゆく。特に百合の同窓生で彼女に思慕を寄せる僧侶の荻野（実相寺＝佐々木守による『シルバー仮面』第二話〈地球人は宇宙の敵〉でもシニカルな宇宙人を好演した岡村春彦）は、本作を通して正夫と百合の行状すべての傍観者となるのだが、正夫は荻野が百合との関係を目撃しようが、百合が自らの子どもを身籠ったことを知ってしまおうがまるでお構いなしである。荻野は百合への思いに煩悶し、封印した愛欲の疼きをいかんともし難く菩薩を愛撫したりしているありさまだが、とにかく正夫はひるむところなく、姉との情交をやめる気配もない。

さらに正夫は、姉との子どもを産ませるためのカムフラージュとしてなんと書生の岩下（『怪奇大作戦』〈呪いの壺〉の悲壮な演技が圧倒的だった、日舞花ノ本流宗家の花ノ本寿）を関係させて結婚に持ち込む。岩下と自分が寝ても平気なのかと問う百合に対して正夫は、自分は姉ちゃんとは血がつながっていて、この絆は絶対的なものだから、岩下に抱かれようがそんなことはたいしたことではないと豪語する。そもそも百合に思いをはせて、おどおどと遠くから見るばかりであった小心で純粋な岩下は、まんまと百合の誘惑に落ちて結婚し、無事子どもも生まれる。しかもこのカムフラージュの目的かなって背徳的な出産かなった後、正夫は百合と城跡で何食わぬふぜいで体を重ね、百合は正夫のことを「あんた私の夫なんやな」と嬉々と確かめる。それを目撃してしまった岩下がショックの余り新幹線に飛び込んで命を絶っても、二人の絆に何か影を落とすわけでもない。

　これにとどまらず、姉が岩下と結婚した際に正夫は自らも偽装かたがたかねての希望にそって京都の仏師・森（岡田英次）に入門、その欲望を持て余した後妻・令子（田中三津子）と関係を持つ。森は性的な能力を喪失しており、正夫はすすんで夫のかわりを務めるのだが、自分と令子の情交を森が窃視していることを知りながら、あえて気にせずそのままにしている。なぜならその嫉妬の情念が森の創作への熱源になっているのを意識しているからだ。

　こうした倨傲なまでに自由な正夫を、僧職の荻野は「畜生道に落ちた」と誇り、「君は行く先々に地獄をつくる」と糾弾するが、正夫はひるむどころか「別に自分はキリストみたいにあちこちに戦争を招いてなんかいない」と皮肉をかます。正夫は常々「人はやりたい事をやればいいんです。そうでないから世の中ごちゃごちゃしてくる」とさえ口走り、「人間が人間を変えるなどということは考えられない。人は自分なりのあり方で存在していればよい」のであって、荻野が「そういう悪しき宿命を直視して自滅せぬよう遮ってくれるのが阿弥陀の御手だ」と説いても、そういう欺瞞をもって到達する極楽界の概念はあまりにもしらじらしく力が無いと突き返す。

　快楽のない無の境地が極楽であるなら、自分は思いのまま奔放に、時にはインモラルにだって生きたいと主張してやまない正夫は、そんな破滅的な生き方を批判してやまない荻野に、「別に人間は生きてゆく必要はない。人間は存続すべしという妄念がアメーバのようにはびこっているのはナンセンスだ」と言ってはばからない。正夫は自堕落な快楽追求者ではなく、ここまで生を突き詰めたからには怖いものなしの、筋金入りの快楽思想犯なのだ。そのゆえにこの正夫と荻野のディベートはほとんど立ち回りのごとき熱を帯びるが、迫力ある完結を見た一種悪魔的な正夫に荻野が心底たじろいでいるさまがおかしい。そして、この確信犯の正夫は、岩下の自殺は自分のせいではなく、「岩下を殺したのは岩下自身の心です」と躊躇なく斬り捨て、仏師の父と淫蕩な後妻と正夫の異様な関係に「こういう事がどうしてあり得るんや」と通り一遍の道徳観念で動揺し憤慨する森の息子（佐々木功）も、見事に正夫の強靭さによって駆逐される。

　こうした正夫の無敵さは奇異さをはるか通過してもはや痛快の域に達しており、インモラルな絆の姉弟は揃って異様な熱とポジティブさを発散させてアンガージュするばかりだ。したがって、本来なら重く暗い内容になってしまいかねない本作は、ナンセンスなコメディのごとき笑いを誘ってやまない。かかる奔放で破天荒なキャラクターは日本映画の歴史のなかでも稀有なタイプであるが、おそらくこの実相寺流の人物造型に大きな影響を与えたのは、大島渚作品であるに違いない。実相寺は『愛と希望の街』に大きな感銘を受けて大島との接触を図るようになった訳だが、この処女長篇以降、実に徹底して大島作品の主役となるのは自らの個の信条にあくまで忠実に、とことん絶対的な自由さを追求する人間であり、その確信犯ぶりは時として社会の制度的思考と激しく衝突するのであった。わかりやすく言えば『愛のコリーダ』の阿部定は、自らの性愛をパートナーの吉蔵とともに極北まで突き詰めることを選択した訳だが、誰に迷惑をかけた訳でもない定は、そのアナーキーな自由さによって体制を畏怖震撼させ、「犯罪者」もしくは「不道徳者」扱いされるのである。

　実際、実相寺のテレビ映画の頂点をなす傑作『怪奇大作戦』の〈呪いの壺〉〈京都買います〉ともに、石堂淑朗と佐々木守という大島渚と創造社ゆかりの脚本家と協働しつつ、まさにこの自らの京都への思いに殉じた執念の人物を主人公にして強烈な印象を残した。そしてこのウォーミングアップを経て満を持してのぞんだ『無常』では、ひたすら自らのつまらない道徳や常識に呪縛された人々を呆れかえらせ悶絶死させてしまうような、怪物的な荒魂どもを造型してみせたのだった。そのぶっ飛んだ主人公の存在が、本作の最も愉快でスリリングな部分である。

　本作は、一九七〇年のスイス・ロカルノ国際映画祭でグランプリにあたる金豹賞を受賞した。

『曼陀羅』『哥』『あさき夢みし』

続く七一年九月一一日公開の『曼陀羅』で実相寺と石堂淑朗の〈共犯〉関係はいっそう突っ走り、ちょっと類を見ない奇篇を作り出した。ここでは波打ち際をぐんぐん疾走する移動ショットをはじめ、実相寺調のさまざまな技巧が噴出し、そこに『無常』で描かれた快楽思想犯のいっそうの暴走ぶりが描かれる。

海辺の城のようなモーテルで二組の新左翼の若者カップルが愛の交歓をしていると、岸田森扮する支配人の真木（これも『怪奇大作戦』の「牧」から来ている？）がモニターでそれを窃視している。そして真木は見込みありそうなカップルを部下に襲わせて、官能的な罠にかけ（ここにはまた大島渚『白昼の通り魔』を思わせる意識を失わせての強姦のモチーフも紛れている）、やがてなんとこの若者たちは、真木がつかさどるカルト教団にオルグされてゆくことになる。

そのカルト教団は農業とエロチシズムの追求を掲げ、農作物の単純再生産をもっての存続を標榜している。真木は、人間のエクスタシーとは生が時間感覚を失う瞬間を指し、その追求が永遠を招来させるのだと説くが、彼にはエロティックな巫女をつとめる白塗りの妻（『新宿泥棒日記』の若林美宏《みひろ》）や草野大悟らが扮するあやしい腹心もいて、かなり面妖な集団である。そこへ内ゲバを逃れてきた裕（田村亮）と康子（桜井浩子）がわざわざ戻って来るのだが、先に教団に溶け込んで真木に心酔している信一（清水紘治）にこの教団の理想とするユートピアの嘘臭さや真木というカリスマの危険性を強調して目を覚まさせようと試みる。だが康子は教団の連中によって犯されて自殺、信一は裕の説得によって覚醒することなく卑猥な豊穣祈念の踊りに熱狂するばかりであり、ついに裕は思いきった反撃に転じてゆくことになる…。

本作では『無常』の確信犯をより過激にカルト化したような異形の人物が軸となって若者たちを翻弄

するが、ここまで異色な設定づくしになるとやや作品自体もやり過ぎのり過ぎでとっかかりが見つけ難い感じになっている。しかしながらこの長尺を、かくもキテレツな設定と物語で押しまくった実相寺演出のテンションは常軌を逸している。

しかしキテレツという意味では、続く七二年六月一七日公開の『哥』の主人公・淳（篠田三郎）のエキセントリックさも特筆ものだろう。巨額の山林を持つ旧家の森山家には、老いた当主・伊兵衛（嵐寛寿郎）夫妻のもと、法律事務所を営む康（岸田森）、消息不明になっている画家・徹（東野孝彦＝英心）の兄弟がいるが、実は書生見習いで働いている淳が秘められし三男であった（訳あってそのことは伊兵衛以外には伏せられている）。

そんな淳は、康から森山家を守るように命じられているのだが、マシンのように忠実な一家の下僕として完璧に労働する。しかもそれは分刻みで家を管理することにひたすら限定されていて、余計な事は一切拒絶するというところがただの勤勉さとは違って奇異な感じである（淳が康から頼まれた膨大な書類のリコピー作業を拒否するところなど実におかしい）。女にも一切関心のない淳なのに、康の妻の夏子（八並《やなみ》映子）が夫への不満から淳の体を求めて来ると、自分が断れば夏子は外で悪さして家に傷がつくかもしれない（何たる納得のしかた！）と考えて、淡々と無表情に夏子に体をあずけるくだりなど、本当に倒錯的で笑えるだろう。

この兄弟たちが山林も売って資産を自分の代で食いつぶそうと言い合っている時、淳は康にお願いだから山を売らないでほしいと懇願するが断られる。そしてうとましさゆえの当てつけに、康から食事をすることを禁じられた淳は、嫡男の命令としてそれを遵守し、衰弱死しそうなところまで行ってしまう。戻ってきた徹は、日本じゅうの山林がこのように売られてバラバラにされてゆくのだと語るが、淳は頑なにそれを受け容れず「森山家の土地を日本最後の砦にすべし」と主張するもとりあってもらえない。『曼陀羅』のカルトの崩壊が連合赤軍事件を予感するものに見えたけれども、『哥』は貴族的な社会の

『哥』集合写真。篠田三郎と。

消滅を憂うる点で三島由紀夫事件の影響は大きいのではなかろうか。どこか大島渚『儀式』のようなカリカチュアをもって戦後を総括する作品にも似た『哥』だが、当時の三島由紀夫も淳も「白痴」のムイシュキンのように、イノセントであるほどに鬱陶しい存在になっていたと言えるかもしれない。

次いで一九七四年一〇月二六日公開の『あさき夢みし』で描かれたヒロイン・四条（ジャネット八田）も、やはり信じがたいほどの厳密さと頑なさで人生の最も貴重なエッセンスにのみふれ続けようと志したヒロインである。御所（花ノ本寿）の寵愛を受け、宮廷のさまざまな男たち（これが寺田農の大納言に岸田森の阿闍梨にと、曲者ぞろい）に求愛されてきた四条だが、それぞれの子どもを生んでも引き離されてきた。美辞麗句でまつりあげられながらも所詮は宮廷のなぐさみものに過ぎぬ、うつろな自らの立場を見限って、四条は敬愛する西行のように出家放浪を志す。書画の腕前を発揮しながら、四条は一人で日本各地を行脚する。実相寺が王朝の光と闇を再現しようとした『あさき夢みし』は、到底ＡＴＧ映画とは思えないほどの堂々たる画づくりで驚かされる。

『哥』で滅びゆく「家」の格式と美学の死守に身を捧げた淳のように、まつりごとが貴族から武士の手に渡って典雅な宮廷の気風が野蛮に蹂躙されてゆく折、四条は王朝のみやびをひとり守ってゆこうと期した殉教者なのである。このように、実相寺昭雄は自らの特異な美意識を行き渡らせた映画世界に、こうしたいかにも彼ごのみの快楽思想犯を形をかえて描き続けた。この人物造型の系譜は、続く一九七七年の『歌麿　夢と知りせば』で岸田森が扮した喜多川歌麿に継承され、やがて一九八八年の大作『帝都物語』で頽廃する帝都を灰燼に帰そうとたくらむ霊的テロリスト・加藤保憲（嶋田久作）にもその血は流れているかもしれない。

そもそも海軍大将を祖父に持つ、由緒ある「家」の異端児にして稀代のディレッタントである実相寺自身が、こうした実相寺映画を彩る高踏的にして確信犯的な「官能と美の殉教者」そのものであったに違いない。しかしその実相寺ごのみの世界は高踏的ではあれど権威的ではない広大雑駁なキテレツ宇宙曼陀羅であって、そこが本当の意味での実相寺の凄さであった。

商業映画『歌麿 夢と知りせば』

中堀正夫カメラマンの回想によれば、『歌麿 夢と知りせば』の撮影現場を、当時公開されたサスペンス大作『カサンドラ・クロス』のジョルジュ・パン・コスマトス監督が訪れて、自分は企画に一年、撮影に一年、仕上げに一年、通算三年かけて映画を作っているのに、なぜ実相寺はこんな映画を三か月で創りあげられるのかと驚嘆して帰ったそうである。なぜ『カサンドラ・クロス』のギリシャ人監督が実相寺の現場にいたかと言えば、『歌麿 夢と知りせば』の製作母体であった日本ヘラルド映画が『カサンドラ・クロス』の日本配給を手がけていたからだろう。

テレビ映画からATG作品の連作を経て、一九七七年九月に公開された映画『歌麿 夢と知りせば』は、実相寺にとって初の本格的な商業映画であった。製作を手がけた日本ヘラルド映画の古川勝巳は、浮世絵師を主人公にオリエンタリズムを売って海外配給に打って出るもくろみがあった。そんな本作は同年のカンヌ映画祭でお披露目されているが、念頭にあったのは前年に物議を醸しながらヒットした大島渚の『愛のコリーダ』ではなかろうか。

『愛のコリーダ』の大島は、阿部定事件という衝撃的なモチーフを扱いながら意識的にオリエンタリズムを強調した画面づくりをもってカンヌ映画祭にアピールし、東宝東和による国内の興行では格調ある官能文芸カラーを押し出していた。古川勝巳が『歌麿 夢と知りせば』という題材に惹かれたのは、この文脈を踏まえてのことではないかと考える。

そしてまた、ここにおいての実相寺昭雄の起用については、もうひとつの当時の邦画界のストリームを振り返るべきだろう。というのは、当時奇しくも一九七六年一〇月の『愛のコリーダ』と同日に公開された角川映画第一弾『犬神家の一族』が、いわゆる既成の邦画五社の外部から新風を吹き込んで熱烈な反響を呼んでいた。そして『歌麿 夢と知りせば』が公開される直前の夏には、個人映画のスタアからCM界の寵児となっていた大林宣彦監督の初の劇場用映画『HOUSE』が東宝で封切られ、大いに話題となっていた。要は、依然として覇気のないプログラム・ピクチャーを作っては興行的不振に堕していた邦画業界の外側の才能が参入し、新鮮な影響をふりまいていた頃である。

そもそもは独立系の気鋭の配給会社である日本ヘラルド映画としては、こうしたいくつかの流れを汲みつつ、『歌麿 夢と知りせば』を実相寺昭雄で、という発想になったのではないか。そういえば、早稲田大学の映画研究会で実相寺の先輩だった評論家の白井佳夫（さらに先輩には東宝の森谷司郎監督もいた）は、本作の公開当時の評の結びにこんなことを書いている。「『歌麿 夢と知りせば』が『犬神家の一族』とか『人間の証明』とかいった作品と一種共通する、ある新しい面白さを持っているのは、これらの作品が、今までの日本映画の土壌とは異なるところから生まれたことの、証明でもあるのである」。本作を回顧するうえでは、まさにこの当時の空気にふれておかねばならないだろう。

そんな次第で、当時の日比谷映画街にて『愛のコリーダ』をロードショー公開していた文芸カラーの強い日比谷みゆき座の、隣組の日比谷映画では『犬神家の一族』が絢爛たる動員を見せていたわけだが、そのほぼ一年後、やはり『歌麿 夢と知りせば』が公開されていた同じみゆき座の隣、千代田劇場では『犬神家』のヒット以来早くも三作目となる金田一シリーズ『獄門島』が封切られていた。これはとても象徴的な風景ではあったが、両者で一点異なるのは、『歌麿 夢と知りせば』が内容的にも興行的にも成功とは言い難かったことだ。

私も当然ながらあの実相寺昭雄のスケール感のある劇場用映画がみゆき座の大スクリーンで拝めるとあって、すぐに劇場に馳せ参じたが、少々面食らった記憶がある。確かにATG作品などよりはるかに配役からセット、衣裳まで豪華にはなったし、かといって実相寺が遠慮していつもの実相寺調を控えているわけでもなく、かなりの異色作ではあるのだが、いかんせんそれまでの実相寺の秀作に充満していたマグマのような想念が感じられない。もちろん『曼陀羅』や『哥』のような作品に貫かれていた異様なる思いは、観る者に共感をもたらすものでもないとは思うのだが、しかし実相寺なりの方向で完結している作品の想念は（通り一遍の感動にありつけないばかりか抵抗をうながすやも知れずだが）忘れ難い「異物」感を残してはくれるだろう。いや、おおかたの実相寺作品を観る愉しみといえば、ふやけた共感や感動を許してくれない「異物」感との出会いにこそあるのではないか。そういう意味では、『歌麿 夢と知りせば』の長尺二時間一五分は、実相寺カラーのカタログのようではあったが、実相寺という強烈な他者との遭遇が欠けた体験だった。かと言って、振りきった絢爛たる娯楽作というわけでもないので、いかにも据わりが悪かった。

その理由は明らかで、やはり早大映研で一緒だった武末勝《たけすえ》との共同脚本の時点で見えていたのかもしれない。本作は絵師としてエロスに傾倒し、作風を高めてゆく歌麿（岸田森）の精神的彷徨を物語の軸としつつ、歌舞伎者・市川団鶴にして義賊、夢の浮橋（平幹二朗）を筆頭に掏摸の女（緑魔子）、花魁（中川梨絵）から田沼意次（岡田英次）と、性事から政治に至る多彩な怪人たちが去来する構成である。

そこで歌麿というアンチヒーローをなんと岸田森の主演で描き、劇中で颯爽とした華やかなスタア性を発散させる団鶴＝浮橋を脇において平幹二朗に演じさせるという着想には快哉を叫んだのだが、いかんせん歌麿の作家的懊悩と周囲のキャラクターたちの絡みが稀薄で、たとえば浮橋に剣で執着するライバル（山城新伍）のくだりなど立ち回りも映像美も素晴らしいが、歌麿の本線をぼやけさせるばかりだった。また、歌麿を開眼させてゆく数々の女性たちの官能描写も、凄絶な美の代償として虐げた妻（事実上の岸田森の妻であった三田和代）との哀切な関係を除いては、見せ場の数珠繋ぎという感じを否めない。

また、出来上がった作品について実相寺自身が「歌麿を中心に個性豊かな人間たちを登場させる群像劇の構成にしました。テレビジョンのスペシャルかショー番組のように、色々なものを盛り込んで、退屈せずに見られるような味つけを考えた積もりです」と抱負にしてはずいぶんと戯作的な文章を公開時に寄せており、いくらなんでも「テレビジョンのスペシャルかショー番組」はないだろうと思いつつ、この洒落にしては投げた感じが気になって、撮影の中堀正夫に尋ねると、実は『歌麿 夢と知りせば』は当初粗つなぎしてみると四時間三〇分の長大なる作品となり、実相寺はこの長さがかなり気に入っていたという。

しかし契約上絶対に二時間程度の作品にしてほしいと製作サイドから請われ、結局出来上がったのがちょうどその半分の二時間一五分のバージョンであった。本作では歌麿の周りの曲者たちとして成田三樹夫、内田良平、中丸忠雄らが集った狂歌師や洒落本作家たち、玉川伊佐男や小林昭二らが扮する悪徳商人、役人たちなど個性派バイプレーヤーが続々と現れ、さらには長嶺ヤス子のシャーマンや嵯峨三智子の大奥老女など、実に多彩な配役で飽きない。だが、惜しむらくはそれぞれの挿話が打ち上げ花火のように都度都度描かれるだけで、実相寺が密かに期していたらしい『天井桟敷の人々』の江戸バージョンとしては結実しなかった（広瀬量平の音楽は出色だったけれども）。

実相寺の弁は韜晦というよりも本当に「テレビジョンのスペシャル」的な様相を呈しており、大舞台で主演の岸田森もとても熱演しているが、その歌麿像にさまざまな挿話が収斂していかないうらみがあった。逆に四時間三〇分もあれば、この洪水のような人波のなかで歌麿が脇役のごとく流されているという、いい意味での裏切りにもなったかもしれないが、現在のバージョンでは歌麿は中途半端に主役であり、それゆえに見せ場の華を浮橋にさらわれていることが（ひねりとして正当化されず）気になってしまう。

日本ヘラルド映画の古川勝巳は当時、黒澤明『デルス・ウザーラ』や三島由紀夫原作『午後の曳航』などを実現させるなど製作においても野心的な企画に挑んでおり、本作もまたその一環であったはずだが、後に「いくつか製作を手がけた中に『歌麿 夢と知りせば』があった。失敗だった。テレビ出身で

『歌麿 夢と知りせば』追加撮影用メモ。

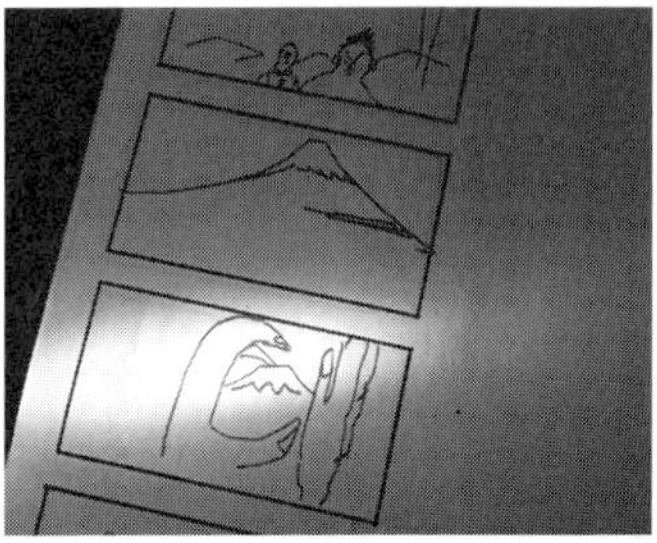

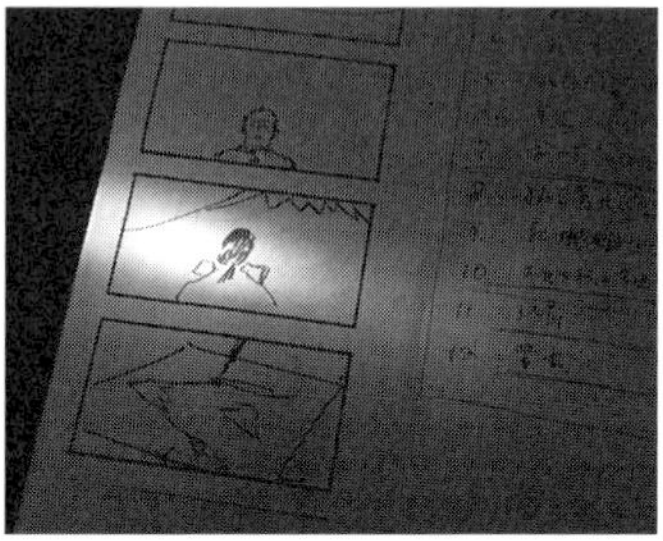

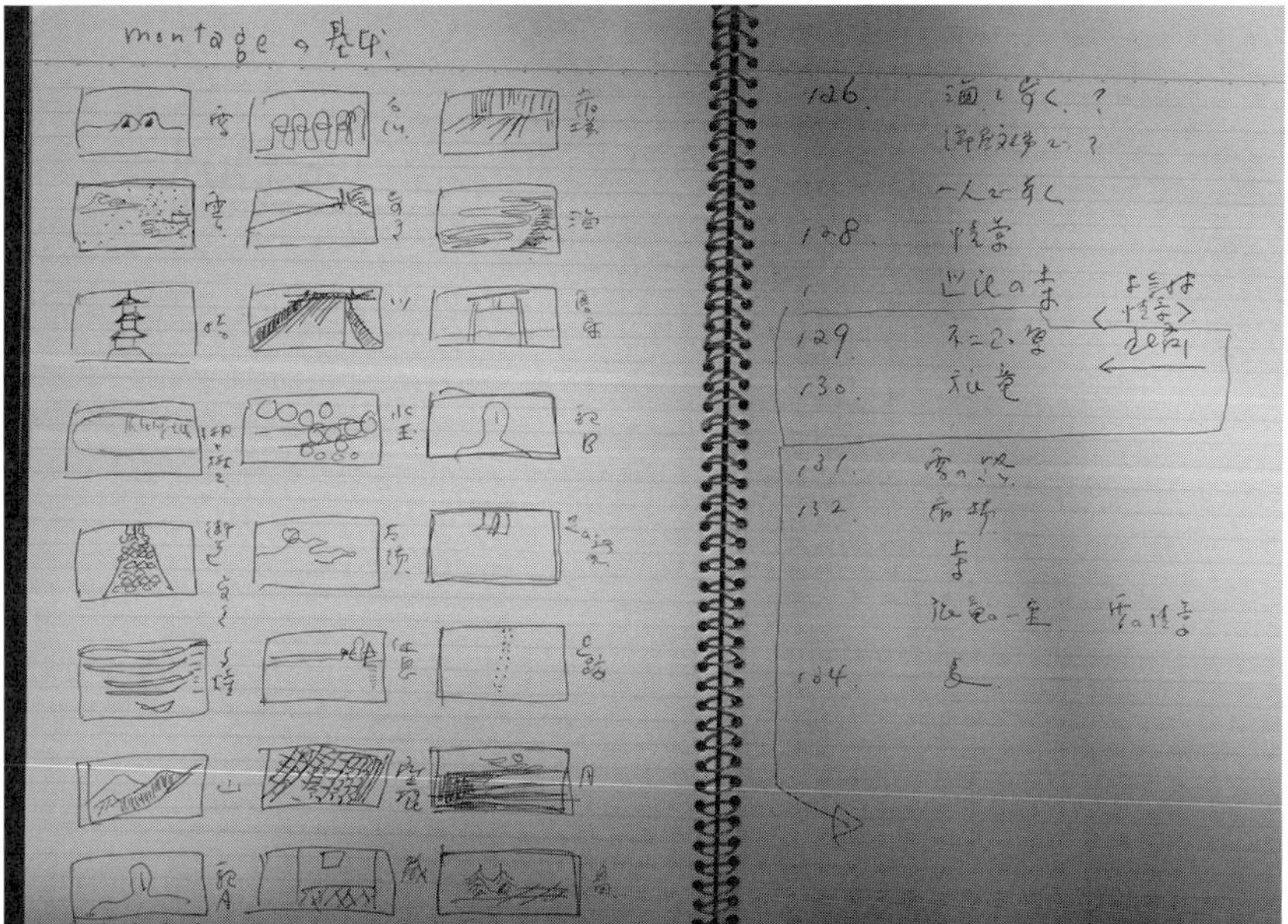

『歌麿 夢と知りせば』性描写の演出メモ。

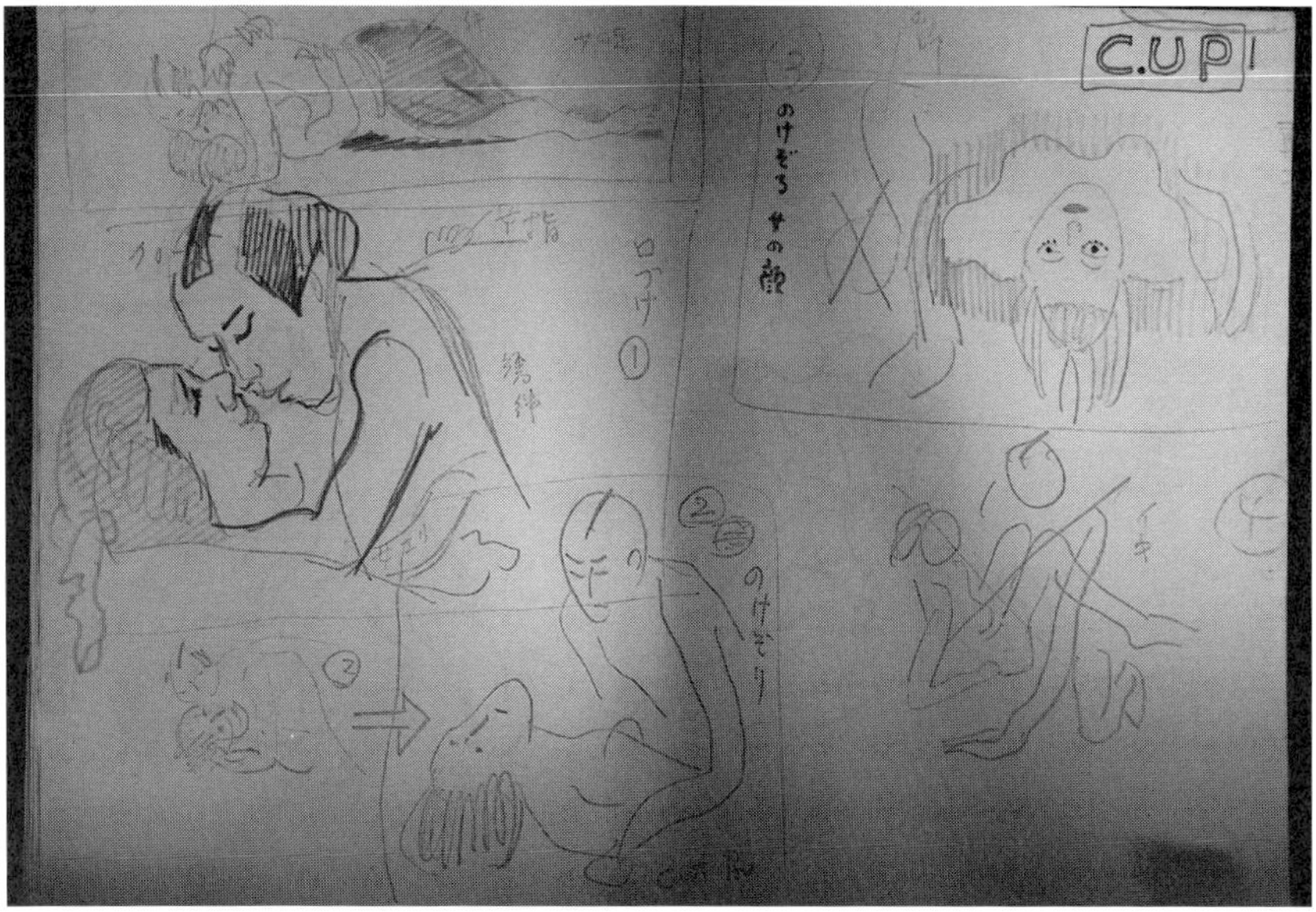

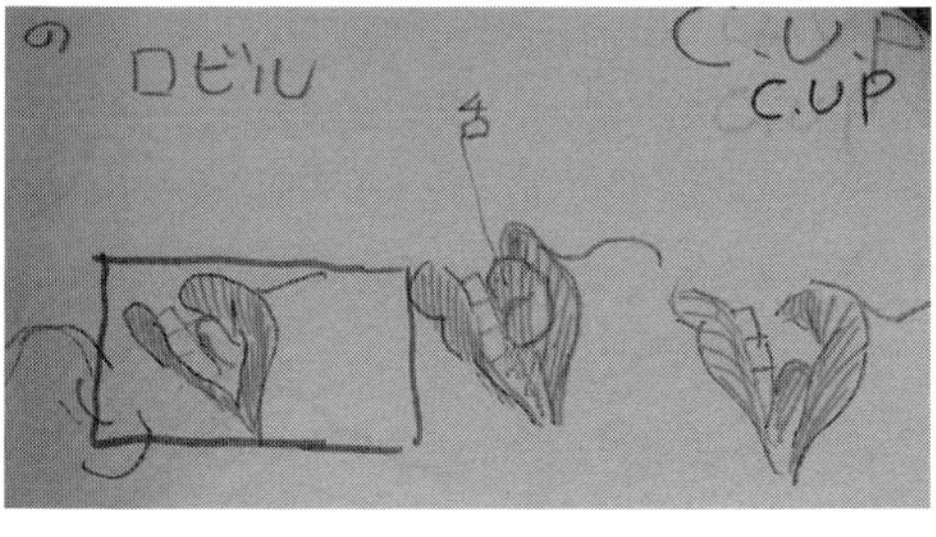

ＡＴＧで活躍していた若手の実相寺昭雄監督の野心作だったんだけどね。浮世絵的な濡れ場などエロスの表現に当時はまだ限界があったんだな。でもね、実相寺監督の美意識はＣＭ界で成功していますよ」と語っていた。エロスという観点で言えば、本作は前年に出来たての一般映画制限付き（Ｒ指定）で、実相寺としてはけっこう奮闘しているようにも見えたが、当時の日活ロマンポルノの傑作群を参照すれば問題は「性表現の限界」にあったというよりも、性的なモチーフも含めて映画全体が騒然とさまざまなものを詰め込み過ぎて、やや得体の知れない感じになっていることにあったはずだ。

この結果、『歌麿 夢と知りせば』に次いで実相寺が劇場用映画を手がけるのは、実に十年後の『帝都物語』を待たねばならないのだが、こうして振り返ってみると『歌麿 夢と知りせば』の教訓が『帝都物語』の随所に活かされている気がする。たとえば『帝都物語』には、それこそ大勢の癖ある登場人物が溢れかえっているが、あれほど蘊蓄には事欠かない原作であるにもかかわらず、実相寺は（さすがに単純すぎるのではと言うくらいに）人物や事件に深入りせず、とにかくスペクタクルがパノラマのように続くつくりにした。

カンヌ国際映画祭にて。川喜多かしこと。

当時この極端な割り切りにはびっくりしたが、おそらくは『歌麿 夢と知りせば』の時の収拾のつかなさを回避して、娯楽なのかアートなのか、作品を旗幟鮮明にすることを実相寺は何より気にしていたように思う。いつもは徹底して暗い特異な画調、画角にこだわる実相寺が、この時は中堀カメラマンに暗さを抑えよと異例の指示を出していたらしい。その結果、テレビ映画やＡＴＧ作品といったサイズで行き渡っていた実相寺のこだわりや想念はけっこう希釈されたものの、それと引き換えの興行的成功は実った。こうした大型の商業映画とくだんのような中小規模の作品とでは、アプローチの仕方を変えないと破綻してしまうということを『歌麿 夢と知りせば』の実相寺は切実に体感したのではなかろうか。

　また、この期間にはいよいよ実相寺の旧作をめぐる再評価が高まって、一九七九年三月にはテレビの『ウルトラマン』での実相寺作品〈恐怖の宇宙線〉、〈地上破壊工作〉、〈故郷は地球〉、〈空の贈り物〉、〈怪獣墓場〉（〈真珠貝防衛指令〉を除く担当作）を、つなぎの新撮カットを交えて再編集した劇場用映画『実相寺昭雄監督作品ウルトラマン』が松竹富士の配給で公開され、好評を得た。

　そして、この『帝都物語』までの雌伏の季節にあって、古川勝巳が言うように実相寺はCM界で傑作を生みだしていくのだが（【法堂】の章でふれる）、もちろん映画の企画もたゆみなく考えていた。その実現を見なかった企画のなかで特に惜しまれるのが、原田種夫の「さすらいの歌」を原作にした『狂乱』で、「恋愛家」と呼ばれた北原白秋の二番目の妻、江口章子のスキャンダラスな激情と狂気の末の悶死を描くものであった。石堂淑朗が原作をさらに煮詰めた準備稿を書きあげ、岩下志麻を主役に想定しつつ、大島渚や松本俊夫の作品を製作していたサンオフィスの山口卓治がプロデュースを買って出ていたが、残念ながら実現を見ずに終わった。

超大作『帝都物語』

　一九八七年、日本SF大賞も獲った荒俣宏の小説「帝都物語」をたまさか全巻読んでいた私は、映画化のニュースに快哉を叫ぶというよりは、「まさか」という気持ちが先であった。いや誰がそれを聞いても、いったいあの原作をどうやって一本の映画にまとめるのだろうという疑問は禁じ得なかったであろう。そもそもそんな大胆を通過して無謀ともいえる企画が既成の映画会社から出てくることも考え難いので、製作会社を調べると「エクゼ」という西武セゾングループが母体で、堤清二の次男・康二が社長をつとめる会社であった。西武流通グループの代表として一時代を築き、辻井喬のペンネームで作家としても活躍した堤清二であったが、息子の康二も映画を志し大学卒業後に角川春樹事務所を経て西武

江口章子の生涯を描く幻の企画『狂乱』の原作、脚本。

グループの西洋環境開発に入り、このエクゼ立ち上げに至る。

どんなものになるのかゆっくり完成を待とうと思っていた私だが、ちょっと待てなくなって撮影台本だけでも読もうと、本作がクランク・インした頃にエクゼに連絡をとった。すると一瀬《いちせ》隆重プロデューサーから瞬く間に帝国ホテルでの記者会見用のプレスシートとシナリオが送られてきた。関西の自主映画界で特異な存在だった一瀬は、新興の製作会社エクゼのプロデューサーとなって一躍日本映画の風雲児となり、なんと撮影時二六歳にして『帝都物語』という大プロジェクトのヘッドをつとめていた（一瀬は後に『リング』『らせん』などのヒットでJホラーブームの旗手と目されたが、九〇年代の江戸川乱歩原作の実相寺作品のプロデューサーでもあり続けた）。

制作費一〇億とも言われた『帝都物語』の面白さは、実相寺昭雄という世代的に偏愛の対象である異才にこの企画を預けたことも含めて、一瀬の野心的なプロデュース感覚に負うところ大であったはずだ。すなわち、既成の映画会社ではまず手を出さないであろう「帝都物語」という異色きわまりない原作をチョイスし、その監督をかつての特撮テレビ映画の異色作でカルト的人気を誇った実相寺にオファーしたこと。さらに、セゾングループの「ギーガー展」で知遇を得たH・R・ギーガーにコンセプチュアル・デザインを頼んだこと（実際は諸条件あって最後の刺客・護法童子のデザインなどに留まったが、当時の気分でいえば〈あの『エイリアン』のギーガーが日本映画をやるんだ?!〉という嬉しい驚きがあった）。

そして、キャスティングで勝新太郎、平幹二朗、坂東玉三郎といった大物俳優たちに対置して、この大作映画の主人公・加藤保憲役になんと全く無名の嶋田久作を起用したこと（沢田研二、坂本龍一、小林薫…といった人気スタアたちも構想されたという風説もあったのに、結果まるで無名の、しかもあれだけ突飛な面立ちの俳優を起用したのは本当に快挙であり、ここに興行的な既成概念を打破した本作のアグレッシブな姿勢が凝縮されているだろう）。加うるに、昭和二年の銀座の巨大なオープンセットを建てる王道大作ふうのこだわりの一方で、日本映画で初めてハイビジョンカメラでの撮影を導入するなど技法において種々アグレッシブであったこと。そのほか枚挙にいとまがないのだが、『帝都物語』においては出演陣から技法に至るまで従来の大作映画づくりの作法にはなかった自在なプロデュース感覚がみなぎっており、当時の私はこうした（多分に一瀬の功績であろう）やりたい放題のごった煮的試行に胸躍った。

さて、話を戻せばあの明治末期から昭和七三年（平成は公開のあくる年であった）にまたがる百年の大河原作をどう整理しているのかが気になって、林海象《かいぞう》によるシナリオに目を通して驚いた。本作は小説で言うところの「神霊篇」「魔都篇」「大震災篇」「龍動篇」を踏まえてはいるが、原作を彩る東京とそこで活躍した明治期以降の史実の人物をめぐる解説や薀蓄はみごとに捨象され、もしかすると原作を読んでいない人にはこの人物は誰なのやらさっぱりわからないくらいのレベルで、事件につぐ事件のつるべ打ちとなっている。

この省略の最たるものは、原作で阿倍仲麻呂や安倍晴明に遡って大和系氏族の血にこめられた怨念を描いていた部分をほとんど省いているので、将門の首塚とはいかなるもので加藤保憲はなにゆえに帝都を破壊しようと執念を燃やしているのか、ということすら（！）詳細が語られていない点であった。もちろん数多い人物や逸話の舞台ごとに薀蓄や思いを描いていったら話が全く停滞してしまうので、こう整理するほかないのだが、ずいぶん思い切った料理だなと感じた。実は出発当初は『青い沼の女』の岸田理生が脚本化を試み、それはもっと加藤のダークサイドに踏み込んだ内容であったようだが、一瀬が本作はあくまでスペクタクル活劇にしたいと舵をきって林海象が登板、こうしたかたちにおさまったという。

ともあれ、一九八七年一一月、むんむんとした熱気に包まれた日比谷スカラ座の完成披露で、出来上がった『帝都物語』を観た。『無常』などのＡＴＧ作品で日本人の精神的原基を問いつめながら、一方では『ウルトラマン』などの特撮ドラマの真摯なる作り手でもある実相寺昭雄に、この渋沢栄一と平将門の怨霊が同居する物語はいかにもお似合いではないか…と勘ぐったファンや批評家もいたことだろうが、あにはからんや本作はペダンチックで長大な原作とはまるで異質の、ごく単純な見せ物映画になっていた。

原作「帝都物語」フリークにしてみれば、作者一流の都市・東京にまつわる愛着と知識、そして全篇を貫いている崩壊や終末を望む気分が映画ではものの見事に捨象されているので、いささか失望した向きもあったことだろう。主人公の加藤保憲の怨念の歴史的背景が映画では全くといっていいほど省かれ、なんだかワンパクな破壊工作者となっていて、ドラマ展開上の唯一最大のポイントである加藤保憲の暗黒面はあらかじめ切り捨てられていた。それはもう、ここまで原作に対して思いきった立場をとっている映画について、落差を問うのも野暮かと思わせる域にあった。

翳のある横顔をぬぐった加藤保憲は絵に描いたような表層的キャラクター、見るからに怖そうな悪役として単純化されており（こういう場合、あの嶋田久作の稀有なインパクトある人相がものを言った）熱烈な原作ファンは聊か面食らったかもしれないが、ワグナーの「ラインの黄金」をバックに勝新太郎の渋沢栄一が厳かに現れ、ヨハン・シュトラウス「こうもり」をバックに玉三郎の泉鏡花が華やかに去ってゆく（音楽監督は舞踏家の石井漠を父に持ち、伊福部昭に師事した石井眞木）という洒落まくった本作は日本映画史に類を見ない知的遊戯に溢れる大作となっていた。また、実相寺の癖のあるアートフィルム的側面を支えてきた常連のスタッフ、撮影＝中堀正夫、照明＝牛場賢二、美術＝池谷仙克のメンバーも、いつもの実相寺調を大作仕様にアレンジしていた。

しかし気になるのは、そもそもこの原作の持てる蘊蓄や香りは実相寺自身が好むところであったに違いないし、せっかくこの原作を映像化するのならば、いつものクールでシリアスで陰翳あるタッチをもってかなり作家的に料理してくれるのだろうなあと思いきや、ずいぶん割り切れた特撮スペクタクル大作になっていたことだ。ここで注目すべきは、実相寺の根強い「傍系志向」が本作では反転しているということだろう。

本書で幾度もふれてきたように、実相寺おなじみの「傍系志向」は、ジャンルとしての映画、映画を支える技法、登場するキャラクターの性格…などなど全てにわたるものだった。具体的には、まず「特撮映画」という差別されしジャンルへの敬意と偏愛。厳密には「特撮」という技術そのもの、そして登場する怪獣や宇宙人の設定への真摯なる執着である。円谷一に捧げられた自伝的小説『星の林に月の舟』は、映画の斜陽とオーバーラップして隆盛の兆しを見せてきたテレビジョンを舞台に、あの一九六〇年代半ばに円谷プロの『ウルトラ』シリーズ制作に携わることになった演出家の青春をせつなく描いているが、実相寺が同胞と涙ぐましい熱意で創りあげたアヤカシの世界は、八〇年代後半のレトロブームにあって再び人気を集めた。深夜の再放送では高視聴率をおさめ、ウルトラマンは光の国から再降臨してカップめんのCFにも出演していた。

もっとも、この八〇年代も後半のレトロ趣味のファンたちは、その時分の最先端走者だったI・L・Mの精巧なSFXとは対極にある円谷プロのハンドメイドの特撮——たとえば古びたミニチュアやプリミティブな着ぐるみなどが「オチャメでカワイイ」程度の認識で、『ウルトラ』シリーズを見直しているのだった。だが、シリーズ放映時の実相寺演出による怪獣たちは、到底そういう愛玩の対象とは考えにくい切実なものを孕んでいた。リアルタイムで毎週食い入るように『ウルトラ』シリーズを眺めていたわれわれにとって、実相寺の描く主題と世界観はどんな学校教育も太刀打ちできない奥深さがあった。

実相寺はまず物語上の主題として『ウルトラマン』の時代からヒーロー像の相対化につとめていた。その典型である〈故郷は地球〉の、宇宙開発の犠牲になり鬼と化した宇宙飛行士ジャミラを抹殺せねばならないウルトラマンの悲痛な姿を見れば、公私の板ばさみに悩むヒーローはつくづく因果な商売だと、子どもごころが疼きもした。〈恐怖の宇宙線〉のガヴァドンや〈空の贈り物〉のスカイドンの場合も怪獣は罪深い存在ではなく、ウルトラマンはひたすら彼らを安住の地に送還する役目に徹していた。

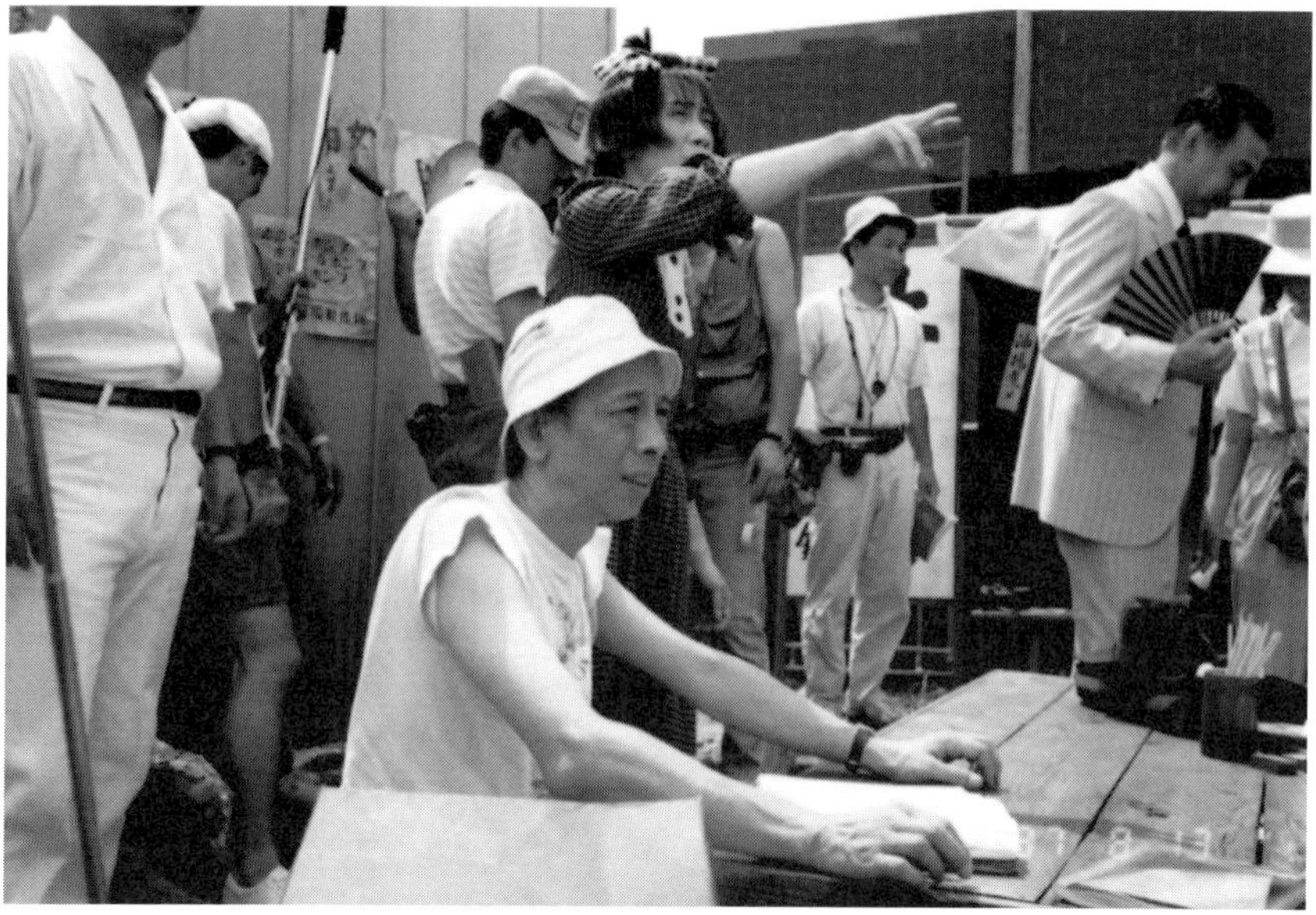

『帝都物語』ロケ。宍戸錠と。

『帝都物語』ロケ。昭島市の昭和の森に銀座のオープンセットが建造された。

銀座オープンセットではシャープな移動撮影が光った。

銀座オープンセットでは実物の市電も走った。

ウルトラマン／怪獣＝イイモン／ワルイモンという根拠のない二項対立をあっさりと無化し、ウルトラマンを怪獣と等しき「傍系」の地平に置いて、実相寺は勧善懲悪のカタルシスにならされた子どもたちにはいささか高級すぎる屈折のドラマを突きつけてきた。

　僕にとって怪獣は、敵味方を超越した存在、つまり自然なんですよ。何の意味もなく、とにかくそこに在るもの。風や石のように、そこにただ在るものなんです。風が吹いても、誰も恨みませんよね。だから、怪獣もむやみに滅ぼされていいものじゃない。もっとも、『ウルトラマン』の頃までは隅々まで目が届きませんでしたけれどもね。

『帝都物語』を観た直後のやけに寒い日、赤坂の坂道の途中にあるコダイ・グループに実相寺監督を訪ねたら、かかる怪獣墓場の番人のような慈悲深い言葉が返ってきた。これは、ちょうどその頃読んでいたロベール・ブレッソン『シネマトグラフ覚書』の一節「一人の俳優と一本の樹との間には可能な関係はない。両者は、それぞれ異なった宇宙に属している」にもカブる名言であった。

　この『ウルトラマン』に次ぐ『ウルトラセブン』での宇宙人の描写は驚くべき深化を果し、たとえば〈狙われた街〉のメトロン星人は下町の工場街のおんぼろアパートで笠智衆のように卓袱台の傍らに座しているし、〈円盤が来た〉のペロリンガ星人は商店街の店の奥座敷から襖を開けて町の青年に話しかける。傑作〈第四惑星の悪夢〉では、地球人そっくりのロボットが陰謀を練る地球そっくりの街を、ウルトラセブンがまるで怪獣のように破壊しまくるという皮肉な設定がなんとも居心地悪く、実相寺はウルトラヒーローと怪獣をすっかり同列の存在にしてしまった。

　実相寺作品で宇宙人が「いきなり日常のなかにいる」パターンは、脚本段階ではなく演出の際に決めたそうで（他の監督作でもそんな例はいくつもあるのだが、なんといっても実相寺が際立ったのは、その日常性を強調すべく、SFでは禁じ手とされた庶民的な和室や商店街を舞台に持ってきたということだ)、担当の回を通して頑なに貫かれたこのタッチは、荒俣宏的な「都会のすきま」を感じさせるものでもあった。

こうした実相寺流のヒーロー＝怪獣、宇宙人の相対化は、『ウルトラセブン』に次ぐ『怪奇大作戦』を経た『シルバー仮面』の第一話・第二話で過激に終わりを告げる。営業不振でリストラされた円谷プロ出身の気鋭が再結集して、厳しい制作条件のもと懸命にこしらえた特異なるヒーロー物だが、第一話〈ふるさとは地球〉の冒頭部分の暗さは子どもにはトラウマになるほどの徹底ぶりで、それを実相寺に伝えると「あそこはさすがに暗いって宣弘社からも怒られたんですよ」と笑っていたが、荒漠とした七〇年代前半の地方都市を転々とする五兄妹と、彼らを追う宇宙人たちの屈折ぶりを斬新なカメラワークで描く内容は、子どもたちに初めてヌーヴェル・ヴァーグにふれた青年のようなとまどいと驚きを与えたに違いない。

亡き科学者の父が託した光子ロケット完成の夢を追い求めて、『無常』のように父権的な「家」で結ばれた五兄妹が、全共闘以後の暗く重たい空気のなかで『哥』のように「家」の絆を守りながら、最後は『曼陀羅』のようにユートピアを求めて宇宙の果てに消えてゆくという物語は、佐々木守による主題歌「故郷は地球」のメロディーとともに切なく、やりきれないものがあった。実相寺がつくりあげたこの異色ヒーローのカラーは、後番組の『アイアンキング』（シルバー仮面そっくりの形態で、常に負けるために出てくる?!超人）に至るまで、この時期の「宣弘社ヒーロー」特有の負性を決定づけることになる。

こうして長々と実相寺のキャラクター観を振り返ってきたのは、実はその延長にある『帝都物語』のヒーロー・加藤保憲が、原作の屈折したマキャベリストの陰翳を一切削ぎ落されて、それまでの実相寺流ヒーローとは真逆の「画に描いたような悪役」にされていたからである。あれほどヒーローの相対化を以て任じていた実相寺が、どうしてこんなに積極的に紋切型の悪役を描いてみせたのか。思えば、当時のウルトラマンが何の違和感もなくカップめんをする時代に（二十年前なら実相寺が変身時のハヤタ隊員

『帝都物語』冒頭と終盤の神田明神ロケ。

『帝都物語』ハイビジョンモニター。

ハイビジョン収録には中継車が必要だった。

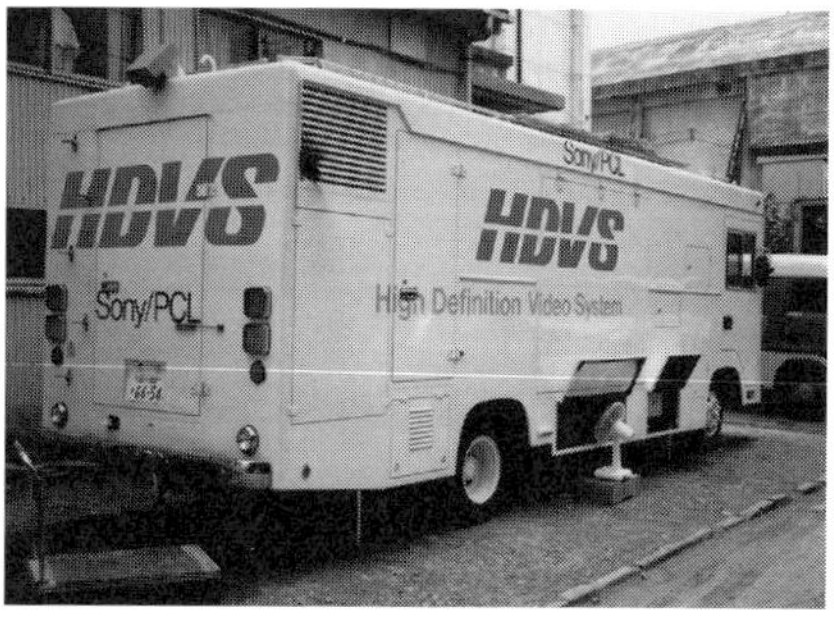

土御門家を加藤保憲が襲来する場面のハイビジョン撮影。

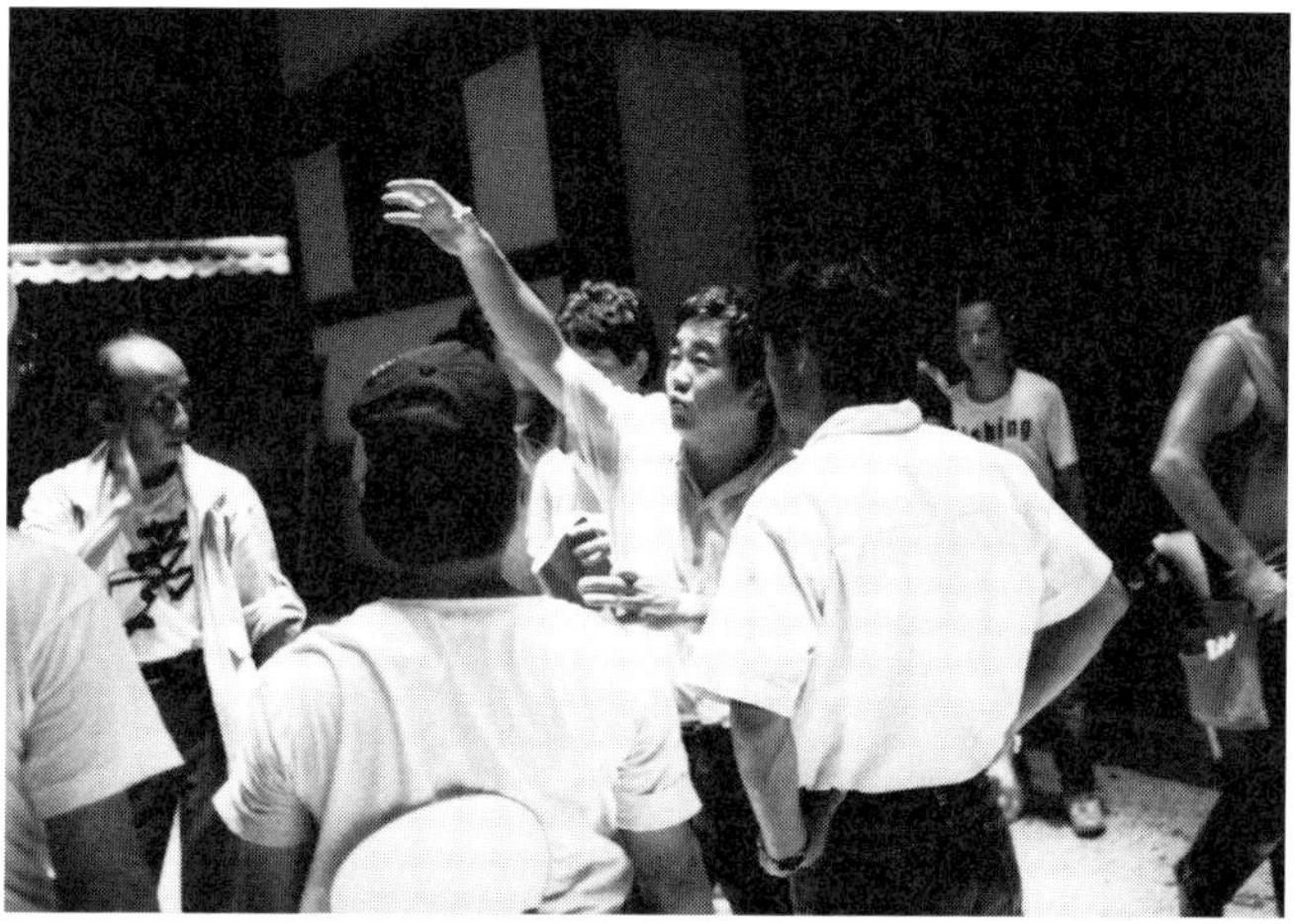

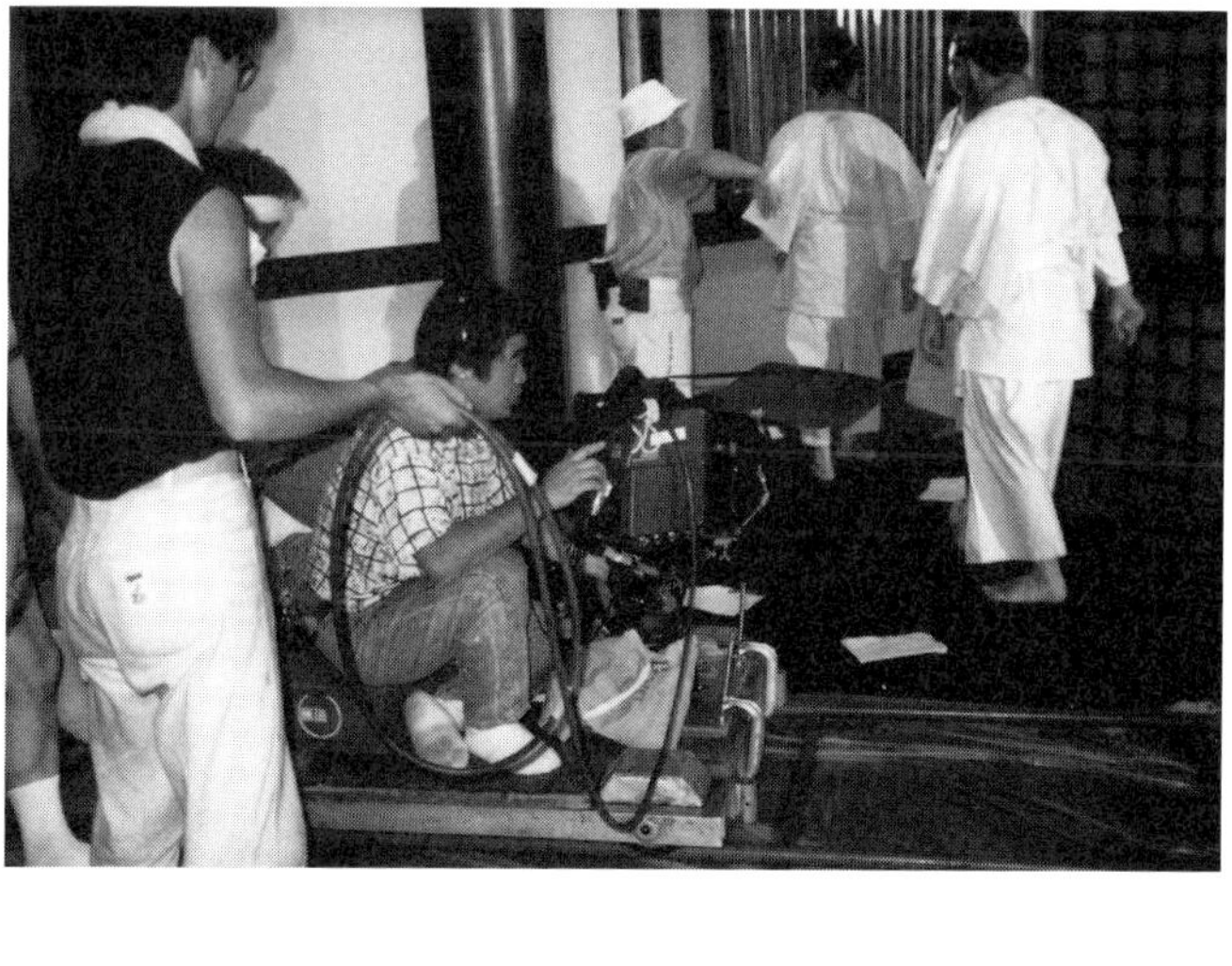

にカレーライスのスプーンを持たせて親近感を与えただけでプロデューサーのお小言にまみれたというのに！）、ヒーローが泡のように「記号消費」されるのが耐え難く、真摯に「いわゆるヒーロー」を再生させようとしたのではあるまいか。

加藤保憲は、突然天守閣のてっぺんに現れては見得をきる旗本退屈男にしたかったんです。すると、物語の背景とか状況とかすっ飛ばして描写そのものに神経注げるわけですね。フィクションにヘンな筋道をつけてもたつかせるのが日本映画の常ですが、今回は『目撃者』や『スタートレック』みたいなアメリカ映画ふうの乾いたリズムで、映像が状況より先走るかたちにしたかった。

一瀬隆重プロデューサーから貰った脚本を読んで、すでに林海象が原作を大幅に整理しているのは知っていたが（実相寺の日記によれば八七年の年頭には岸田理生が第一稿をあげ、二稿へ向けての打ち合わせも行われているが、娯楽作に振りきる方針ゆえに岸田から林海象にバトンタッチしている）、実相寺がさらに見せ場をつなぐシーンを切ったため、加藤がなぜ東京を破壊しようとむきになっているのかも今ひとつ判然としないほどなのだが、実相寺にとってはもはやそんな理屈や段取りはどうでもよく、加藤がただ出て来ただけで有無を言わせぬワルモンであればそれでよかったわけだ。

そのために「演技の上手下手よりも何よりも顔の存在感で嶋田久作を加藤に抜擢した」といい、ちょうど当時『ラストエンペラー』で術策家の甘粕大尉を好演した坂本龍一なども適役だったのでは、と問うと「むろん候補にはあがっていましたが、そういったタイプの主役を軸に据えると原作の陰の部分を中心にせねばならない」という。原作の薀蓄や陰翳をばっさり切って、ひたすら物語の浅みを滑走する展開を見ていると、あらゆるヒーローが解体した廃墟のなかで「近ごろは軍服着せてもさまになるような凛とした男がいなくて困りますね」と時世を嘆く実相寺が、あえてごく正統な紋切型ヒーローを蘇生させようとしているかに見えた。嶋田久作本人は実に温和な紳士ながら、その見てくれは曖昧かつソフトな顔の男子がひしめくバブル期にあっては希少種の、ひと目で極悪なワルモンという記号になり得る素材であった。実相寺は、かつて『シルバー仮面』で「傍系」にずらそうとやっきになっていた「直系＝旗本退屈男＝ウルトラマン」を、加藤保憲に託して再興しようとしたのだろう。

さて、技法についても実相寺は長らく「傍系」を顕揚し続けた。あの凄まじい人物のアップや極端なロング、大胆なシルエット、鋭角的なショットとダイナミックな移動撮影などによって成立している実相寺調は、特撮ヒーロー物とATG映画を横断して、あらゆる映画がひとしく「傍系」であることを主張してきた。

そういった手法は『怪奇大作戦』で定着したと思うんですが、それまでの巨匠は黒澤明にせよ五所平之助にせよ望遠をつかいたがった。そこで誰も使わなかったワイドレンズに興味を持った。アングルについては、テレビの生ドラマをやっていると、向かい合う人物を撮る際に両方後ろ姿をナメるとカメラを隠せるわけですが、便利なので何でもナメているとひどくせせこましい画面になってしまう。それなら逆にワイドレンズで対象に接近したほうが面白いだろうと。その延長で、ややハイポジから狙ってバックの風景と人間をもろともに入れてしまうと、また画が面白くなるなと。

『怪奇大作戦』の〈京都買います〉や〈死神の子守歌〉では哀しみに満ちたテーマに、この特異なるカメラワークが意外や溶け合って、不思議な抒情をもたらした。その技法はテレビの制約から生まれたものであるわけだが、ヌーヴェル・ヴァーグやシネマ・ヴェリテの影響は（免れない世代であるわけだが）どの程度加わっているのだろうか。

ヌーヴェル・ヴァーグはTBSに入社した後のことでしたからね。むしろ大学の頃は、戦時中に輸入されなかった一九三〇年代から四〇年代にかけての爛熟したヨーロッパのモノクロ映画がドッと入ってきた時期なので、それぱかり追いかけていました。卒論もルネ・クレールだったんです。一方ではウィリアム・ウェルマンのB級西部劇とかフランク・タシュリンが作ったジェリー・ルイスのスラップスティックもとても好きでしたね。

小説『星の林に月の舟』で主人公の吉良平治が、特撮がワンカットもなくオールロケセットでSFを作ってしまったゴダールの『アルファヴィル』に心酔しているくだりがあるからには、ヌーヴェル・ヴァーグの影響も少なからずあったと思うのだが、むしろヌーヴェル・ヴァーグより以前の世代寄りの実相寺は、映像の差異化のスタイルを受け売りするのではなく、オーソドックスな映画体験からテレビの現場での模索を経て、独自に「傍系」の手法を開拓してゆく難しさと楽しさがあったに違いない。

タルコフスキー『惑星ソラリス』でも東京の高速道路の映像がそのまま映画的文脈のなかで「未来都市」に見えるわけだが、こうした『アルファヴィル』的センスで想像的にSF的な世界観を構築するのは、ミニチュアや合成をもって具体的な画として虚構世界を見せる「直系」の特撮王道からするときわめて「傍系」である。だが実相寺は『ウルトラ』シリーズを手がけている時も、いわゆる特撮カットを少なめにして文脈で語る方向にシフトしようと図っては、特撮班ともめていたほどであった。

ところが、『帝都物語』での実相寺は、この王道「特撮」をふんだんに取り入れて、それは本篇班の映画的文脈だけで暗示できそうな部分にまで「特撮」を越境させるというレベルであった。すなわち川越や明治村にロケしたほうがリアルで安く済みそうなディテールの数々を、実相寺はあえて円谷英二の面影を映すような丹念なミニチュアで描いてみせた。見事な銀座のオープンセットを木村威夫の「本篇美術」が建てこんだそばから、将門の首塚に代表される「特撮美術」も大いに幅をきかせている。ここには従来の実相寺のような暗示的でハイブロウな処理は避けられ、さまざまな式神もロボット学天則も首塚も正調怪獣映画のようにしっかりお目見えして暴れまわり、直球のスペクタクル映画を目指している（ちなみに本作のコンテ制作をはじめさまざまに貢献していたのが、樋口真嗣であった）。とにかくこうした「直系」への反転が目覚ましい作品なのであったが、中堀正夫カメラマンに聞けば「今回は暗い画面をつくらないように」と珍しい注文があったという。

たとえばスピルバーグが製作した『マネー・ピット』なんかがつまらないのは、何よりもモノの壊れるリズムがよくないからですね。たいていの日本映画もお話に足をすくわれて、モノへのこだわりがお粗末だ。モノがどう崩れるか、そういった描写の呼吸が実は状況説明なんかよりフィクションとしての映画に奥行を与えて、いきいきとしたリズムをつくると思うんですが。

実相寺のこんな発言に明らかなように、『帝都物語』は劇中の最初と最後の神田明神の境内に出てくる見せ物パノラマみたいな、活動写真テイストの特撮スペクタクル映画になっていて、冒頭に書いたような荒俣宏的な都市伝説の薀蓄や史実を活かしたシリアスな人物設定などが（いつもの実相寺ならそこに入り込んで、渋く暗示的な画づくりに徹することだろうが）きれいさっぱり捨象され、ちょっと呆気にとられる感じであった。

そんなわけで実相寺作品としては破格の大作である『帝都物語』は、往年のヒーローが矮小化されマスコットのように愛玩されてしまうなんでもパロディの時代に、正調の真っ向勝負の「悪役」とずばりの「特撮」で見せ物をこしらえようという（今観れば単に実相寺が「直系」王道の娯楽映画を撮ったということしか感じられないかもしれないが）、当時の文脈でいえばあくまで生来の反骨と天邪鬼が生み出した作品なのである。実相寺にしてやけに「正調」であるということ自体がすでに跳ね返りの産物というわけである。

ちなみに本作は前章でふれたように日本映画にハイビジョンが本格導入された最初の試みであったが、人物の演技部分はフィルムで、特撮のブルーバック合成カットはハイビジョンで撮られており、思ったよりはハイビジョン使用の箇所が少なかった。しかしそれは機器のオペレーションに要する時間の問題に起因することで、画質の点では実相寺は全篇をハイビジョンで撮ってもいいと思っていたという。冒頭の加藤が土御門家を襲撃する場面はあまりにビデオ的な残像が目立っていかがなものかと思ったが、実相寺はこの残像こそがお気に入りだったというから面白い。また、この時のハイビジョン技術ではわざわざスタジオに中継車を呼んで、そのなかで指示を出す必要があったのだが、終盤のH・R・ギーガーがデザインした護法童子と神官の娘・原田美枝子が対決する合成シークエンスの撮影では、実相寺が中継車に籠って全く出て来ず、一切演技指導をしない監督に原田が大いに困惑したという。

こうした異色づくしの逸話にまみれた作品ながら、一九八八年一月三〇日に東宝洋画系で公開され興行収入一八億を記録するヒットとなり、七七年の『歌麿　夢と知りせば』以降実質劇場用映画を撮っていなかった実相寺も本作で復帰を果たしてからはコンスタントに新作を手がけるようになって、一瀬プロデューサーとも九〇年代に『屋根裏の散歩者』『D坂の殺人事件』で組んでいる。

デジタル化により映画制作の底が抜けた二一世紀の今から見ると、『帝都物語』の豪奢でどこかオペラティックな遊びっぷりは、まさにバブル経済の産物であった。折しもセゾングループは流通の雄として「感性の経営」をうたって文化事業も積極的に牽引していたが、『帝都物語』はまさしく「文化の西武」の昭和遺産と呼ぶべき一例かもしれない。奇しくも庵野秀明も私が常に思うことと同じ発言をしていたが、文化を育てるものはスポンサーではなくパトロンなのだ。だが、そんなセゾングループもバブル崩壊と平成不況により経営不振がエスカレートし、ゼロ年代初頭に（往時の華やかな西武文化の恩恵に浴していた私などには到底信じがたい）まさかのグループ解散を迎えるのであった。

『悪徳の栄え』『ウルトラQザ・ムービー 星の伝説』

一〇年ぶりの劇場用映画、しかも格段に大作の『帝都物語』を撮り終えて興行的成功を弾き出すこともできた実相寺昭雄だが、続いてこれもまた日本映画のひとつの転回点であった日活（当時の社命は「にっかつ」）の「ロッポニカ」レーベルに招かれる。

業績不振も極まった一九七一年にロマンポルノ路線に転換して邦画界を驚かせた日活だったが、八〇年代に入って家庭用ビデオが普及してAV（アダルトビデオ）が人気を集めると、成人映画の興行も低調となり、ついに一七年続いたこの路線を打ち切って、気鋭の監督たちと異色の企画の掛け算でラインナップを組み「ロッポニカ」レーベルを立ち上げた（ロッポニカのネーミングは、日活本社が六本木にあったことに由来）。

この一般映画で他社にはない面白いものを、というかけ声は素晴らしかったし、発表されたラインナップのなかには実相寺作品をはじめ興味を惹くものも紛れていたが、当時の印象では企画も売り方も野暮ったく時流からズレている感じがむんむんした。それゆえに、にっかつ映画配給をシネ・ロッポニカに社名変更、直営館も「ロッポニカ新宿」「ロッポニカ池袋」などと改称する気合の入れ方ではあったが、昨日までのうらぶれたロマンポルノ館が急にとってつけたように暖簾を変えてもどこか空々しい感じは否めなかった。それゆえに、神代辰巳監督『噛む女』に始まり、藤田敏八の最高傑作の一本である『リボルバー』などの異色作を生み出しつつも、不入り続きの「ロッポニカ」レーベルは半年足らずで打ち切りとなった。

そんなラインナップにあって、実相寺の『悪徳の栄え』は日活のロマンポルノ期以来のDNAにも無理なくつながるものであり、一度は実相寺にロマンポルノ作品を撮ってほしかった私としては（日活ロマンポルノ草創期と実相寺のATG連作時代は性表現への踏み込みという点で意識しあっていたところは大いにあろう）

嬉しいニュースではあった。もちろん「ロッポニカ」レーベルなので、成人指定ではなくR指定での公開ではあったが、実相寺は『帝都物語』がいささかよそ行き風であったのに対して、本作ではエロスとディレッタンティズムを全開にしてやりたい放題を見せてくれるのだろうと期待した。

マルキ・ド・サド「ジュリエット物語または悪徳の栄え」「ジュスティーヌあるいは美徳の不幸」を題材に岸田理生が脚本化した本作は、フランス革命の時代を二・二六事件前夜に置き換えただけでなく、現実と虚構＝劇中劇が交錯する仕掛けになっている。昭和一〇年のこと、不知火侯爵（清水紘治）のもとには財閥の領袖（石橋蓮司）や大審院の裁判長（寺田農）や伯爵の女（米沢美知子）らが集って頽廃的な宴を催しては権力にもの言わせた悪行自慢に花を咲かせる。このセレブリティから泥棒の青年（牧野公昭）に至る〈犯罪者〉を団員として、不知火侯爵は〈白縫劇団〉を営み、サド「悪徳の栄え」を上演する。

悪徳を美とする侯爵は、娼婦あがりの夫人（李星蘭）を隷属させ、この乱痴気騒ぎの芝居のなかで泥棒の青年に命じて犯させたりするが、やがてこの二人に意外なる愛情が芽生えてしまう。そしてあるじへの隷従を脱し始めた夫人は、筋書きと違う演技をして侯爵を動揺させるが、やがて彼は自分（サドを演ずる）がいつしか逆にこの夫人に振り回されている道化ではないかと気づく。

こんな物語を、実相寺はメジャー大作『帝都物語』よりぐんと振りきった実相寺調の連続で描き（本作を皮切りに九〇年代の乱歩＝実相寺映画の諸作を担当した音楽の松下功の音楽も上質に作品世界を規定していた）、悪徳に耽溺するブルジョワジーというモチーフも実相寺の好むものであろうから、さぞや面白いものになると思いきや、意外やこれが成功作とは言い難いものだった。

それは後のテレビ作品などにおいても似たような例があるのだが、こうした突飛な設定の屋上屋を重ねるような構造になってしまうと、ドラマが熟していかず、設定どまりになってしまう。すると、本来

『悪徳の栄え』セット撮影。清水紘治、美術の池谷仙克と。

はドラマの展開と切り結ぶべき実相寺の技法の数々が、ただ設定のお化粧に堕してしまうので、どこか『悪徳の栄え』は設定と技法がただそれぞれ独白めいた主張を続ける感じになってしまった。もちろん予算も潤沢ではないなかで、吉田良と早逝した天野可淡《かたん》の球体関節人形へのフェティシズムなど個々のカットにおける世界観の構築はあいかわらず濃厚なのだが、こうした画面づくりの手法が物語の内容と有機的に絡まぬまま「陳列」されているような退屈さがぬぐえなかった。

たとえば「新ジュスティーヌ」を大正時代の悪夢に翻案した神代辰巳の日活ロマンポルノ作品『女地獄 森は濡れた』は、かなり本作と近い物語を描いていたが、この作品での神代辰巳独特の画＝音の処理のアナーキーさは物語のそれと見事に重なり合って奇異なる衝迫を生んでいた。そういうものが、いかんせん『悪徳の栄え』には欠けていたが、不知火侯爵を熱演した清水紘治はこの十年後にあたかも侯爵の末裔のごとき演劇界の鬼才に扮して『ウルトラマンダイナ』〈怪獣戯曲〉に再来し、球体関節人形は世紀をまたいで『ウルトラQ dark fantasy』〈ヒトガタ〉に越境してゆく。

さて、こうしていささか残念なかたちに終わった『悪徳の栄え』の後、実相寺が劇場用映画版の『ウルトラQ』を撮ると聞いた私は、その撮影現場を訪ねた。ほんの少し春の気分を感じた一九九〇年二月のピーカンの午後、砧の国際放映の第五スタジオでは、『ウルトラQザ・ムービー星の伝説』の特殊撮影が追い込みのただ中であった。

『悪徳の栄え』集合写真。清水紘治、寺田農らと。

この日の撮影は、当時ゴジラを除けば邦画には珍しく登場する本格怪獣・薙羅《ナギラ》が九州は佐賀県の駄竹という漁村を踏みつぶしてまわるという部分だった。暗い五スタの入り口をくぐり、巨大な怪獣の足のハリボテや作りかけのミニチュアがごろごろ転がっているなかを奥へと進んでゆくと、黒ずんだ薙羅の着ぐるみがいささか心もとない感じで台に立てかけてあって、意外に地味で数も少ない漁村のミニチュアがぶっきらぼうに並んでいた。

見るからに潤沢な制作条件とは言い難い。いかに日本の特撮史を支えてきた円谷流の特技がハリウッドのＳＦＸとは対極の手づくり感覚を魅力の源泉としていようと、いざこの薄暗いスタジオで着ぐるみとミニチュアの実物を目にすると、スタッフの鬼気迫る熱意は確認できたがやはりお金が足りないのは辛いことだなあとため息をついた。私たちの世代にとっては往年のタケダ・アワーの『ウルトラＱ』『ウルトラマン』『ウルトラセブン』『怪奇大作戦』までの贅沢なる円谷のテレビ映画は、〈子どものためのヌーヴェル・ヴァーグ〉とでも呼ぶべき決定的な体験だったわけで、なかでも実相寺組による表現と主題の挑戦によって、われわれの感性の幅を過激に押しひろげられたのだった。その思い入れとトラウマたっぷりの情操教育番組『ウルトラＱ』が実相寺昭雄によって映画化されると聞いて興奮した私は、その成功を祈っていただけにこの現場の慎ましさは気がかりであった。

だが、頼りなげな薙羅の着ぐるみをひとりの青年が窮屈そうに身にま

常連スタッフの記録・宍倉徳子と実相寺の溺愛するぬいぐるみ・ちな坊。

と、『マイティジャック』『怪奇大作戦』から『帝都物語』に至るまで名特撮場面を生み出し続けた大木淳吉特技監督が入念なリハーサルを始め、魂を吹き込まれた薙羅は思いのほか凄みを発揮しはじめたのだった。これを遡ること二十余年前の一九六〇年代、『ウルトラマン』撮影の折に、「お茶の間が嘔吐するような」グロテスクで生々しい怪獣のデザインを求めるにもかかわらず、出来上がってきた実際の造型がかわいいキャラクターの域におさまっていることに落胆していたが、本作の薙羅にはそういうマーチャンダイジングに毒されたような媚びや幼稚さがなかった。

かと言って嘔吐するほど気持ちの悪いものではなかったが、その素性不明で獰猛そうな感じは実相寺も合格点を出していたのではなかろうか。実相寺は、人間にあらざる異物としての奥深さ、おぞましさをたたえた自然の表象を怪獣の造型に期待していたが、薙羅を創った美術の池谷仙克はその要求を骨太に具現化していた。そもそも『ウルトラ』シリーズから『シルバー仮面』に至る宇宙人や怪獣に縄文美術やアフリカン・アートのテイストを移植していた池谷だけに、薙羅とともに登場する遮光器土偶型の宇宙人や銀色の菩薩像ふうの宇宙人のデザインもお手の物という感じであった。

屹立する薙羅から、スーツアクターの青年の気合の咆哮がガオーッとこだまし、村の旅館や土産店を踏みつぶしては爆発の火花が散る、という一瞬のカットのために、なかなかカメラは回らない。一時間も経っただろうかという時にやっとテストも終わり、傍らでずっとメイキング・ビデ

『ウルトラQザ・ムービー星の伝説』ロケハン時の実相寺撮影のスナップ。

オを撮影していたTBSのチームに「そこにいたらフレームに入るぞ」とスタッフが一喝、続いて大木監督のスタートで緊張の本番となり、薙羅の声も一段と殺気を帯び、火薬の弾けるなかを捨身で暴れまわる。カメラは薙羅の足もとからおごそかに上昇し、その形相をとらえる。時間にしてほんの数秒、SEや怪獣の鳴き声もないわけなので、印象としてはひじょうにあっけない。

だが、フィルムのなかに定着されたこの情景をずっと想像しながら見ていた私は、これはなかなか渋みも迫力もあるいい画になるのでは、と楽しみに思った。今いちど薙羅に壊された漁村に近づいてみると、私が『ウルトラ』シリーズを見ていた子ども時分に親しんだローカルのパンメーカーのロゴが、商店の看板にそっくり再現されている芸の細かさには頭が下がった。円谷英二のミニチュア特撮の至宝と言われる映画『空の大怪獣ラドン』で、やはり地元民にはおなじみのデパートの観覧車や清涼飲料水の看板が（ラドンにはばたきひとつで吹き飛ばされてしまうのだが）大いに驚きの対象であった。一見チープでぶっきらぼうに見えたミニチュアセットだが、当時からすると三五年前の『ラドン』の清涼飲料の看板にこめられた円谷のDNAは、本作のパンの看板にまで脈々と継承されている気がした。

それからひと月ほど経って早くも公開が迫ってきたある日、私は今はなき古びた松竹本社の地下の試写室でわくわくしながら本作の試写にのぞんだ。感想としては爽快、いや痛快であった。というのも、実相寺演出と佐々木守脚本という『ウルトラ』シリーズのダークサイドを担っていた異才のコンビが、ここでは徹底して自分のやりたい事しか考えていなかったからである。つまり、タイトルこそ『ウルトラQ』を借りているものの、別にテレビ映画の『ウルトラQ』のトーンを踏襲しようとしている訳でもなく、ひたすら実相寺組のカラーが披歴されるばかりである。

古墳まわりの土地開発を行っていた業者が謎の死をとげ、古代史のスペシャル番組をつくるべく遺跡を取材していたテレビマン（堀内正美）は失踪する。番組制作を引き継いだテレビ局スタッフの万城目（柴俊夫）と江戸川（荻野目慶子）は、失踪の謎を追ううちに天女伝説や浦島伝説に突き当たる。そんな彼らの前に現れた美しい謎の女（高樹澪）に万城目は惹かれてゆくが、実は彼女は宇宙人であり、その祖先は太古の昔に地球に舞い降りて、自然に恵まれた理想郷を夢見ていた。そういった異星人降臨の実話が、数々のファンタジックな伝説を生んだというわけである。そして今、その末裔である地球の人びと（失踪したテレビマンもそのひとり）を召集し、美しい本来の地球を復元するために、彼女は地球に潜伏しているのだった。そのエコロジー思想の貫徹のために、彼女は開発業者を殺し、古代怪獣を操っては工事現場を破壊する…。

一九六〇年代の実相寺＝佐々木守の特撮テレビ映画をリアルタイムで熱中しながら、子どもの私は方法的な試行はもとより、その反権力な文明批判やエコロジーにまつわる主題にも大いに揺さぶられ、子どもなりに闘争の季節の空気にふれていたわけだが、『星の伝説』を観ている時、私はあの六〇年代にタイムスリップしたかのような錯覚を覚えた。

実相寺は『ウルトラ』シリーズとＡＴＧ映画と『帝都物語』を等しく結びつける映像技巧で全篇を埋め尽くし、佐々木守のシナリオは巷のバブルの能天気さに背を向けて、自然破壊と侵略と差別を糾弾する。国際放映でミニチュアを見た時は往年の円谷特撮の美徳の継承にふれるようだったが、出来上がった映画全体としては六〇年代の闘いがそのまま実践されている感じであった。

しかしそれは決してカタログ的な郷愁に満ちた闘いではなく（このお気楽だった時代は、かつてのカウンターカルチャーの産物をなんでもかんでもレトロの括りで解毒し嗤っていたので）、あくまで「あの頃」と同じ本気の共闘がここで演じられているのである。佐々木守は一九八〇年代初めに円谷プロとＡＴＧの提携作（！）というふれこみで、浦島伝説や天女伝説をモチーフに、羽田闘争のシーンまで登場する『ウルトラマン怪獣聖書』なるシナリオを書いていて、それはさすがに実現を見なかったものの、『星の伝説』はその幻のシナリオと基本的には同じ内容が九〇年代初頭といういよいよ場違いな季節に実現したしろものだった。

もっともレトロな怪獣が目白押しだったテレビ版『ウルトラQ』を当時リメイクするという発想は、往年の人気テレビ映画を派手にリメイクした『トワイライトゾーン／超次元の体験』もハリウッドで作られて好評だったので、むしろ時代の気分に合った企画であったのだが、蓋を開けるとしたたかに反時代的な香りのたちこめる異色作だった。もはやその闘いの意志をまっとうに感受し得る観客などいるのだろうかという気もしたが誰がなんと言おうと言うまいと実相寺＝佐々木の共闘はわがままひと筋に再演された。

私は当時本作を観た直後の率直な感想として、「その営みは作品を映画的に実らせているかというと、むしろパンクさせている感があって、このふたりの思いはほとんど妄執に近いものかもしれない。だが、そういった事も踏まえたうえで、私は『星の伝説』を好ましく思った。豊かで、ふやけきった大人たちに向かって、このコンビは天然記念物的な情操教育を施してくれているのだった。特撮は特撮で、そのプリミティブな圧倒的情緒によって、殺伐とした〈ＳＦＸ的リアル〉の愚を批判し、闘っている」と映画誌に評を寄せている。

こんな異色きわまりない企画が不意に実現してしまうこと自体が実はバブルの産物という逆説もあるのだが、公開時はテレビ版『ウルトラＱ』の二話〈五郎とゴロー〉、〈１／８計画〉も併映にして集客を狙ったものの興行は低調だった（『ウルトラＱ』は贅沢にも三五ミリで制作されていたので、スタンダードながら大画面でもまるで遜色はなかったが、この正調の傑作と並べるといよいよ『星の伝説』のワガママさは際立った）。

さて、さきほどの当時の評はこんな文章でしめくくられるのだが、これも当時のドキュメントとして引用しておこう。「国際放映の実相寺組スタッフルームには、怪獣に生き怪獣に散った『ウルトラ』シリーズの祖・金城哲夫氏の生前のスナップが飾られていたが、氏の遺志を引き継いで人間の闇とあやかしの世界に傾斜し続けるスタッフの人びとが、どこか劇中の常世の国を信ずるワダツジンに見えて仕方がない。私は地球に置いてきぼりにされた万城目淳の心境で、彼らの暗く純粋な営みを憧れとともに見守るばかりだ」。

『屋根裏の散歩者』『D坂の殺人事件』

江戸川乱歩の生誕一〇〇年にちなんだ映画、ドラマが続々と公開されたのは一九九四年のことであるが、ただ懐古的に乱歩世界を描くのではなく同時代と切り結ぶかたちに翻案していた点で実相寺昭雄の『屋根裏の散歩者』は異彩を放っていた。

限られた製作費を知能犯的に活かしたこの作品は、ひたすらたったひとつの下宿のセットに籠って撮りあげられていたが、そもそも実相寺調の生まれいずるところは狭苦しいテレビスタジオであって、かかる限定された空間は逆に監督の好むところでもあった。一九二〇年代、遺産を食いつぶして暮らし、高等遊民を以て任ずる三上博史の主人公の眼を通して、当時の都市生活者たちの頽廃の愉悦が愛情とともに点描される。

蜘蛛の巣のような縄に緊縛されてSMに耽溺する女（加賀恵子）。憑かれたようにヴァイオリンを弾きながら精神を病んでゆく令嬢（宮崎ますみ）。いったい何をなりわいとしているのやら、日がな人びとの挙動を観察して探偵ゲームに興ずる男、もとい明智小五郎（嶋田久作）。映画では岡田英次、木村功らが、ドラマではおなじみ天知茂、北大路欣也らが二枚目の顔で演じてきた明智小五郎役に、異形の人・嶋田久作を起用し、しかもヒロイックな探偵仕様ではなく市井の好事家という扱いにしたのは、実相寺と、当時アニメ『新世紀エヴァンゲリオン』を手がけつつあった脚本の薩川昭夫ならではの、異色の翻案だった。

アパート内部のごく限られた空間で繰り広げられる、この住人たちのいかれた生態を眺めるうちに、われわれは第一次大戦後の好況で爛熟した都市文化の毒気と芳しさに思いをはせる。そして同時に、実相寺がかれらに仮託して現在のニートたちの虚無を描いていたと見るのもあながち飛躍でもないだろう。

　事ほどさように、いわば屋根裏の窃視趣味が高じて殺人の意匠にのめってゆく〈犯罪オタク〉の青年の犯行を、いわば考現学的な人間観察に興ずる〈推理オタク〉（としか思えない明智小五郎！）が暴き出すという、実相寺一流の解釈が痺れる。解釈といえば、原作ではひとしきり謎解きをした明智が青年に自首を促したが、本作の明智は推理ゲームに興じて青年に勝利したことで満足して、特段彼を裁くことなどしない（もっともこの一時は熱中の源泉だった犯罪も日常に回収されて、青年は紫煙のなかで途方もないニヒルさに襲われるわけだが）。

　ここでは、かの名探偵・明智も犯人の青年も「紙一重」であって、等しくただれた文化の時代の陰気な愉しみにのめっているアンチヒーローなのだ。かれらの共有する屈折した熱気と哀しみは、まさにバブルの栄華から醒めた私たちの同時代的なニヒリズムに通ずるものがあった。少し話を拡げると、当時本作の観客から、明智と青年の部屋を見て宮崎勤の部屋を想起したという感想がいくつもあって、かくいう私もそれは頷けた。本作の明智の部屋は怪しい蔵書に占拠され、青年の部屋は一見こぎれいなのに押入れを開けば、それはまた趣味性の坩堝であったので、まだ事件の記憶も薄れていない当時としては自然と「宮崎の部屋」を思い出すのであった。

　宮崎勤とはもちろんバブル期に連続幼女誘拐殺人事件を引き起こした、私と同い齢の稀代の凶悪犯であるが、その逮捕後、自宅の部屋の映像がメディアに流布して、おびただしい映像ソフトやマンガのたぐいに埋め尽くされたその光景を、マスコミは魔窟のごとく気味悪がって報じた。そこで印象的だったのは、宮崎のコレクションのなかに数々のスプラッター映画などに紛れて実相寺の『ウルトラセブン』一二話〈遊星より愛をこめて〉の海賊版ビデオ（本作は欠番とされているからビデオといえば自ずと非合法の海賊版ということになる）が確認されたことである。

　そんなことを知るにつけ、私は自分とこの凶悪犯を隔てるものも「紙一重」としか思えなかった。要はともに幼少期に実相寺の特撮テレビ映画の作家性に直撃され、いい大人になってもその魅力の記憶から脱け出せない「大きなおともだち」（当時はまだそんな形容は存在しなかった）どうしではなかったか。自分にはどこか、ちょうど現在のようにオタク的な想像力が社会の原動力になる未来を朧に期待するところがあったので、自分の分身または同志のような宮崎が孤独の果てに陰惨な犯罪に手をそめて自爆したことには、かなりの衝撃と落胆を覚えた。この衝撃度を他にたとえるなら、かつての新左翼の青年たちが、同世代の連合赤軍メンバーが孤立のあげく凄惨なリンチ事件で自滅した時に感じた絶望にも近いのではなかろうか。

事ほどさように宮崎事件には、なぜ君はひとりで彼岸に行ってしまったのか、と一種憤りと哀しみのない交ぜになった気持ちに駆られたのだが、そんなことを本作の明智と青年の関係を見ながら（〈遊星より愛をこめて〉のこともあり）思い出したのであった。この乱歩原作は一九七六年に田中登監督が日活ロマンポルノの枠内で『江戸川乱歩猟奇館 屋根裏の散歩者』として映画化し、かなりの力作として評価されたが、このいくぶん生硬でアナーキーな殺気が前に張り出している旧作は、それこそ連合赤軍世代へのレクイエムであったかもしれない。対する本作は、享楽的なディレッタンティズムに張りついている虚無を描いて、宮崎勤世代に捧ぐ墓碑のごとき作品となっていて、同じ「カチューシャの唄」を引用してはいるが時代を映してずいぶんと異質な作品になっている。

さて、本作を発表して四年後、実相寺はふたたび乱歩原作『D坂の殺人事件』を映画化するが、これも『屋根裏の散歩者』と地続きの、まるで懐古調ではなくアクチュアルな翻案が奏功した作品であった。ちなみに、本作を観ている途中、これはひょっとして『D坂の殺人事件』の名を借りた「伊藤晴雨物語・序」なのではないかと思った。

というのも、かつて対談で団鬼六に「先生にはやはり大正、昭和初期の世界が似合いますな。たとえば、江戸川乱歩の初期の短篇を映画でやられるとぴったりだと思いますな。「D坂の殺人事件」とか

「陰獣」とかをオムニバスみたいにしてね。これはやるべきですよ」と言われた実相寺は「しかし僕は先生の書かれた「伊藤晴雨物語」をやってみたいんですよ」と応えていた。

そもそも乱歩原作の「D坂の殺人事件」は、なんともとぼけた短篇で、映画の作り手の解釈ひとつでいろいろな形に膨らませられそうな内容だ。晩夏の帝都「D坂」近辺を舞台に、学校を出たものの職にも就かず、「下宿屋にゴロゴロして本でも読んでいるか、それに飽きると、当てどもなく散歩に出て、あまり費用のかからぬ喫茶店廻りをやるくらいが日課」という、今流にいえば「ニート」である「わたし」の一人称で、どこか男を惹きつけるところのある「古本屋の細君」が殺された事件が語られてゆく（くだんの『屋根裏の散歩者』もすでにニートづくしであったが）。

「わたし」は行きつけのカフェーで知り合った明智小五郎と、あれこれ事件の推理を重ねる。といっても、ポーの「モルグ街の殺人」やルルーの「黄色い部屋」を引き合いに出しながら、この密室殺人がかきたてる想像力と蘊蓄の応酬に酔い、興奮しきっているのだから、どこか終始お気楽なものだ。そんな饒舌のあとに、明智は「マルキ・ド・サドの流れをくんだ、ひどい残酷色情者」であるD坂の蕎麦屋の主人が、近所に「女のマゾッホ」である被害者を見つけたことで、この「犯人と被害者と同意のうえで行われた」殺人事件が起こったのだと結論づけるのだが、そうこう話が盛り上がっているうちに、当の犯人はとっとと自首してしまったというオチがつく。大正十四年には、この謎解きは「異様な結論」であって「わたし」は「思わず身震い」するのだが、SM殺人ごときに誰も驚かなくなった恐るべき平成の世にあっては、これをまんまなぞっても映画のネタにはならない。

そこで実相寺は、乱歩が暗にこだわった遊民の戯れの部分を前面に立てて、この全篇を大いなるヒマツブシのように描いた乱歩の枠をこそ映画の拠りどころとした（最初の著作『闇への憧れ』の〈所詮、死ぬまでのヒマツブシ。〉という副題を実相寺はいたく気に入っていた）。原作では明智小五郎について、「彼がどういう経歴の男で、何によって衣食し、何を目的にこの人生を送っているのか、というようなことは一切わからぬけれど、かれがこれという職業を持たぬ一種の遊民であることは確かだ」と記されており、『屋根裏の散歩者』に続いて明智に扮する嶋田久作は、まさにこの記述を体現するかのようであった（大林宣彦監督の『ＳＡＤＡ』でも嶋田は気のいい昭和初期の遊び人を軽妙に演じていたが、こんなレトロな風情のボヘミアン役にはやたら嵌る人だ）。

この明智を筆頭に、犯人も、その他の人物たちも、ことごとく「一種の遊民」として描かれ、殺人も推理もすべてがあだなムダのように見えてくる。そして、明智に対するもうひとつの遊民の代表として実相寺が付け加えたのが、原作にはない天才贋作師・蕗屋清一郎（「心理試験」の主人公と同じ名前）が本作の実質的な主役である。物語は蕗屋が伝説的な責め絵師・大江春泥の作品「不知火」の贋作づくりを依頼されることから始まるが、大江春泥といえば「陰獣」に登場する正体不明のミステリ作家の名である。「陰獣」の主人公の作家が、姿なき大江春泥の作品の才能を強く意識し、さいなまれ続けるように、蕗屋も未知なる大江春泥の作品の凄さに挑発され、異様なかたちで贋作づくりにのめってゆく。ここがさしずめ「伊藤晴雨」風味の翻案なのだが、蕗屋に扮する真田広之は爽快な、または清潔でコミカルな役が多かったので、この冷ややかななかにもアブノーマルな創作の愉悦にのめってゆく絵師という設定は嬉しかった。とりわけ、吉原の遊女が折檻される図を描いた幻の名品「明鳥」を描こうとする過程で、モデルの女に迫られて紅白粉がついた自分の姿を見てうっとりとし、遊女の心持ちになりきって絵筆を動かすあたりは、こんな妖しい真田広之がずっと観たかったと膝を打った。

彼がこの贋作に傾注するあまり、ある意外な経緯で犯罪をおかし、それがなかなか洒落た謎解きで暴かれるわけだが、蕗屋と明智をはじめとする遊民の群れが暗い情熱で引き起こした犯罪も、それを嬉々と解き明かす推理も、すべてが無駄なヒマツブシめいて見えるところが魅力的なのだ。もちろんすでに『屋根裏の散歩者』でもこの空気感は漂っていたけれども、おなじみの中堀正夫の撮影と牛場賢二の照明は前作よりも徹底して闇のけはいを全篇に行き渡らせて、光もきわめてシックであり、実相寺らしいトーン・アンド・マナーはより濃厚になっている。

そこで思い出すのが、随所に登場する紙細工でこしらえた当時の街並みの図だ。これも実相寺の着想だというが、『帝都物語』のように銀座のモダン建築の大セットは組めなくても、この紙細工の古い街路にカタコト市電が走っている画は、じゅうぶんに『D坂の殺人事件』の狙う遊民的な世界に嵌っていた。こんな興趣ある設定と画づくりに満ちた『D坂の殺人事件』だが、それにしても終盤私が唸ったのは謎解きというよりも、明智小五郎がいわゆる「小林少年」こと助手の小林芳雄を紹介するくだりだ。ここで実相寺は、脚本の薩川昭夫が手がけた庵野秀明監督『ラブ&ポップ』でも好演していた三輪ひとみに小林を演じさせている。

そこでは明智と小林のどうにもいわくありげな関係も暗示されるが、とにかく三輪ひとみに学生服をあてがって美少年に仕立てる実相寺は、自ら唇に紅をひいて女になりきる蕗屋よろしく相当にいけない領域にさしかかっているかもしれない。このほか、責め絵のモデルとして登場する古書店主人の吉行由実、カフェの女給の大家由祐子といった実相寺ごのみの女優たちも大奮闘していた。

『姑獲鳥の夏』『乱歩地獄』『ユメ十夜』『シルバー假面』

実相寺昭雄は、初の本格的な商業映画『歌麿　夢と知りせば』での迷走から大作『帝都物語』の興行的成功を経て、こういった大手資本の娯楽映画を撮る場合と中小規模の映画やテレビ作品を撮る場合はきっちりやり方を変えるべしという所信に至ったのではないか。その証しとして、晩年の最も大がかりな商業作となった京極夏彦原作『姑獲鳥の夏』では、いよいよ異色のカメラワークも抑えめになっていた。

京極夏彦の人気原作を映画化した本作は、原作者が監督の支持者であったことから依頼が来たそうだが、ふたたび日本ヘラルド映画配給により公開された。公開の翌年に実相寺が他界してしまったので次回作につながることはなかった（本作のキャストを踏襲した次回作の『魍魎の匣』は原田眞人監督によって制作され、二〇〇七年に公開された）。

しかしながら、荒俣宏の小説『帝都物語』も然りだが、ミステリーファンに偏愛されている、しばしば辞書ではないかと言われるその分厚い原作の肉づけを映画版ではばっさりと整理している。しかし、当初は〈京極堂シリーズ〉と呼ばれ、その後〈百鬼夜行シリーズ〉として定着した京極作品は、いわゆるトリック勝負の本格ミステリの系譜にありつつ、その本線のトリックから遠心的に増幅する逸話や薀蓄の部分（そこが分厚さのよって来るところだが）がファンを虜にしてきたはずである。その部分をずいぶん省略して、かなり単線的な（しかも省き過ぎてわかりにくい箇所さえあり）展開にしてしまったものだから、この映画版はあまり京極作品の愛読者からは評判がよくなかった。

それに、本来京極作品の登場人物たちは、かなりエキセントリックであって、その魅力も読者を大いに惹きつけるところである。主人公の古書店主にして宮司、憑き物落しの祈祷師である中禅寺秋彦（堤真一）も、他人の記憶が見える変わり者の私立探偵・榎木津礼二郎（阿部寛）も、語り手であり対人恐怖症の作家・関口巽（永瀬正敏）も、もともと実相寺が好みそうなナイーヴで奇妙な情熱に憑かれた遊民たちであり、かなりいい布陣の配役になったとも思うのだが、意外にみんなノーマルな範疇に留まっていた。このおとなしさがまた京極ファンには薄口であったようだが、さらに実相寺の支持者にも食い足りなかったことだろう。唯一、怪事件があいつぐ久遠寺家の夫人・菊乃に扮したいしだあゆみが、肝のすわった怪演で意気ごみのほどを見せてい

『姑獲鳥の夏』セット撮影。照明の牛場賢二。

た。

　そんな次第で本作は実相寺の晩年の作品のなかでは特に製作費もかかった商業作品であったにもかかわらず、いまひとつ影の薄い作品である。陰翳礼賛をむねとする実相寺の画調は常に重厚な印象があったに違いないが、本作の極めて見やすい画面づくりについては、観客から安手であるという感想がいくつも出て、これも実相寺作品としては異例の反応であった。とはいえ、実相寺びいきの京極夏彦としては、以後のシリーズも委ねたい気持ちはあったようだ。

　後にこれは病いの進行により実相寺の生気が失われていたせいなのかとも推察したが、実のところ大型の商業作向けの立ち合いかたを実相寺が（過去の教訓から）選択した結果であるに違いない。なぜなら『姑獲鳥の夏』から翌年の逝去の直前まで、その短い期間に実相寺が辞世の句として連作した中篇、短篇はいずれも『姑獲鳥の夏』の自制を解き放ったいかにも実相寺らしい奇篇づくしだからである。

　二〇〇五年一一月に公開されたオムニバス映画『乱歩地獄』で、実相寺はお得意の江戸川乱歩原作『鏡地獄』を映画化している。先立つ乱歩作品で組んだ薩川昭夫の脚本による本作は、四〇分程度の中篇で「鏡」というモチーフに絞った作品のサイズ感がちょうどテレビ映画を思い出させ、実相寺のような主題と方法の実験を試みる作家には、実は『姑獲鳥の夏』のような規模よりもこんなテレビ映画的な掌の「小宇宙」サイズがふさわしいのかもしれないと思った。

　乱歩原作といっても、なんとなく衣裳やセットの世界観は架空の時代という感じがするが、とにかく鏡づくしのさぞ撮影し難かったであろうセットのなかで物語は進行する。鎌倉で催された茶会の亭主（吉行由美）が和鏡をのぞくうちに変死するのだが、奇異なることにその顔が熱で溶けている。さらにその客からも、同じような犠牲者が出る。ちょうど鎌倉で療養中の妻（市川実日子）を見舞った明智小五郎（浅野忠信）はかねて知り合いの警部（寺田農）の依頼で事件解決に協力する。そこで出会ったのは、若き

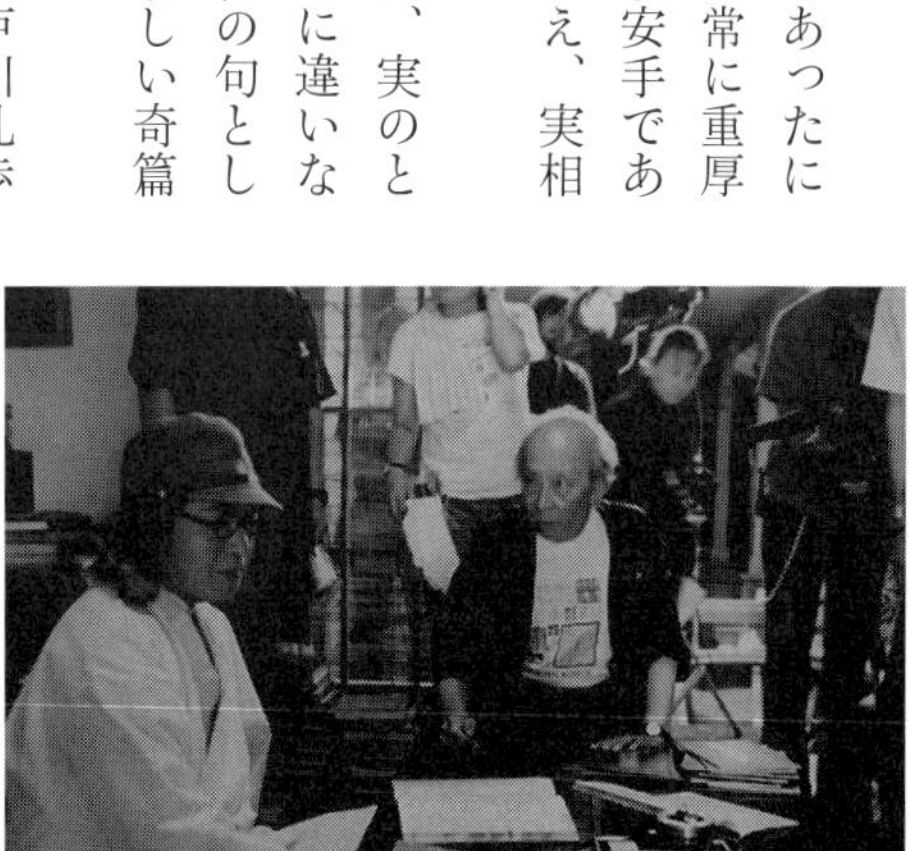
『姑獲鳥の夏』セット撮影。ゲスト出演の原作者・京極夏彦と。

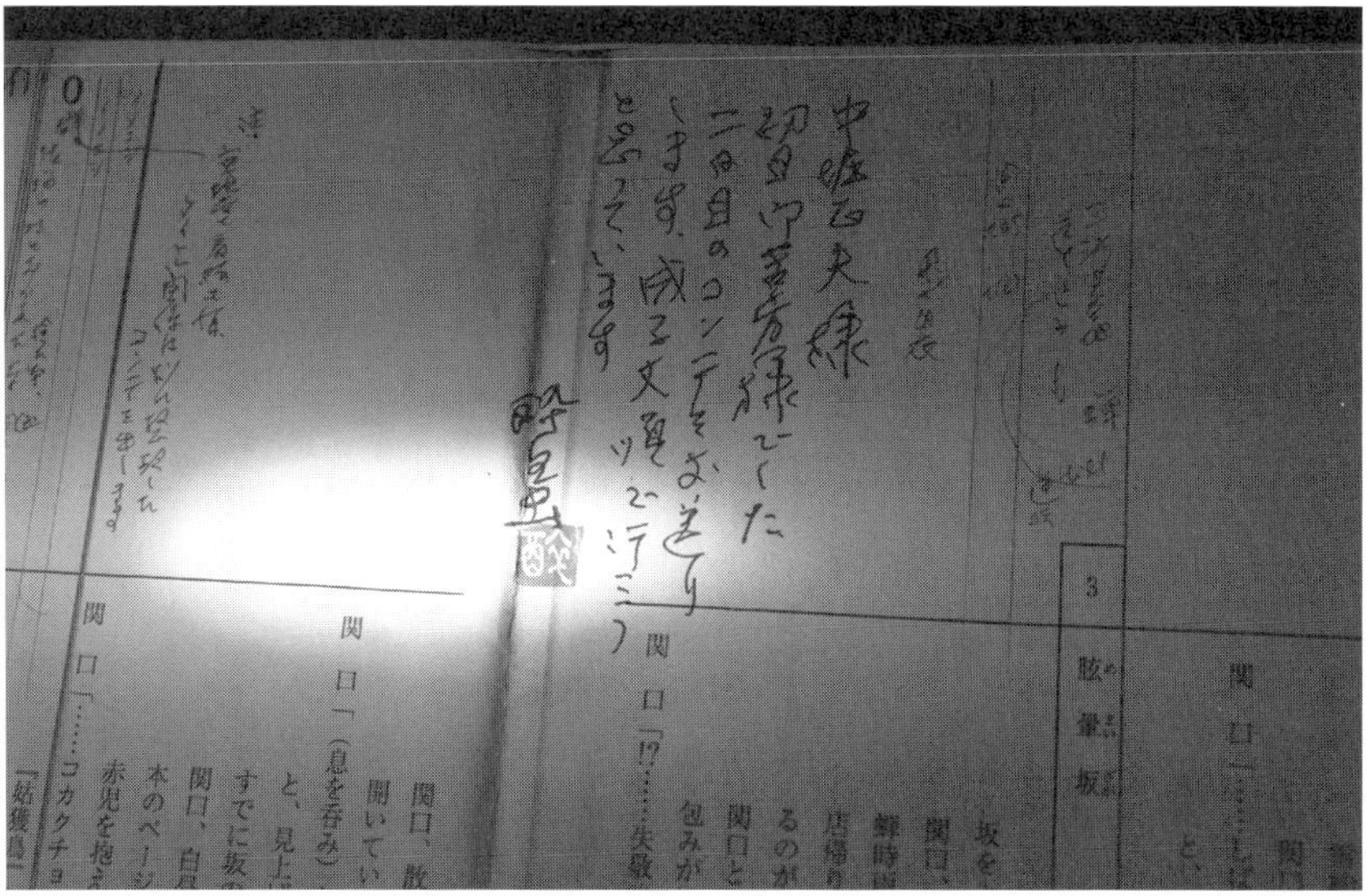

『姑獲鳥の夏』撮影初日終了後に実相寺から撮影の中堀正夫に送られた翌日分のカット割り指示書。

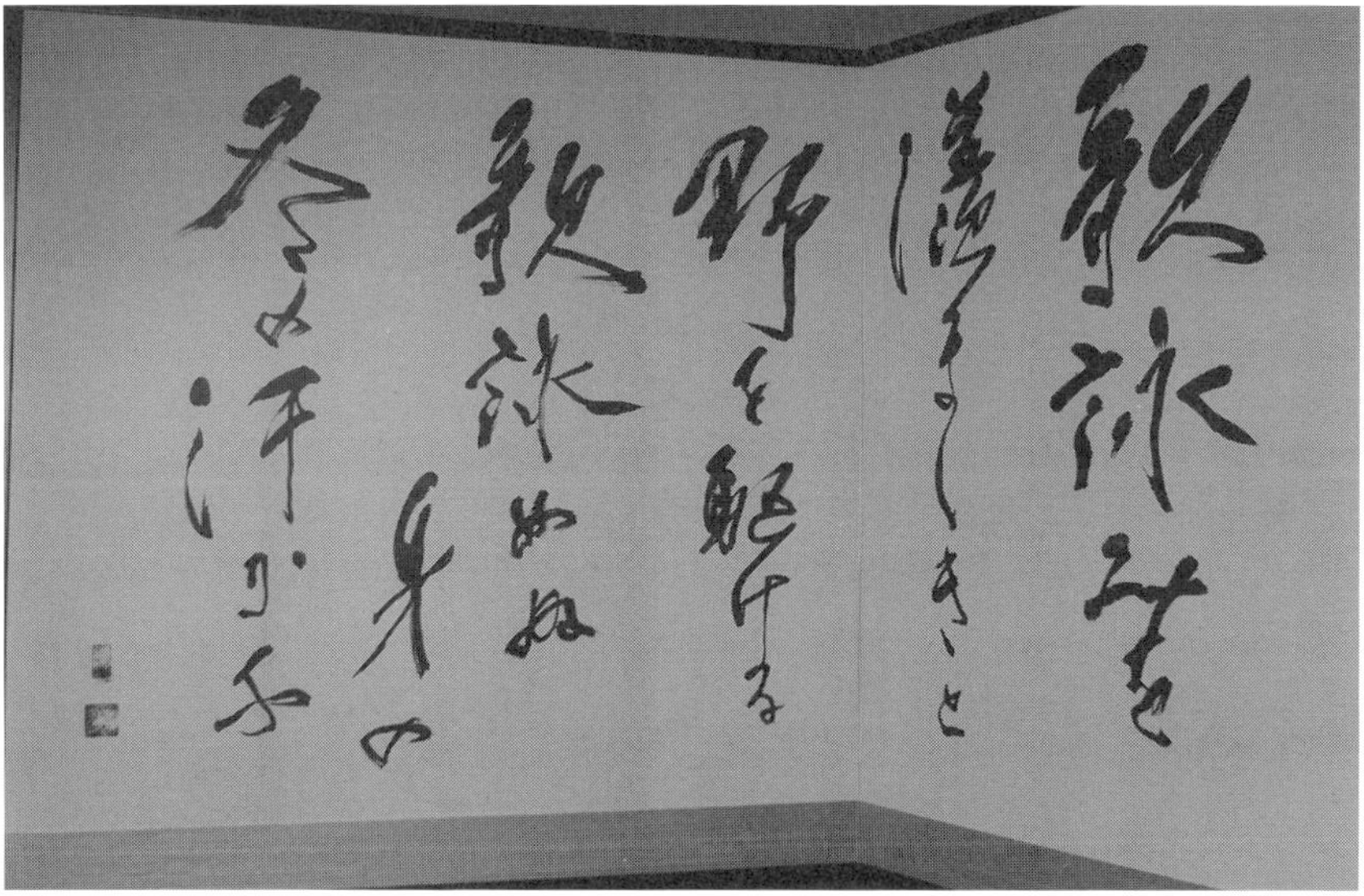

『姑獲鳥の夏』のセットの屏風には、かつて実相寺が撮影の中堀正夫に贈った、作家の心境にふれた歌が詠まれている。

和鏡職人の青年（成宮寛貴）で、明智はこの美男子と鏡をめぐる美学について話し合う。そして、事件発生時に起こったある変事をヒントに、明智はこの鏡に憑かれた青年が、科学的な鏡のトリックを使って女たちを殺していることを見破る。そして、警察で取り調べ中の青年は、マジックミラーに体当たりして鏡の世界に散る。

こう書いただけでもわかるように、これは物語の構造も匂いもまるで『怪奇大作戦』のリブートではないかという感じの力作である。浅野忠信はSRIで岸田森扮した牧史郎、寺田農は小林昭二扮した町田警部、犯人の成宮寛貴は、さしづめ〈呪いの壺〉で花ノ本寿が演じた孤独な青年…そのもので、荒唐無稽な空想科学のトリックに仮託して犯人の怨念や狂気を描くパターンも然りだ。

実相寺は『姑獲鳥の夏』とは別人のような映像のディレッタンティズムを盛り込み、それに呼応した主演の成宮寛貴が素晴らしい犯人像を見せた。成宮が演じたナルシスティックで繊細な青年の狂気には、実相寺も満足したのではなかろうか。思えば実相寺の『怪奇大作戦』にはこんな成宮につながる、低温の美青年や美女がつどっていた。

そして公開は実相寺逝去後の二〇〇七年となったが、実は次の『シルバー假面』より前に完成していた短篇が、オムニバス映画『ユメ十夜』の〈第一夜〉であった。これは夏目漱石の小説『夢十夜』を市川崑、実相寺のベテランにはじまり西川美和、山下敦弘ら若手まで一一人の監督が競作するという企画であった。漱石原作なれど、実相寺はサラサーテの盤を鳴らして内田百閒（松尾スズキ）を主人公にする。その妻のツグミ（小泉今日子）は土間で茶店を営んで静かに睦まじく暮らしているが、ある日雨がひとしきり降った夕べにじわじわと不穏なけはいがたちこめてきて、ツグミは「百年かわいがってくれたんだから、百年待ってくれますね」と囁いて慌てる百閒を後目に微笑みながら彼岸へ発ってしまう。

ちょうど鈴木清順が『ツィゴイネルワイゼン』のかぶいた美学で醸していた、現世と冥界のあわいのような感覚を、実相寺はヨーロピアンなタッチで探ってみせる。脚本は実相寺の一年後（一九六〇年）に

TBSに入社した、これまた気鋭の演出家・久世《くぜ》光彦《てるひこ》であったが、久世は小泉今日子をキャストに迎えて『艶歌 旅の終わりに』や『センセイの鞄』などいくつもドラマの傑作ドラマを作っていた。この久世光彦＝小泉今日子の安定した世界と異色の実相寺調の拮抗するところに、えもいわれぬ風情の掌篇が生まれた。『ユメ十夜』は実相寺篇が仕上がった後も、ほかの監督作は制作中であったので公開は二〇〇七年一月となったが、実にそれに先立つ二〇〇六年三月に久世が、一一月に実相寺が他界してしまった。

そして、この実相寺最後の年に、胃癌の手術を経て弱り切った体の念力をふりしぼって撮った遺作が映画『シルバー假面』だった。本書でも一九七一年放映のテレビ映画『シルバー仮面』がいかに画期的だったのかは幾度もふれてきたが、この映画『シルバー假面』はその後日談でもリメイクでもなく、その鉄仮面に口元が露わになったヒーローの造型とタイトルだけは踏襲しつつ、まるで新たな物語を捻り出したものである。当時、実相寺はインタビューを受けながら「『シルバー仮面』は視聴率が悪くなったら巨大化するようないい加減なヒーローだというところがいい。だから、よその星から地球を助けに来たとかそういういきがったものじゃなくて、過去でも未来でもふっとどこにでも存在できちゃうんだよ」という趣旨の発言をしていたが、その皮肉まじりの発言はあながち冗談でもなかった。

本作の舞台は大正九年の東京、「亜細亜の曙」「大東の鉄人」など山中峯太郎の冒険小説のヒーローである本郷義昭陸軍大尉（渡辺大）が、祖父・長谷川清へのオマージュのごとき台湾総督（嶋田久作）のもとに出頭すると（甘粕ならぬ天数憲兵大尉などもいたりする）、不忍池近辺で連続して大量のX線を浴びた女の死体が発見されたことを聞かされる。

ついては浅草のダンテ劇場が怪しいので、本郷に偵察の指令がくだる。そのあたりに詳しい探偵小説作家の平井太郎＝のちの江戸川乱歩（水橋研二）を伴って、本郷大尉がダンテ劇場に乗り込むと「ファウスト」が上演中であった。舞台ではカリガリ博士（石橋蓮司）が講釈をたれながら、お客に世界戦争

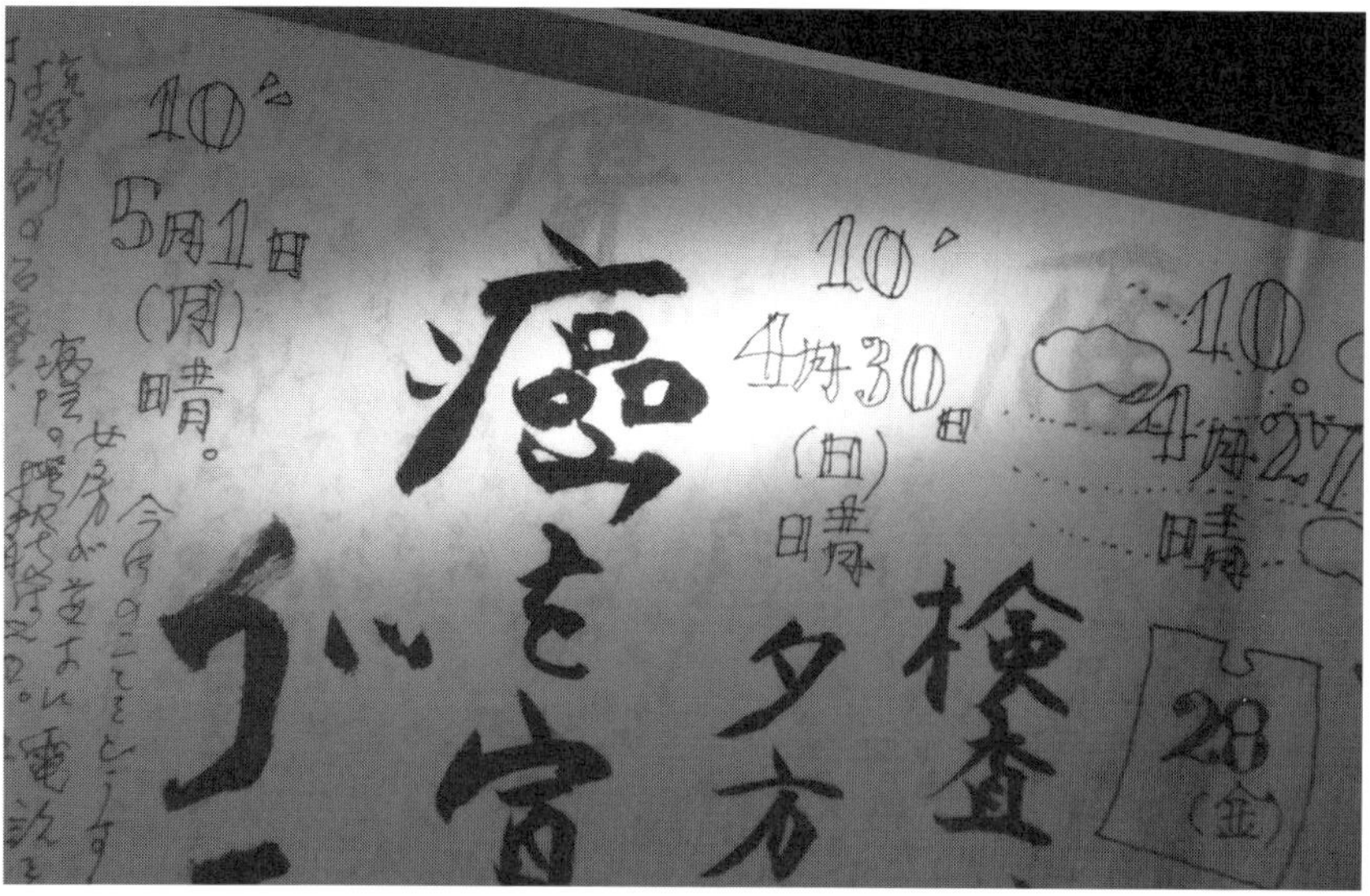

2016年4月30日、癌を告知される。

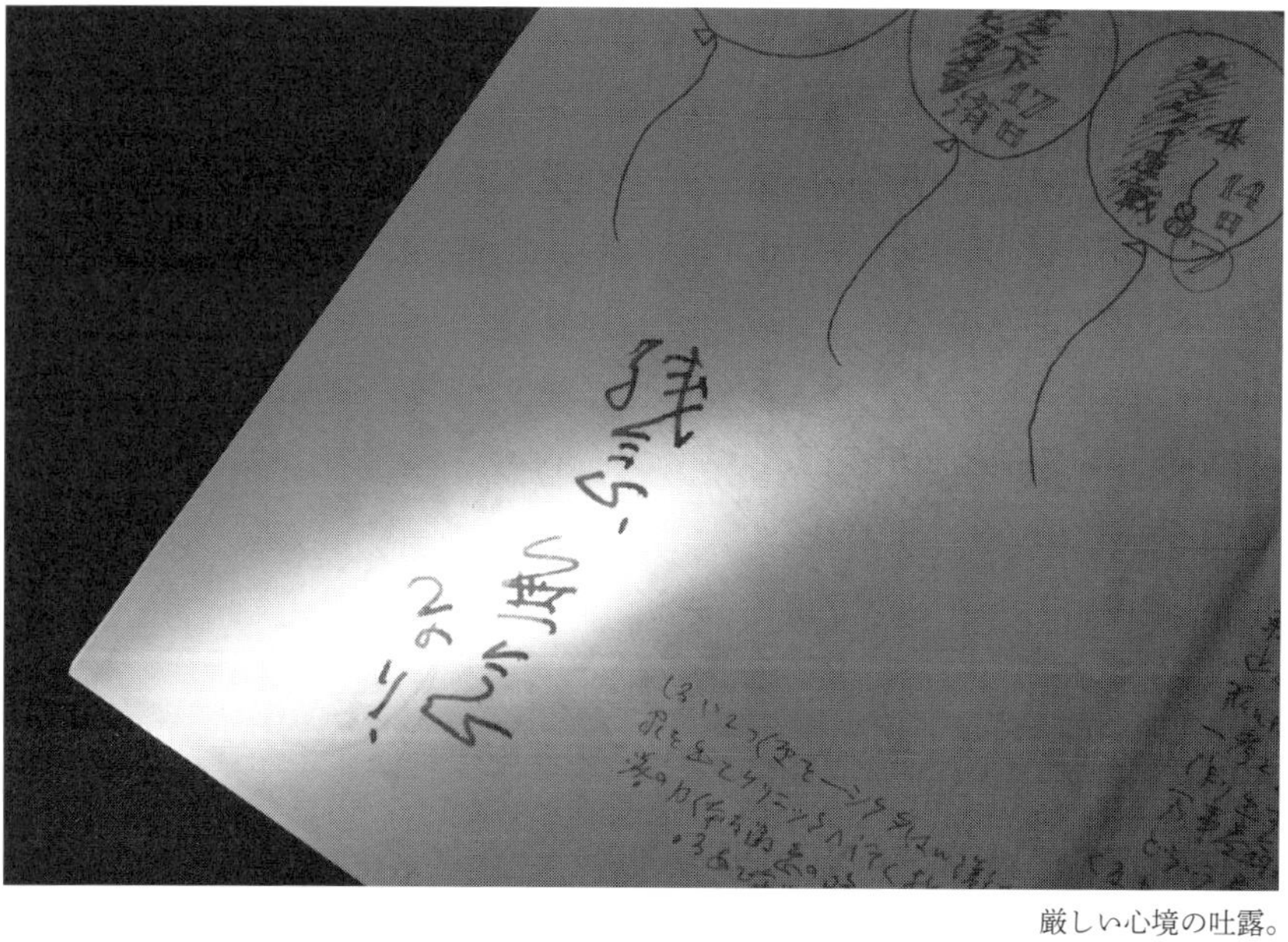

厳しい心境の吐露。

を予言したり、あやしげな電波の威力を開陳したり、異様な見せ物をやっているが、ここはやはり悪の巣窟でカリガリ一党の怪人・蜘蛛男が本郷を襲撃する。一方で本郷は、森鷗外と「舞姫」モデルのドイツ人・エリスとの間の娘だという混血の少女ザビーネ（ニーナ）に出会うが、彼女は神秘の「ニーベルンゲンの指輪」を授かっており、その法力でシルバー仮面に変身して、本郷の危機を救う。

そんな『帝都物語』の延長にあるような荒唐無稽、というより「いい加減さ」極まった物語は、いかにも実相寺ごのみであるが、これは同じく二〇〇六年二月に実相寺の先を越して鬼籍に入った佐々木守が、最後の最後まで脚本化を進めていたものが原案なのであった（それをもとに中野貴雄が脚本化）。

惜しむらくは『ニーベルンゲン』『メトロポリス』のドイツ表現主義的な人造美学に、「少年倶楽部」的な大陸雄飛幻想に、森鷗外に歌舞伎にと、キッチュでなんでもありの想像力に応えられるほどの製作費がなく（無理もないことだが）、実相寺の奇想は奔放にはばたけど、実際の画面がどうにも安づくりであったのは勿体ないことであった。

しかし、そんな制作条件下でも、実相寺の第一話〈はなやしき〉はもとより、小林雄次脚本、北浦嗣巳監督の第二話〈於母影〉、中野貴雄脚本、服部光則監督の第三話〈鋼鉄のマリア〉といった実相寺組スタッフによる知恵とセンスを動員した画づくりにより、第一話を完成させて力尽きた実相寺の思いと趣味性は、かなり頑張って継承されて

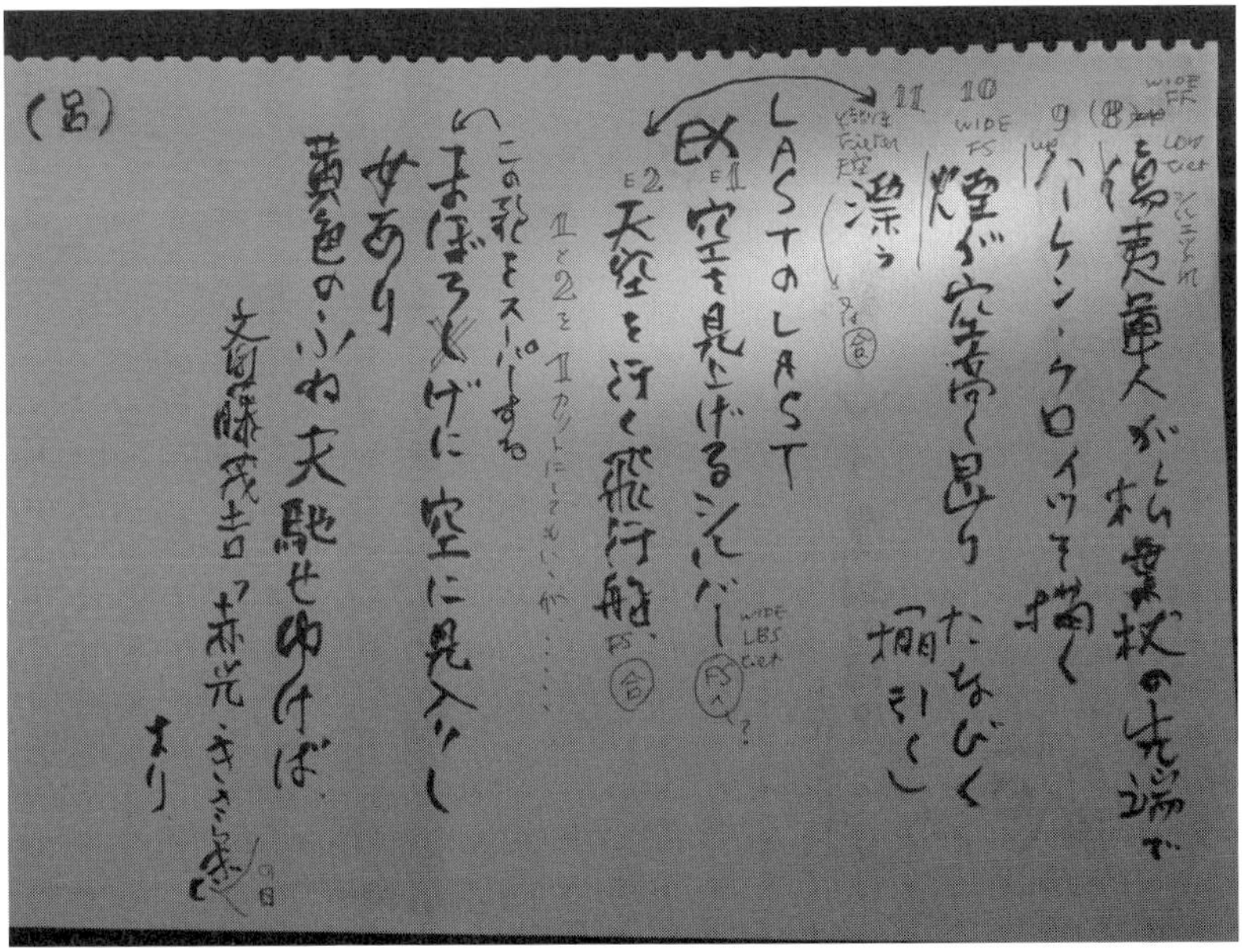

遺作『シルバー假面』の追加撮影メモ。斎藤茂吉「赤光」をスーパーで入れたいと指示あり。

いた。通り一遍の辞世の句ではなく、よりによってこんな奇想の一篇をもって自らの映画、映像人生のエンドマークとした実相寺はさすがというほかなかったが、もともとの『シルバー仮面』を熱烈に愛する私としては、よりによってこの異形のヒーローを最後に実相寺が選んでくれたことが（意外や実相寺もこのかつて大失敗とされたヒーローにひとかたならぬ思いがあったのかと知って）、嬉しかった。また、巻頭からして意外だったのは、冬木透によるテーマ曲が、なんと実相寺がＴＢＳで最後に演出し、降板の憂き目にあったドラマ『でっかく生きろ！』のそれだったことだ。実相寺としては苦い思い出もあるだろうその番組と、その若き時代の記憶にも、やはり思わぬ愛着があったのだろうかと、さまざまなことを考えた。

この『シルバー假面』の完成とともに、ついに実相寺との永訣のときが訪れるのだが、その思い出については【後餓鬼】にゆずる。

亡くなる直前に山形へひとり旅。斉藤茂吉記念館や文翔館を巡って「実相寺調」でスナップを撮った。

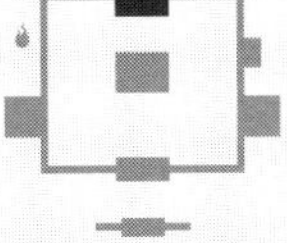

法堂

ビデオ作品・ＴＶコマーシャル

アダルトビデオ連作と『不思議館』

実相寺昭雄と同じ一九三七年生まれの日活ロマンポルノの監督は、田中登と小沼勝である。両者はタイプは違えどもその個性的な作風でロマンポルノという枠から尖鋭な作家的作品を送り出していた貢献者である。一方の実相寺は、ちょうど日活がロマンポルノに転換する前後の時期にATGでエロスを前面に出した異色篇を発表していたので、当然ながらロマンポルノの担い手たちの奮闘は意識していたことだろう。

もしも運命の悪戯で、実相寺がTBSではなく日活に入社していたら、間違いなく田中登や小沼勝に勝るとも劣らぬロマンポルノの名作家になっていたに違いない。思えば、かなり官能描写に力を入れた『歌麿 夢と知りせば』は、ロマンポルノ的表現への自分なりのアプローチであったのではなかろうか。

実際、実相寺のような監督がゲスト的に、有名女優、タレントを起用したロマンポルノの特別作品に呼ばれるということはいかにもありそうだったのに、実相寺がロマンポルノを手がけたことはない（一九七九年に実相寺原作の『希望ヶ丘夫婦戦争』が桂千穂脚本、西村昭五郎監督、片桐夕子主演のロマンポルノ作品として映画化されたことはあった）。

一九七一年に始まる日活のロマンポルノ路線は、八〇年代に入って家庭用ビデオ機器の普及と、AV（アダルトビデオ）業界の台頭によってどんどん興行も翳りを帯び、ついに八八年、終止符を打つ。次いで日活は一般映画の異色の企画を「ロッポニカ」レーベルで製作配給することを打ち出すもこれも低調つづきで年内に終焉を迎える。実相寺が漸く日活に迎えられたのは、ロマンポルノではなくこの「ロッポニカ」のラインナップの一本であった『悪徳の栄え』であった。

このロマンポルノの終わりによって田中登や小沼勝が作品づくりのステージを喪失したのに対し、「同期」の実相寺はロマンポルノを撤退させたAVの世界で本格的な性表現を開花させていったのが独特である。ちなみに、ビデオセールス草創期に『歌麿 夢と知りせば』はかなり高額でリリースされたが、実相寺は性描写の部分を中心に抜粋した別商品を編集し（岸田森はそのことが気に入らず実相寺とは疎遠になったというが）、それは言わばＡＶ的なものへの実相寺の関心を示すものかもしれない。もともとテレビ出身の実相寺は必ずしもフィルム偏重主義ではなく、いちはやくハイビジョンに関心を示すなど「光学系」ならぬ「電送系」の人であったせいか、旧映画人なら鼻白みそうな「アダルトビデオ」という分野に並々ならぬ野心をもってのぞんでいる。

その主たる三作、一九八九年の『アリエッタ』、一九九〇年の『ラ・ヴァルス』、一九九二年の『ディアローグ「對話」より 堕落～ある人妻の追跡調査～』をすべて当時劇場のスクリーンで観たのだが、（ピンク映画として到底精度の高いキネコとは言えないレベルの画像ではあったものの）いずれも通常の劇場用作品とまるで変わらぬ完成度で驚いた（公開題は『アリエッタ』が『いじめてください。アリエッタ arietta』、『ラ・ヴァルス』が『ラ・ヴァルス わたし暴行されました』、『堕落』が『私、なんでもします！』となっていて苦笑したが）。そして現在、今度は初めてビデオモニターで各作品を観なおしてみたところ、いよいよこのきっちりしたつくりに驚いた。

『アリエッタ』は、夫に急死された主婦が小さな子供を抱えながら、食べるために職を転々とするうちにＳＭクラブの風俗嬢となり殺されるまでの、転落の軌跡をシンプルに綴った作品である。この主婦役の「加賀恵子」という女優を、当時全く知らなかったので、彼女がいったい何者で、なぜ彼女を実相寺が主役に選んだのか、作品冒頭においては不思議でならなかった。それは、きっとＡＶ女優であるに違いない加賀恵子のことを全く聞いたことがなかったのと、当時のＡＶ業界で知られた樹まり子や小林ひとみといったスタア女優のような肉感的な肢体や演技内容とギャップのある美貌など、ファンに訴求する要素が全く感じられなかったからである。

それもそのはず当時の加賀恵子はＡＶにデビューして五年近くになるも、その地味さに年齢も手伝っ

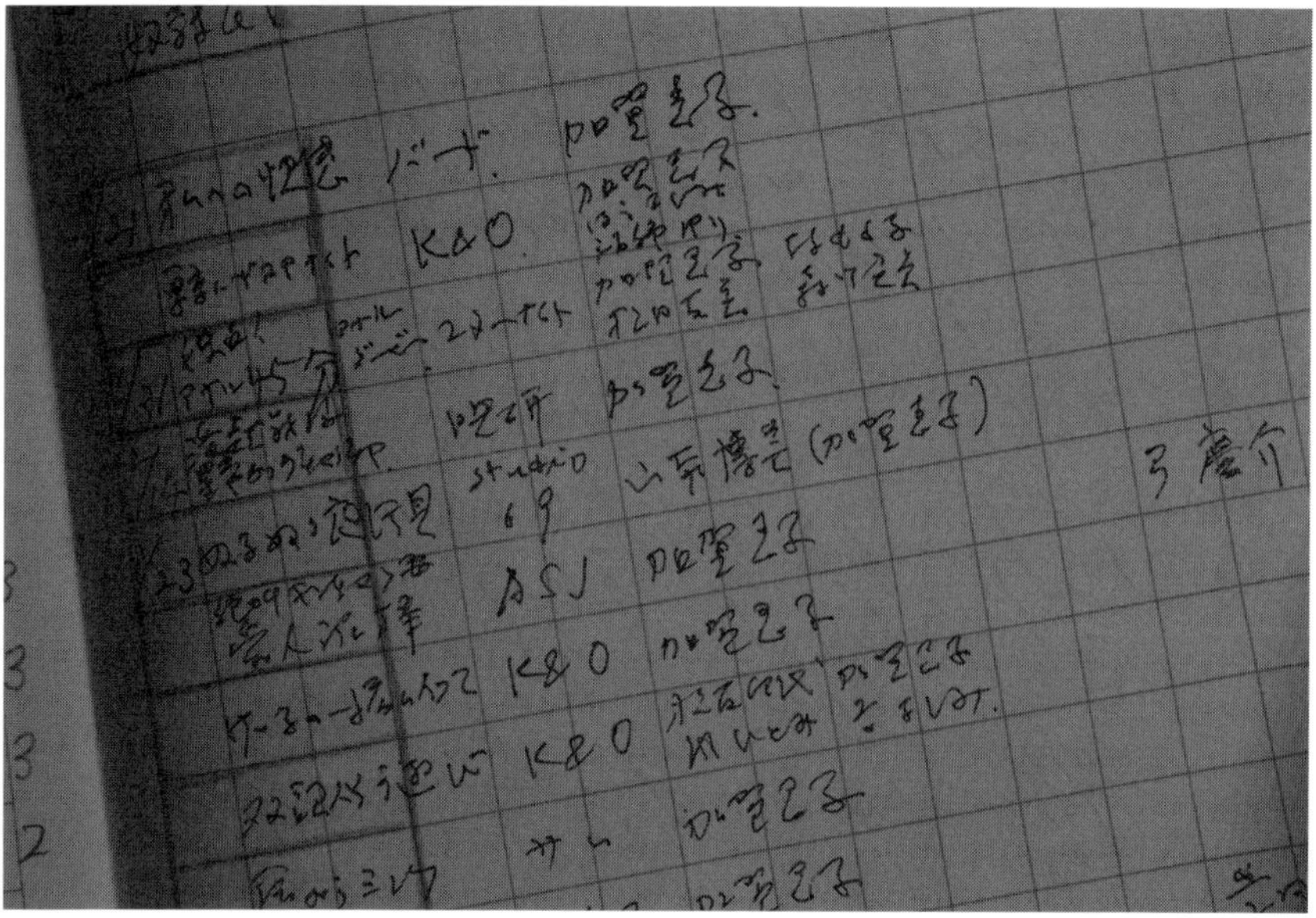

研究したアダルトビデオのリスト。「加賀恵子」への注目がわかる。

『堕落』撮影現場にて。加賀恵子と。

実相寺組常連の堀内正美。

戸浦六宏は、実相寺のスタジオドラマ初期から出演しているが、本作の撮影翌年に他界。映画の遺作となった。

て全く陽のあたらぬ存在なのだった。そんな加賀に面接で出会った実相寺は、「こんな自然体の女優はいない」と「一目惚れ」だったというのだから、当人とて驚いたことだろう。確かに実相寺ごのみの女優は痩せぎすで薄幸そうで、しかも低温の美しさがあるタイプが多いが、さらに冗談めかして「何万回もセックスをして淡々とした表情になったような女性」を女優にしたいという発言をすることもある。そういう価値基準に照らせば、ＡＶ界ではさっぱり重宝されなかった加賀恵子なのに、実相寺にとっては秘蔵の宝を掘り当てたような気持ちであったに違いない。

そんな実相寺の思い入れは、『アリエッタ』の序盤を観るだけでもじゅうぶんに伝わってきた。ＡＶ商品というのはある意味視聴する客を活気づける縁起物であろうに、実相寺が例によって大写しにするこの未知なる加賀恵子の表情は、文字通り縁起でもない薄幸さを発散させるばかりだ。夫の死後、慣れない仕事を転々としながら、寒々しい冬の公園で就職情報誌をうつろにめくる加賀の表情は、侘し過ぎて当時つい少し笑ってしまった覚えがある。

この不遇の未亡人が勤めるスナックで金をくすねたと疑われ、アナルまで調べられたり、そこも追われてＳＭクラブでプレイを教え込まれたり、デリバリーのＳＭ嬢として知らぬ男たちに弄ばれたり…といった性的な描写が、いわゆるＡＶ的表現に相当する。要は、日活ロマンポルノが原則的には性戯を演技として表現していたのに対し（ごくごく稀な例で実際の行為を撮ったこともあるようだが）、ＡＶ的表現にあっては本物の性行為を撮影するのが本流だった。

そもそもは大手の劇映画の撮影所である日活の監督たちは、ロマンポルノという旗印を掲げつつも、実はそこで描かれるものがあくまで演技であり、ニセモノの性行為であるという貞操感覚をもって演出していたという点で、実はひじょうにコンサバティブな作者たちであった。そのゆえに、大島渚の『愛のコリーダ』や武智鉄二の『白日夢』は（その後のＡＶ作品に比べれば極めて穏健な内容なのに）ただハードコア映画だというだけで話題が沸騰した。そういう意味では、官能表現にこだわりながらついぞ日活ロマンポルノから召喚されなかった実相寺は、その保守性を軽々と飛び越えて、「ビデオ」で「本物の性行為を撮る」という旧映画人なら二重の「禁忌」とみなすことに嬉々と熱中してみせた。

当時の実相寺の周りのスタッフとしても、このラディカルな構わなさ（なにしろ大作『帝都物語』の余韻さめやらぬ季節でもあり）にはついていけなかったふしがあり、あの唯一無二のパートナーである撮影の中堀正夫ですら、このAV連作からは撤退気味であった。公開時のAVと一般の映画との断層を思い出せばそれもまるで無理からぬことだが、この実相寺のとりたてて構えず、表現への興味と女優愛にまかせてAV制作に夢中になっていたことは、作品そのものによって報われていると言えよう。とりたてて実相寺にはロマンポルノの監督には踏み込めなかった領域に「挑戦」しようなどという気負いもなく、いつもより性表現を本格的に試せる劇映画というくらいの気持ちで愉し気に本作を撮っている。そして、加賀恵子のほうも、いわゆる定番のAV作品のように視聴者向けの大仰な媚態もなく、実相寺にいわゆる「自然体」で性的な部分も含めて演技してみせる。

その結果、『アリエッタ』においては、実相寺はAV的表現の部分もあくまでドラマの要請する長さをもって切り取っており（そのことで無為な見せ物としてのセックスシーンになることが繊細に避けられている）、さらにひじょうに細かい指摘をするならば、その性行為をとらえた素材のどこをどんな長さで使うかという選択にも、独特なユニークさを感ずる。いずれにしても、こういう演出上の選択や判断は、実相寺が本物の性行為を撮りながら、徹底してそれを広義の「演技」として眺めていて、「演技」である以上は作品全体が正しく求める比重において使いどころをチョイスしなくてはならない、という当たり前の美徳を当たり前に実践している、その自然さが印象的である。

そんな訳で今あらためて『アリエッタ』を再見すると、実相寺は何もいきがってAVを撮っているのではなく、AV的表現を活かしつつ普通にドラマを物語っていることに気づかされる。これはひたすら堕ちてゆくほかなかった女の人生を見つめる物語で、AV的表現の細部はむしろ節度をもって女の生の凄惨さを際立たせる要素となっていた。

本作の製作者である中川徳章はＡＶの老舗メーカー、九鬼（ＫＵＫＩ）のオーナーであったが、この会社はそもそも中川をはじめ寺山修司の劇団「演劇実験室 天井桟敷」の出身者たちが主になって立ち上げた異色の会社で、自販機本、ビニール本の出版から出発して八〇年代前半にＡＶメーカーに転じて好評を博した。実相寺作品ということで注目された『アリエッタ』は一九八九年の売り上げ首位になって、当初はビデオリリースのみの予定だったが劇場公開もされることになった。

続く『ラ・ヴァルス』も同じく九鬼の製作だが、単線的な物語だった『アリエッタ』に対して、いちだんと凝ったつくりになっている。本作は強姦致傷を訴え出た女性（加賀恵子）と犯人とされたサラリーマン（山本竜二）の証言が食い違いを見せ、弁護士（寺田農）が真相を追求してゆくと意外な事実が露見してゆく。そして弁護士は真相に肉薄し、サラリーマンの冤罪を主張しようとするも、なぜか彼は控訴を取り下げる。いわゆる『羅生門』スタイルの作劇で、さまざまな人物たちの証言から女性の意外な横顔が浮上するのだが、そんな周囲の人びととして樹まり子、イヴ、小林ひとみ、冴島奈緒、豊丸といった当時の売れっ子ＡＶ女優たちが客演していて、あらためて加賀恵子の地味さに驚かされる次第である。

だが、たとえば加賀が歯科衛生士として白衣で診察室に立っているだけで、武智鉄二の世界にもつながるような妖しさが場に充満してくるのだった。ちなみに助演の山本竜二は、叔父が嵐寛寿郎、父が大映俳優で殺陣師だったという映画の血筋で、若い頃から映像京都の大部屋俳優をつとめるも食うに困り、ピンク映画男優からＡＶ男優になって注目されたという人物で、『アリエッタ』に出ていた清水大敬も黒澤明『影武者』のオーディションに合格するも撮影中の怪我で躓き、仕事に窮してピンク映画を経てＡＶ男優になり、異色のキャラクターで注目を浴びた。実相寺は、こういうＡＶ業界のアウトロー的な俳優たちにも愛着を示し、従来の実相寺組の俳優陣との協働を愉しんでいるようだ。

次の『堕落』は、『ラ・ヴァルス』の証言形式をさらに発展させて、ある興信所の所長をトリックスターにして、彼に相談されたある主婦の浮気調査を軸に、人間関係が反転または変質してゆく。夫（堀内正美）は愛人（高樹澪）とも謀って妻（加賀恵子）の行状を興信所に調べさせるが、所長（村松克己）は立場を利用してこの夫婦を詭計をもって翻弄する。だが、堕ちていったはずの主婦は結局不敵にも波瀾を呑みこんで笑っている。六〇年代に岸田森らとの演劇活動を経て、「劇団黒テント」の創立メンバーとなった村松克己は、映画やドラマでも生涯味のあるバイプレーヤーを以て任じていたが、この所長役はハードボイルドの主人公じみたニヒルな演技が光った。ひとしきり事件が収拾を見た後、彼は主婦のありように女という生きものの底知れない謎を見てため息をつく。

劇中でブニュエル『昼顔』的なＳＭサロンを訪れた教授（戸浦六宏）は、ラストシーンでは裸の加賀恵子の秘所に理趣経の「十七清浄句」を写経する（戸浦は本作の公開直後に六二歳で病没しているが、映画で最後を飾る役としてはこれは望むところだろう）。「男女交合の妙なる恍惚は、清浄なる菩薩の境地である」「欲心をもって異性を見ることも、清浄なる菩薩の境地である」「男女交合して悦なる快感を味わうことも、清浄なる菩薩の境地である」…劇中でサロンのママが読んでハマッている十七清浄句は、まさに実相寺の官能的主題への対し方とまるで同じではなかろうか。

このひじょうに真摯につくられた三部作は、決してＡＶ的な見せ物に堕すことはなく、かつ従来の「演技」の範疇を逸脱したＡＶ的表現のよさを取り入れることで、実相寺ならではの官能表現とドラマの融合が実現されていたと思う。もっとも実相寺は、この前後にも小説『星の林に月の舟』の主人公「吉良平治」名義を使うなどして『堕天使の契約』『隣人』といったＡＶ作品を撮っているが、これらは予算も限られ、性的なシーンを増やした普通の商品に近かった。驚くべきは、実相寺の名を冠するとどうしても監督料を安くできなかったため、実相寺がこうして別名義を使ってギャラを下げても撮りたがったということだ。実相寺としてはＡＶという舞台がなければ、ここまで入れ込んだ加賀恵子という素材にも出会わなかったであろうし、ＡＶという表現のかたちが思いのほか性に合っていたようである。

ところで、こうしてアダルトビデオの演出に傾倒していた一九九一年、実相寺はコダイの企画・製作になるオムニバスのオリジナルビデオ『実相寺昭雄の不思議館』の一篇〈受胎告知〉の脚本・監督をつとめている。本ビデオ全体が、タモリがストーリーテラーをつとめるフジテレビの人気番組『世にも奇妙な物語』のパロディふうで、寺田農が常盤台蓑作博士というタモリ的な役どころで各エピソードのつなぎを引き受ける。実相寺をはじめ大木淳吉、池谷仙克らコダイの主要メンバーが監督をつとめた興味深い作品で、他にも岸田理生、風見しんご、川崎郷太、清水厚らスタッフ、キャストもこぞって監督にクレジットされている。

さて実相寺篇の〈受胎告知〉だが、平凡だが幸せそうな主婦（加賀恵子）とその夫（山本竜二）がこれまた平凡なアパートに住んでいる。二人は子宝を授かる日を待望している。ある日、夫が会社に出かけた後、次から次へと謎の人びとが現れてはノックする。新聞にはじまり保険や車や避妊具のセールス、新興宗教の勧誘、ピザ屋の告知から警察の訪問まで、まあ矢継ぎ早にさまざまな職種の人間が到来して、主婦はちょっとシャワーを浴びる隙も許されない（この訪問者を豊川悦司、佐野史郎、嶋田久作らが怪演していて愉しい）。

疲労困憊する主婦だが、極め付きは原口智生の特殊メイクになる二人組のエイリアンの侵入で、彼らは主婦を昏睡させて全裸にして調べ上げ、彼女に適正な資質があると判明するや自分たちの種族の子を懐胎させるべく淫靡なマシーンを使って彼女の口腔に種を注入する。まあ本当に荒唐無稽なＳＦショート・ショートじみた作品だが、これとて池谷がコダイの事務所用に性能のいい家庭用ビデオカメラを購入したのを見て、実相寺がそれでオムニバスを撮ってみてはと思いついたのが企画の始まりだったという。ベテランの映画作家なら、そんな民生機で商業作品を撮ろうなどという発想すら起こらないだろうが、実相寺の場合は嬉々とそのガジェットを活かして、機能に見合った使い方で〈受胎告知〉のようなかなり凝ったスラップスティックを作り上げてしまう。

今どきなら一眼レフのカメラで動画を撮って劇場用映画を作ってしまう（昔なら発想自体あり得ない）例だって珍しくはないが、実相寺のこういった軽やかな思いつきは現在のデジタルムービーの時代にこそ存分に活かされたかもしれない。

TVコマーシャル

実相寺昭雄が映画制作に専心するためにＴＢＳを退社したのが、日本万国博が開催された一九七〇年のこと。折しもわが国の高度経済成長もピークを迎え、消費文化の成熟にともなってテレビコマーシャルも花盛りの季節であった。当時の邦画業界はテレビの普及とレジャーの多様化、そして自らの企画のマンネリによって興行成績も凋落の一途をたどっており、逆にテレビ映画の需要は増えた（十年前のテレビ草創期にはテレビには見向きもしなかった映画業界もこぞって「大映テレビ室」のようなテレビ映画制作担当部署を設けた）。

だが、こだわり屋の実相寺としては、フリーの監督になったとはいえ、安づくりのテレビ映画で稼ぐよりも、予算もある程度見込まれて制作スタイルも映画とほぼ同じであった（しかも作者が匿名という点は大きい）テレビコマーシャルのほうが、気が許せたに違いない。

フィルモグラフィの一隅に実相寺の手がけたＣＭの主な作品は載っているものの、しかし実際にはもっとたくさんのコマーシャルを手がけて、いい小遣い稼ぎにしていたことだろう（いや、小遣い稼ぎというのも失礼なことで、ＴＢＳ在籍中から映画スタッフを食べさせるためにこっそりＣＭを引き受けていたという）。「クリープを入れないコーヒーなんて」の名コピーで知られる芦田伸介のＣＭシリーズも実相寺が多くを手

アンナ・カリーナとのカレーのCM撮影の集合写真。

CM出演の芦田伸介と。

アメリカのオレンジ畑でロケ。

CM海外ロケ。撮影の中堀正夫と。

がけていたと言われる。『レモンのような女』が気に入られてか、フリーになった翌年の七一年には、岸惠子が起用されたホンダの軽自動車のCMにも指名がかかっている。

実相寺と年齢がわずか一歳違いの大林宣彦監督に尋ねると、六〇年代半ばあたりのテレビコマーシャルは、スポンサーにとっては「TVチラシ」程度のしけた扱いでしかなく、そこに「監督」と呼ぶにふさわしい映像の異才を引っ張ってきてコマーシャルの地位を向上させることが広告界全体のテーマであったという。まさに実相寺昭雄も、コマーシャル業界が「招聘」した鬼才なのであった。

さて、そんな実相寺のテレビコマーシャルの代表作である一九七九年の資生堂の企業CM〈色〉篇は今もネットに通称〈初恋〉篇としてアップされ根強い人気を持つ。当時の資生堂は毎年お正月に三分の長尺CMを一回のみ放映（なんとも贅沢だが、当時はそういう例もたまに見られた）してブランドイメージを高めていたが、視聴者も今年はどんなCMが流れるのかなと楽しみにしていた。

そんな期待のもと、実相寺昭雄がデビュー間もない頃の薬師丸ひろ子を起用して、瑞々しいティーンの日常を追い、そこにほんのりとした恋の予感、少女のなかに女性が目覚める瞬間（と、母親の口紅を少女が試してみる瞬間が鮮やかにリンクするのだが）をとらえた〈色〉篇は、今観ても心に甘美な疼痛が走る宝物のようなコマーシャルであり、電通のCMクリエーターにして映画評論家の石上三登志（本名は今村昭）が企画を担当していた（この後、一九八六年に放映された高林陽一監督が宮沢りえを起用して撮った〈遠野物語〉篇の耽美世界も忘れ難い）。

放映当時は薬師丸ひろ子の魅力を存分にすくい上げた一篇のショートフィルムとして鮮烈だったが、今のようにネットの裏情報もなく、誰が演出しているのかなど不明のままオンエアを見ていたところ、私は薬師丸ひろ子をやや俯瞰気味にとらえたショットだけでこれが実相寺昭雄の作に違いないと確信し

CM海外ロケで指示を出す実相寺。

た。そして今あらためて見ると、通学路のトマソン的な消火栓や電車の行き交うショットなど、実相寺の刻印めいた細部が満載で微笑ましい気持ちになる。〈色〉篇はカンヌ広告映画祭で最高賞を受賞した。

もう一本の実相寺のコマーシャルの代表作は、歌姫キャスリーン・バトルを起用したスーパーニッカのコマーシャルで、くだんの薬師丸ひろ子の作品がきびきび短いカットによって紡がれていたのに対し、こちらは人気楽曲「オンブラ・マイ・フ」を草原で熱唱するキャスリーン・バトルを長回しのクレーンショットで一気に撮りあげただけの作品である。極端な両方のコマーシャルを並べると、いかに実相寺が「編集感覚」にこだわる才能であるかがわかるだろう。

一九八六年の〈キャスリーン・バトル 湖畔〉篇がオンエアされて評判を呼んでいた頃から、私はたまさかくだんの映画評論とCMの両方の先輩である石上三登志と同じ局でCM企画を手がけ始めていたが、「スーパーニッカ」CM企画チームは広告電通賞を獲って脚光を浴び、広告の評価に連動して商品も動き、幸福な広告とはかくなるものかと体感させられた。折しもバブル期の喧噪かまびすしい広告の夢の時代のことであるが、そんな景気の産物でもある大作『帝都物語』のプロジェクトも動き出して、まさに実相寺という芸術家がバブルを背景にスポンサーというよりパトロン的な蕩尽の恩恵に浴して乗っていた時期である。

だが、この頃を境にして実相寺はコマーシャルの仕事から遠ざかるようになる。私はよく実相寺から酒宴に誘われていたので、好き嫌いの激しい監督から悪しからず思われていたはずなのに、幾度か申し訳なさそうに断られた。そしてある日、「今までのようにCMをフィルムで撮って、フィルムで編集していた時代にはスポンサーが口を出す機会も少なかった。でも今みたいにフィルムの映像をビデオに変換して編集するようになると、スポンサーがモニターを見ながら余計なことを言うようになった。それに現場からして確認用のビジコン（モニター）が用意されて、撮影中でさえ監督とカメラマンの聖域が侵されてしまうていたらくだ。こうやって現場や編集スタ

CM海外ロケ。照明の牛場賢二と。

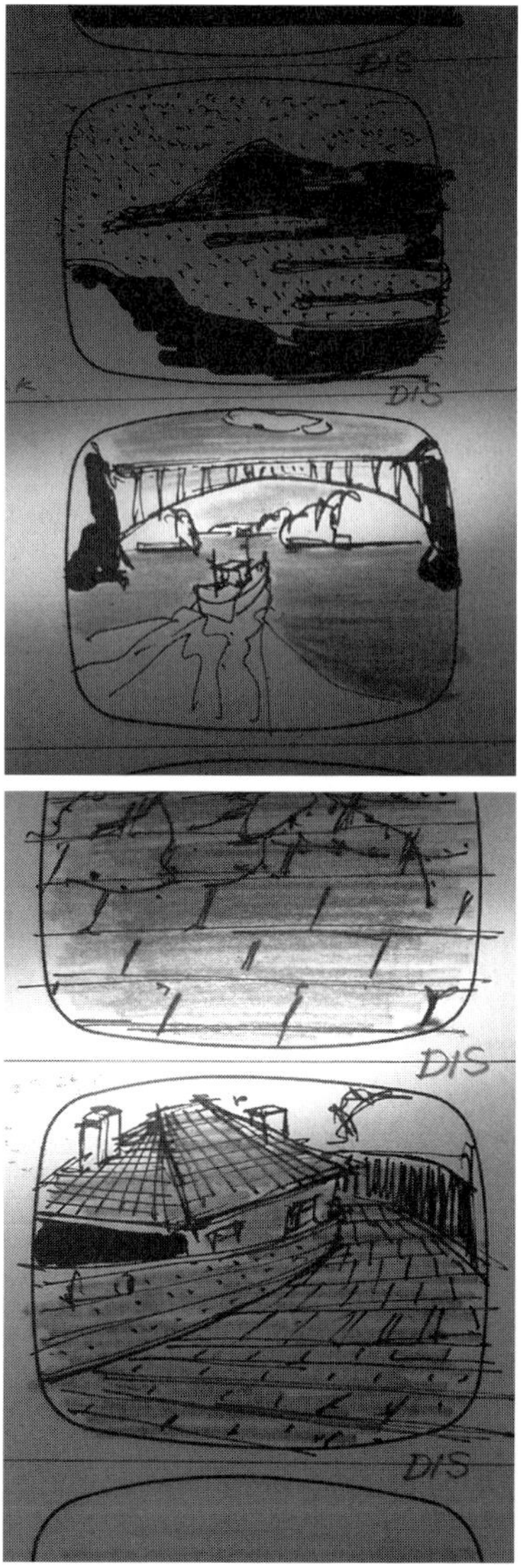

航空会社のＣＭ用に実相寺が描いたコンテ。

ジオでスポンサーの素人にあれこれ言われるのが耐えられないんだよね」と本音を語ってくれた。

確かにそういう時代の変わり目だった。ちょうどこの「スーパーニッカ」のＣＭの頃を境に、それまでのカメラを覗けるのはカメラマンと監督だけ、編集もフィルムにハサミを入れてゆく過程をムビオラで見られるのは編集者と監督だけ…といったプロの領分が侵食され始めた。フィルムをビデオに落してデジタルで編集するスタイルの定着によって、スポンサーや代理店があれこれ制作途中に口を出しやすいかたちに変わってゆく端境期であった。

こうした現場の環境の変化は、テレビコマーシャルの草創期から成熟期に至る季節の自由さや充実を経験した作り手にはなかなか受け入れ難いものがあったことだろう。そういう意味では、実相寺がＣＭから撤退する前は、斯界で異才が珍重された最後の時代とも言えるので、ほかにも記憶に残る傑作ＣＭをいくつも制作している。

そもそも実相寺映画の作風は、シネマ・ヴェリテとヌーヴェル・ヴァーグの境界的な位置でスタジオ

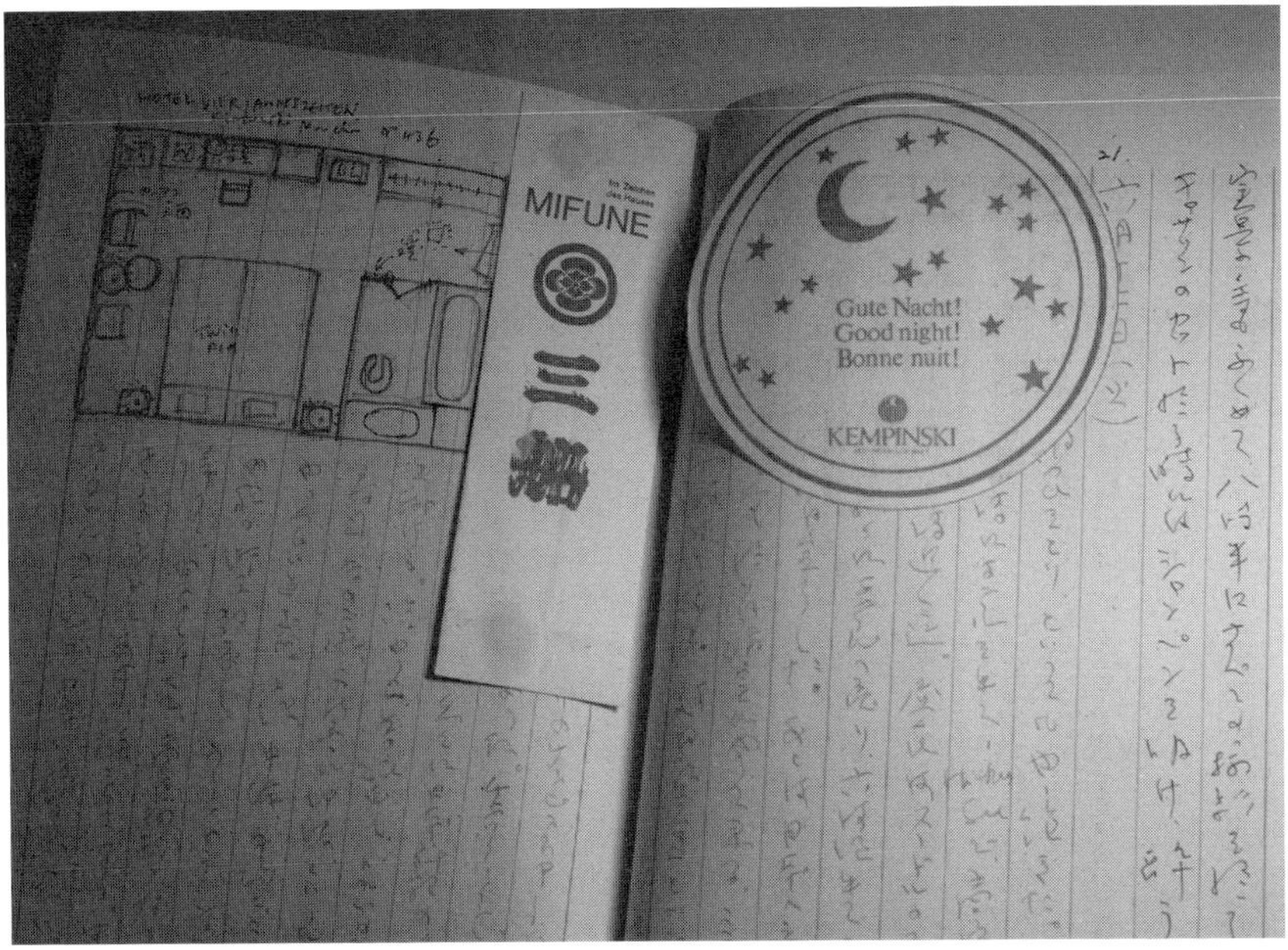

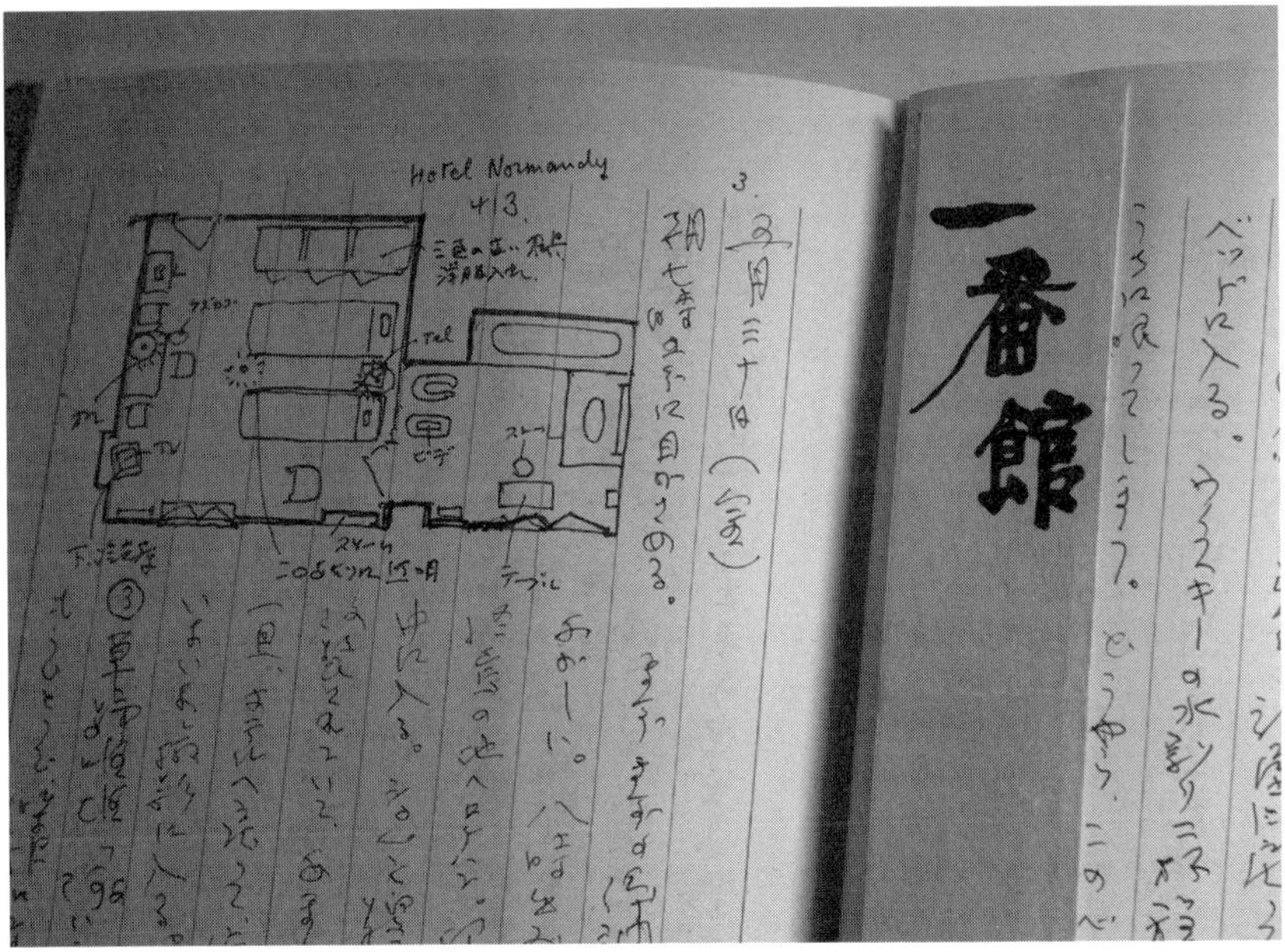

CMのロケ時などは宿泊先や飲食店の様子や読んだ本についてびっしりと記録。

ドラマの洗礼を受けたものであるが、概ねふたつの特徴がある。ひとつは低温で鋭角的でスタイリッシュな空気。もうひとつは同じくやや低温ながら乾いたポップさと諧謔に満ちた空気。コマーシャルにあっても、そのふたつの流れは汲まれていて、たとえば仕事から解放されたキャリアウーマンが、自分の部屋で一日の疲れを癒しながらシードルを飲むさまを「窃視」する「ニッカシードル」の〈女の部屋〉篇などはクールな長回しの映像のなかに女性のエロスが漂って、いかにも実相寺らしい映像になっていた（その覗かれる女性役はよく見ると、当時実相寺お気に入りの志水季里子であった！）。

今ひとつの傾向である、一九七七年の水谷豊を起用したエスビー食品「スナックチップ」〈インタビュー〉篇などは、からっとしたタッチでシンプルにバカをやってみせるところが「僕はけっこうB級西部劇のスラップスティックが好きなんだよね」という過去の実相寺の発言を思い出させた。そしてなんとこれら「スナックチップ」「スナックトースト」「ゴールデンレインボーカレー」などのエスビー商品のCMで、実相寺は岸田森を「演出」に引っ張り込んでいる。いずれもタレントは水谷豊だったが、現場では実相寺は水谷とは一切話さずに、岸田に演技の演出を完全に委ね、映像については岸田と申し合わせたうえで実相寺が撮る、という前代未聞のコラボレーションを試みたのだった（いわば「振付師的に岸田を起用した」と実相寺は語っていたが、かなりの本数を二人で手がけた）。実相寺は岸田のことをひじょうに客観的な俳優であると評しており、演出家の才能もあると見ていたようだが、こんな遊びができる時代が続けば実相寺がCMを卒業することもなかったであろう。

鐘楼

音楽作品

『オーケストラがやって来た』と小澤征爾、朝比奈隆

晩年はオペラの演出への貢献で東京藝術大学の名誉教授の称号まで授与された実相寺昭雄だが、そもそも彼が音楽に親しんだ原点はなんだったのか。それは子どもの頃に聴いたSPレコードだったという。本章は実相寺の音楽関係の随想を集めた『チェレスタは星のまたたき』（日本テレビ放送網）や数多くの寄稿における発言をコラージュしながら、音楽を収録する場合、音楽を演出する場合の実相寺の思考をふり返りたい。

「最初に心動かされたのは、当時ハイドン作曲と伝えられていた『おもちゃのシンフォニー』である。それがベートーヴェンの第七に飛躍したのは、たまたま、わが家にあったSPコレクションの状態に過ぎない。遠い戦前の話である」という実相寺は、戦後、NHKのラジオ番組で浴びるようにクラシックを聴き、お得意のノオトに曲名や感想を記していた。「聴きうる曲が、千天の慈雨のように、心の砂漠を潤した」。

この蜜月の時にシューベルト「未完成」、チャイコフスキー「悲愴」、ベートーヴェン第九、モーツァルト「ジュピター」…との出会いがあり、一九五一年のサンフランシスコ講和条約締結の後は、生で楽団の演奏を聴くことも増えて、プロコフィエフ、ショスタコーヴィチ、ブラームスとレパートリーも拡がった。伊福部昭の「シンフォニア・タプカーラ」にも当時すでに出会って、たいそう感動したという。

その一方で昭和三〇年代に入るとLPレコードの渉猟も始まり、「マーラーの宇宙につつまれはじめた」そうで、「そのころになると、ハイドン以降の主な交響曲は征服した気分になっていた」そうである。そんな熱いクラシックファンであった実相寺が昭和三四年にTBSに入社して、演出部の見習いとして連れて行かれたのは「ロッテ歌のアルバム」の三波春夫の公開録画であったというが、以後モダンジャズ系など多くの音楽番組のアシスタントをつとめ、初めてディレクターになったのも昭和三六年の

日劇のショーを中継する音楽番組『歌う佐川ミツオ』であった。続いてスタジオ歌番組『7時にあいまショー』でも実相寺はポップな演出を意欲的に試みた。

　そんな実相寺は、一九七七年の『歌麿 夢と知りせば』以降の十年にわたる映画づくりのブランクの時期に、さまざまなドキュメンタリー番組、紀行番組、トーク番組などを手がけているが、なかでもTBSで一九七二年から八三年まで放映されたテレビマンユニオン制作の音楽番組『オーケストラがやって来た』の仕事は実相寺としてもひじょうにお気に入りのようだった。

　この番組のプロデューサーであった萩元晴彦の紹介で小澤征爾に出会ったという実相寺は、「くり返し一音の大切さを小澤さんから教わった」という。『オーケストラがやって来た』の企画監修は山本直純だったが、山本が一時トラブルで出演を見合わせている時に、後に『帝都物語』の音楽を担当する石井眞木が代わりをつとめており、実相寺は石井に頼んで、若き時代のベートーヴェンの草稿から復元した0番のピアノ協奏曲を小澤に揮《ふ》ってもらったり（これは本邦初演であろうと実相寺は語っていた）、クラシックファンならではの試みを持ち込んでいた。そして、実相寺は小澤の繊細な目配りとその人間臭い魅力を折にふれ讃えつつ、後には『アッシジの聖フランチェスコ』や『エレクトラ』をコンサート・オペラ形式で演奏する際に演出家として協力を請われることになる。

　さて、実相寺はこの『オーケストラがやって来た』を原点としながら、終生クラシックの貴重な演奏の収録に傾倒していたが、いったいこの情熱の動機は何なのであろうかとしばしば思った。その答えとなるであろう一文を見つけた。「映像で音楽を捉えるときも、悩み多い作業である。私は音楽を、とりわけ演奏を映像で追う仕事が好きだけれど、それは、くり返しの利かない固有の一回性につき合う楽しさを愛しているのかもしれない、と思う。この場合はごく個人的な幻想、というわけでもない。演奏者の高揚に寄り添いながら、演奏される音楽を伝達したいと考える。出来うることならば、隙き間のない、飽かせぬ映像の作品へ昇華させるべく。」

実相寺は、劇映画の演出においてもこの「一回性」の臨場感への偏愛についてはしばしば言及するが、その要となるのがスイッチングの効果で、実相寺はテレビスタジオのその魅力に憑かれて中継車に籠り続けたとも言える。ある上演の収録で初めてハイビジョンカメラを五台動員して収録した時（通常は三台でせいいっぱいだった）、実相寺は機嫌よくこんなことを書いている。「（ハイビジョンをそれまで試すにつけ）とにかく私は〃スイッチング、スイッチング〃とばかり、その充実を言っていたのである。今回はひょんなことから、五台によるスイッチングが実現できたのが、うれしかった。ＮＨＫの音楽関係の方々などは、もっと多いカメラ台数のスイッチングによる収録なんか、日常的なことかもしれないが、フリーでいるとなかなかそんな機会にめぐまれないのである。今度やってみて、ますますオーケストラもの等を、ハイビジョン収録したくなってしまった」。

そんな実相寺が、歌姫キャスリーン・バトルのＴＶＣＭを収録している時の心境も頷ける。「思わず風に感慨を寄せてしまうように、ほとんど演出家であることを忘れてしまう時間と言っていい。バトルの歌をカメラに収めるとき、私はただの観客、または立会人、音楽に心を奪われた腑抜け、と化している。コンテづくりに頭を悩ませたこともない。バトルが風を誘うように、私はバトルの声に身をあずけるだけなのだ。カメラワークも楽なものだ。バトルの歌の翼にのればいいのだから」「すべてはバトルであり、自然のなせる業である」。

常に極端なる技巧で主題や物語をねじ伏せてきた実相寺だが、事ほどさように自らが畏敬を払う音楽（と、それを紡ぐ指揮者や演奏家、歌手）の魅力を映像でとらえようとする時には、また極端なる「無私」の構え（本人は「腑抜け」と韜晦気味に語るが）で「音楽の高揚に寄り添う」ことをむねとしてきた。そしてまた、その演奏という「一回性」の芸術のかけがえのない一瞬の高みを逃さないために、なるべく多くの視点＝カメラを動員したスイッチングに傾注した。

さらにこの「無私」の視点で音楽に寄り添い、魅力をすくいあげることが、思いのほか難しいことも吐露している。「何回音楽ものを撮ってきても、方法がつかめない。ひょっとすると劇伴のことも含めて、映像と音楽は相容れない仲じゃないか、とも思ってしまう。本当は何もせずに、演奏の全体がわかるサイズで放っとくのがいいのかもしれない。これから先ハードが発達すれば見たい奴、聴きたい奴が、手元のリモコンで自分の思うところへズームできるような選択の幅が生まれるかもしれない」と八〇年代後半にして現在を予見するような発言をしているのだが、こうしたあれこれの模索にあって無為に引きっぱなしの画で演奏を記録してもその魅力は伝わらないと実相寺は指摘する。

その例として、実相寺はカール・ベームの最後の日本公演を撮ったＮＨＫの映像を挙げ、全篇ベームのフルショットで押し切った方針に、「指揮科の学生か関係者でもない限り、矢張り退屈はする。私も余り音楽の印象が残っていない」「カメラを放っといたから、音楽がひびく、ということでもなさそうである」とする一方で、また逆に「演奏者ばかりに気をとられても、きちんとした映像作品として音楽は伝わらないし、そこのバランスには、いつも頭をかかえてしまう」と言う。要はベームの指揮をとにかく記録しようという「据えっぱなし」も、それはそれで極端な映像の恣意性が、音楽の自然な楽しみ方を阻んでしまうのであろう。映像で音楽に自然に寄り添うことは実は容易ではない、と実相寺はたびたび語る。

では、かかる作り手の深慮を映す、実相寺が手がけた演奏収録の好例は何かといえば、一九九二年の朝比奈隆指揮、新日本フィル演奏によるブルックナー交響曲第五番、第七番の録画であろう。なにしろブルックナーは実相寺にとっては至高の存在である。「俗にいわれる対立項としてのブラームスとブルックナーの両者とも、私の身体に染み込むのは遅かった。それでも、ブラームスのほうが早かった。青春を一歩超えて、ブラームスが身体の芯に入ってきた」という実相寺だが、中年を過ぎて老いというものを意識し始め、「奇妙なスノビズム的遍歴にも飽きたころに」ブルックナーがわかるようになったという。

実相寺はクラシックの収録では技巧を抑えた。

東京藝術大学でオペラの教鞭をとり、名誉教授に。

実相寺は若き日からクラシックに造詣が深かった。

1990年の横笛上演「水炎伝説」演出の時。朗唱の白石加代子と。音楽は石井眞木だった。

「アイブスや、シュニトケや、アリアーガや、ディスタードルフや、とにかく古典から現代に至る交響曲の流れの果てに、ブルックナーはその神秘的、超自然的な全貌の一端を、私に示しはじめた」と語る実相寺は、ブルックナーの交響曲の「開始、休符、モチーフの連鎖に、ゴシックの伽藍に足を踏み入れたような興奮を味わった」とさえ述べている。晩年の実相寺は「ショスタコーヴィチへの親近感」を表明しつつも、それとは別の範疇でブルックナーを格別の体験としている。

しかも敬愛する指揮の朝比奈隆については「弦の動きを基本に据え、オケの職人性に委ねるところは自立させして、単色と思われていた箇所に、豊かなふくらみが芽生え、あくまでも細部の和声を大切にて、あの名演奏がおこなわれた」と絶賛し、「古今未曾有の名演奏だった」と断言している（その神がかった二回の演奏の間、実相寺はビデオ収録の中継車でスコアを追うばかりで、ついに生音はお預けというのが因果な立場ではあるが！）。これほどまでに愛した演奏を、実相寺は、ひらたく言えば徹底してあくのない、癖のない、ほどよきサイズと時間の寄りと引きで撮りあげている。

おそらく演出クレジットにその名が冠されていなければ、誰もこれがあの方法的主張をたぎらす鬼才監督の仕事とは思わないだろう。それほどに、映像のサイズにおいてもスイッチングの呼吸においても、実相寺はいつもの自らの作家性の痕跡を消そうとつとめている。かと言って過度にストイックというこでもなく、あらゆる意味で気にならない均衡のとれた作品であり、そこにははしなくもブルックナーと朝比奈への敬虔なる思いがにじみ出ている。ちなみに、実相寺はリハーサル中の朝比奈から「これはシェークスピアですなあ」と言われて意外に思ったけれども、それは「ともすれば宗教的、中世的、または宇宙的な鳴動といった比喩で、ブルックナーの対位法的な構築が受け止められてしまうこと」を修正すべく、「劇的な人間の営為の側面に光を当てることを喚起された」のではないかと推測している。

このような癖のない「無私」の境地を収録の要諦としていた実相寺だが、しかしこれだけにはとどまらない予想外の例も挙げている。八一年に『カラヤンとベルリン・フィルのすべて』という特番を撮った時に、カラヤン側から演奏者の寄りの画を多く撮らないようにと指定が入り、さらに「カメラをすべて下手にならべたり、ライトを上手からの片明かりにするなど、それ迄オーケストラを撮ってきたルウティンは破られてしまった」のであった。カラヤン側はなんと「客席のカメラ位置は必要ないと言っていた」ので、実相寺はかなり驚きつつ、「要するに、選択の幅を思いきって限定しちまえ、ということだろう」とその意図を酌んだ。

こういった指定には反骨の姿勢をもってのぞみそうな実相寺だが、しかしこれはカラヤン・チームが経験のなかで確立した独自の方法なのであろうと受け入れ、しかも「そのやり方ですべてがマエストロに集中するような撮り方をしたとき、意外に音楽が浮き上がってくる発見があった」として、「このカラヤンのチームにはいろいろ教わることが多かった」とさえ述べ、協奏曲や室内楽のように「独奏者のいないオーケストラ作品を撮るときには、それもひとつの方法だな、とある種感心もした」と言う。

このような次第で、「映像と音楽の谷間は相当に深い。私は〝わからなさ〟から〝あきらめ〟へ変わり、相当に居直って仕事をしている」と実相寺は控えめに語りつつ、「スイッチャーやカメラマンに小節数を伝える習わし」のもと画面を小節で割るお定まりはナンセンスであり、自分は初めてオーケストラを中継した時は手慣れてはいなかったが、自由闊達な即興でつないで音楽も活きたと回想する。

それにしても、こうして実相寺が演奏の刹那の高みを映像で追いかけることは、楽聖たちへのまなざしにも通ずるところがある。「さるほどに人の心に思ひも寄らぬ感を催す手だて、これ花なり」と「風姿花伝」の一節を引きながら、これは「演奏もうつろい易く、見る人の心もうつろい易い変化を悟らせる言葉」であって、その意味で「私はモーツァルトに花を見ている。そのことが音楽のもたらす至福の正体なのだろう」としている。その作品に実を結んだ「一瞬のあやうい官能を、私はモーツァルトの花に見ているような気がする。不滅とか、永遠とか、神格化された不変の世界に住むから天才なのではない。うつろいゆくさまを誠実に生きたから天才なのだ」と実相寺は力説する。

オペラ『魔笛』と舞台演出

このように収録においては（ストイック過ぎることも退けて）「無私」であろうとした実相寺だが、これがモーツァルトのオペラ『魔笛』の演出家に転ずると、俄然ケレン味たっぷりの技巧派ぶりを見せた。実相寺はすでに『ヴォツェック』『狂ってゆくレンツ』などのオペラの演出は手がけていたが、なんと言っても『魔笛』には心酔しており、もしこれを一度演出できたら死んでもいいとさえ語っていた。

もっとも実相寺の『魔笛』というと、二期会による二〇〇五年、二〇〇七年、二〇一〇年の公演が知られているが、実はそれを遡る一九九八年に東京藝大の二代目の奏楽堂のこけら落とし公演として、実相寺が演出、同大学オペラ科教授で退官前だった大町陽一郎が指揮した『魔笛』が上演されている。大階段を使った展開は同じだが、後の二期会版に比べるとコスチュームも装置もシンプルである。それでいて、照明やスモークやリフトを駆使した舞台の変化はよどみなく、飽きさせない。しかもあくまで意匠に流れるのではなく、悠然とした構えのなかでしっかりと歌唱を聞かせる演出は好評を呼んだ。

この骨格はそのままに、以後のすみだトリフォニーホールや新国立劇場オペラハウスでの公演は、実相寺一流の異色のデコールや自在なアダプテーションをもって格段に奔放に、そして賑々しくなった。「戦え!筋肉番長」の著者で実相寺の著作『ウルトラマンに夢見た男たち』の挿画も描いている漫画家の加藤礼次朗がデザインした王子タミーノや恋人パミーナ、鳥刺しパパゲーノの衣装はアニメのキャラクターさながらで、メタリックな高層ビル的なセットを背景にサムライや宇宙飛行士がライトセーバーやガス銃で戦い、童女たちはＵＦＯに乗って逍遥し、襲い来る大蛇は機関車のようであり、タミーノの魔笛に踊り出すのは動物たちならぬウルトラ怪獣たちである（実相寺作品ゆかりのシーボーズ、ジャミラ、テレスドン、メトロン星人のほか、バルタン星人やピグモンといった人気怪獣も!）。

奏楽堂公演はドイツ語だったが、以後は日本語の台詞でけっこう庶民的なギャグが入ったりもして、

幼なじみの金森馨による『癩王のテラス』舞台装置デザイン。

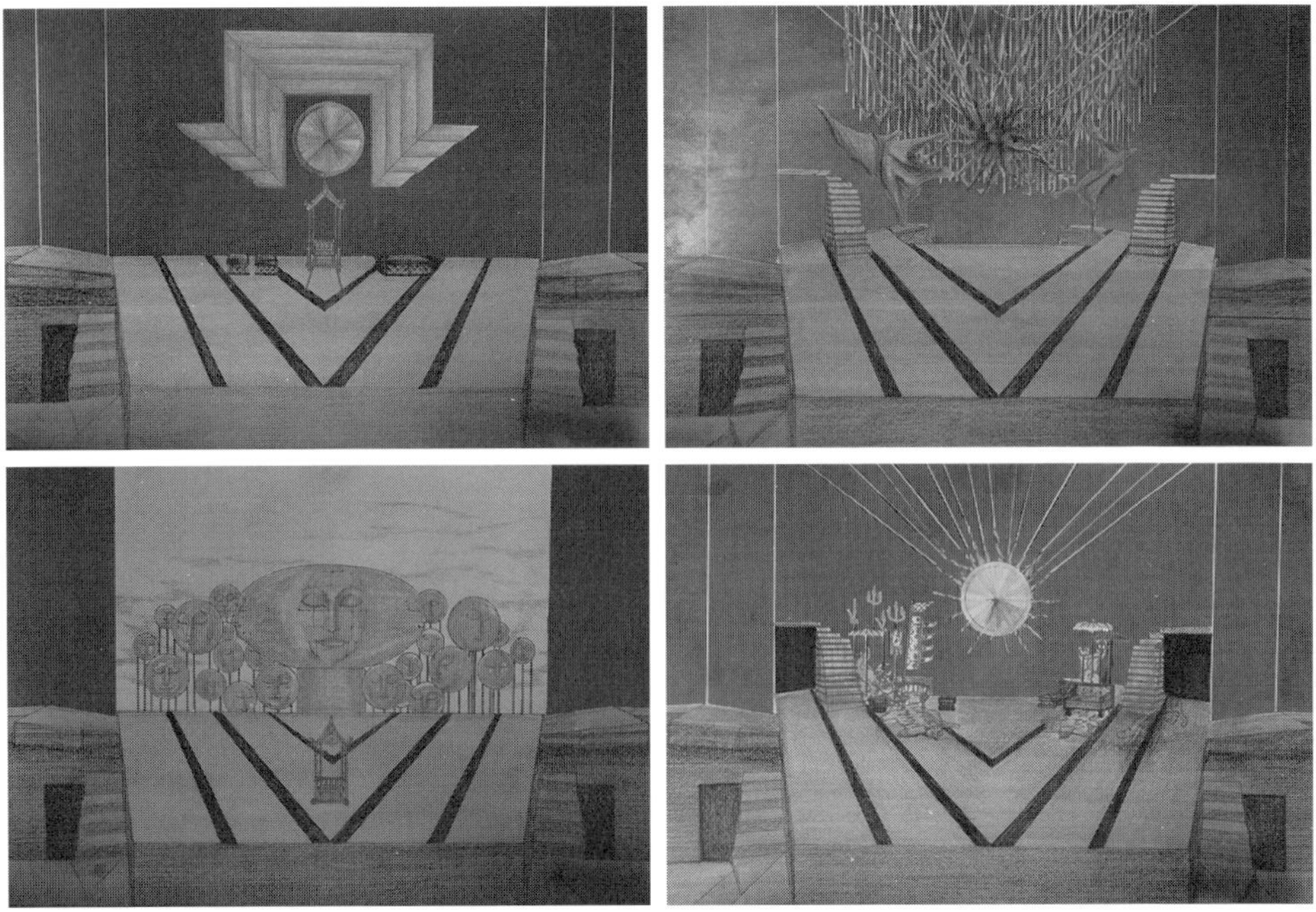

音楽収録時のストイックさと裏腹に、オペラや演劇の演出は遊びごころと活気溢れた。

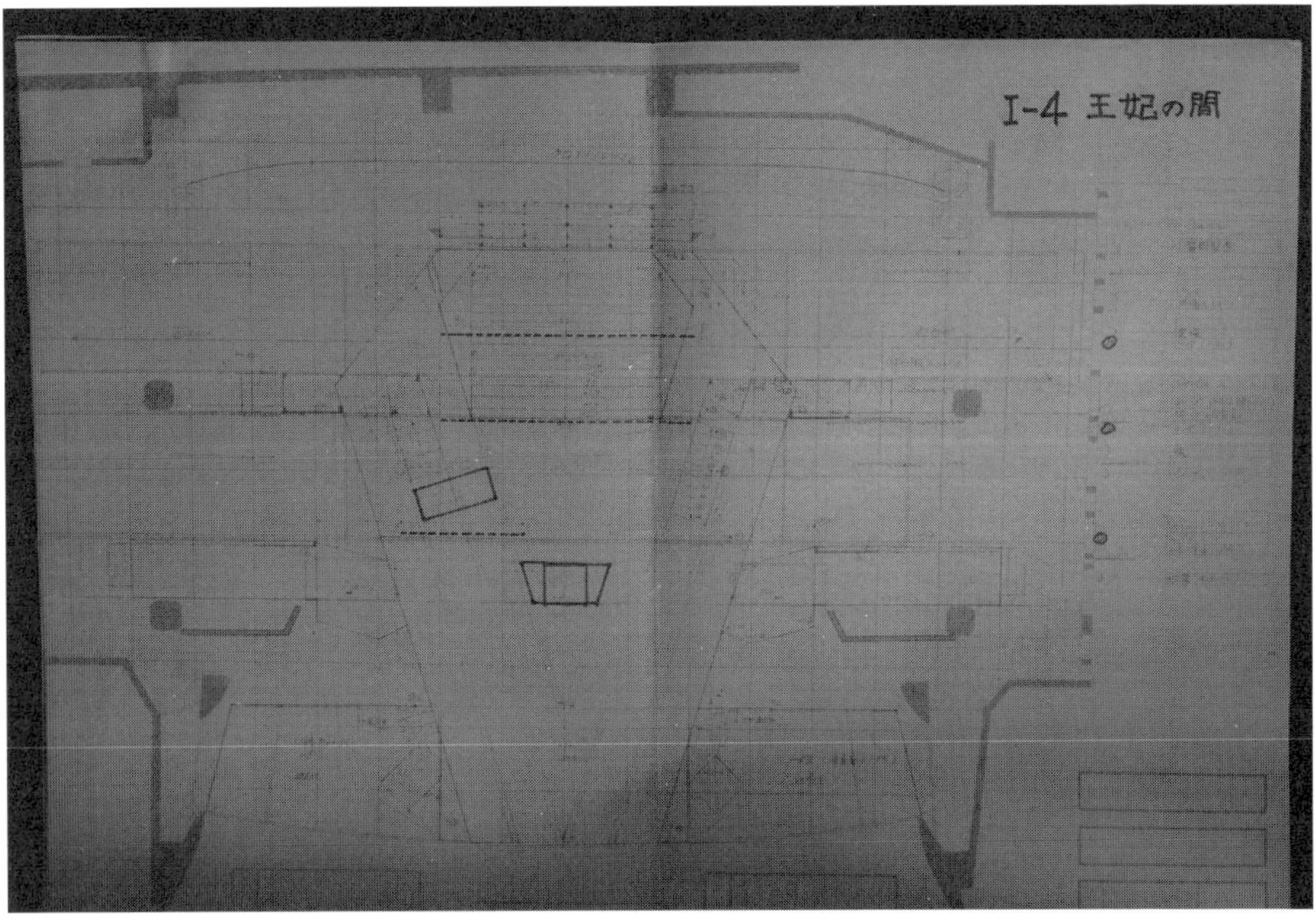

実相寺の『魔笛』はひじょうに親しみやすく、聴衆の笑いもたえなかった。ここまで大胆すぎる創意や含羞ゆえの茶目っ気に満ちた『魔笛』は、既成のオペラファンや専門家のオーソドキシーに抵触して悪ふざけと見られはしまいかとハラハラしたが、それは杞憂で、オペラの玄人や見巧者たちは「最初は実相寺の独特過ぎる世界観に違和感を覚えたが、それに慣れるともの凄く引きこまれた」と異口同音に賞賛していたのが感動的であった。深甚なる愛情と敬意をもってモーツァルトのエッセンスを自家薬籠中の物とした実相寺の意図は、かなり正確に伝わっていたのではないか。なかには堂々たる現在的なオリジナリティあふれる国産オペラの誕生と称揚する評もあって、わが意を得たりであった。

この反響で私が嬉しかったのは、ここでウルトラ怪獣たちが踊ったり午睡したりしている意図を評者たちが思いのほか正確に理解してくれていたことだ（実相寺も然りだと思う）。というのは、実相寺はかねて特撮テレビ映画を通して「怪獣は自然物」と言い続けてきたが、『魔笛』の観客たちの多くが怪獣たちの客演をとってつけたオマケとは解さず、好評の多くもそういう解釈だったからである。ちなみに、実相寺がオペラに怪獣を出すのはこれが最初ではなく、小澤征爾指揮で初めてモーツアルトに取り組んだ『イドメネオ』の際にも着ぐるみの怪獣を登場させており、なにも『魔笛』での特別サービスというわけではなく、怪獣は自然物としての必然をもって現れるわけである。

実相寺が初めて舞台の演出を手がけたのは一九七四年四月の日生劇場『癩王のテラス』で、三島由紀夫最後の戯曲として知られる本作は一九六九年に北大路欣也主演にて帝国劇場で初演、実相寺版は松竹の三島由紀夫連続公演のひとつで同じく北大路の主演であった。この時はなんと実相寺が幼少時に青島、北京でともに過ごした金森馨が大胆な美術を手がけ、『歌麿 夢と知りせば』で組む広瀬量平が音楽を、劇団四季創設メンバーの鬼才、吉井澄雄が照明を担当している。本作の演出を実相寺にという発想は、三島家から諸調整を頼まれていたＡＴＧの葛井欣士郎によるものだったというが、スペクタキュラーな本原作は丸腰で料理すると膨大な製作費を要するの

実相寺は『魔笛』の演出が出来たら死んでもいいと言っていた。

で、実相寺のような作家性で独自に解釈翻案しないといけないという事情もあったようである。松浦竹夫演出の初演は舞台も衣装も壮麗なエンタテインメントであったが、実相寺は葛井の要請に応えてそういった娯楽色を排し、重厚なる闇の世界で三島戯曲の粋を抽出せんと試みた。

北大路の癩王が蛇の化身にのって語る場面では映画のクレーンを飾って客席まで張り出させ、暗転を排して明るいまま舞台装置を変えたりするなど、実相寺の才気と反骨が存分に発散された。もちろん金森馨の舞台装置による世界観構築は最重要のポイントで、こうして幼なじみの金森との充実した共同作業も実現し、たいそう充実した経験だったと語っている。実相寺はTBS時代の日記の中で「幼い頃、いちばん私に影響を与えたのは、今日生にいる金森馨かもしれない。彼は絵を描くことを教えた」と語っていたが、金森はほどなくして一九八〇年には四七歳で早逝する。

次いで実相寺は一九八一年に葛井欣士郎プロデュースで改めて三島由紀夫の舞台『近代能楽集』（国立劇場小劇場）を演出する。これは『近代能楽集』から『熊野』を実相寺、『源氏供養』を吉田喜重、『卒塔婆小町』を竹邑類が演出するというなかなか楽しみな顔ぶれで、『熊野』は音楽を『帝都物語』の石井眞木、美術を数々のATG作品や舞台で活躍したグラフィック・デザイナーの粟津潔が担当、藤村志保が主演した。実相寺は、前作『癩王のテラス』の主張ある演出に何か思うところがあったのか、この『熊野』ではあまり方法的なこだわりを張り出させず、後方にさがる感じで自ずから演技に立ち上がるものを見つめようとした。だが、「外連なくやろうとした結果、何の印象にも残らぬ舞台になってしまった。口惜しい」と後に実相寺は述懐している。

この方法意識をどこまで前に出すか、ひいてはどこまで作品に外連味を匂わせるか、というのはやっかいな課題だが、たとえば初期の実相寺のテレビドラマについて大島渚や田村孟が「技巧に凝らずに物語と主題に率直に斬りこむべし」と意見を述べたのは、実にもっともなことである。実相寺はそういう言葉を真摯に受け止めながらも、結局技巧のフェティシズムに傾倒していったのだが、この極めて独特な作家の場合、そうやって本来なら禁じ手であった方向にのめっていったことが独自のカラーになっていたので、一般論には敷衍し難いが『熊野』のまっとうなる演出が必ずしも実相寺にふさわしいものだとは言えなかったかもしれない。ちなみに葛井欣士郎としてはこの舞台も評価しており、次いでまた三島由紀夫の「美しい星」や祖田浩一原作の「円空入定」を実相寺で映画化しようとするも、これは果たせずに終わった。

さて、こうして時おり舞台の仕事を任されていた実相寺だが、そのオペラ演出の嚆矢は一九八五年のアルバン・ベルク生誕一〇〇年記念『ヴォツエック』で、小澤征爾指揮、新日本フィル演奏の「日本語によるコンサート・オペラ形式」と謳われていた。実相寺は「概ね英雄譚とか、夢物語とか、気まぐれなすれ違いの恋物語」が定番であったオペラに「モラルなんかに構っちゃいられない一介の貧乏兵卒」を主役に「どこにでもころがっている情痴のもつれ」を描いた本作は「オペラ史上画期的」として、『ヴォツエック』を自分ごのみのアンチヒーローの物語と解して意欲的にとりくんだ。

『癩王のテラス』で金森馨のもとで美術助手をやっていた唐見博を美術担当に抜擢して（唐見は以後、『魔笛』に至るオペラ作品や『悪徳の栄え』などの映画美術でもたびたび重用される）、オーケストラをコンサートピットから舞台上にあげ、さらにその頭上に前後にスライドする橋がかかるという異色の舞台空間を（演技の場を大がかりにすべく）つくったが、「ピットの中で伴奏するかたちとちがって、劇と不可分に織りこまれた音楽の凄さを、この形式のほうが実感できるような気がする」と実相寺は語っていた。さらにこれを実際に演出してみて、「細かく指示された舞台上の転換の連動に溜息をついた」と言い、ベルクが台本を作る時に、「世紀末に誕生して、またたく間に世界を席巻していった映画という表現手段」にふれて、その影響で「シーンのつながりと音楽の噛み合わせに、ディゾルヴやオーバーラップ、あるいはワイプといった映画的手法を思い浮かべていたのではないか」と推測するのであった。

「映画的表現」と作品との関わりというテーマは、続く八八年の同じく小澤征爾指揮、新日本フィル演奏『カルミナ・ブラーナ』にもつながってゆく。実相寺は「ジャンルの区分にも、おさまる場所がない」独特な楽曲であるとしつつ、その理由として「オルフはこの曲の上演に際して、肉体の運動、もしくは映像によるパフォーマンスを想定していたからである」とする（実際にオルフは電話で小澤征爾に、映像を伴った上演を幾度も切望していたという）。

実相寺はこの意向を酌んで、大きな壁に大勢のコーラスを並ばせたり、高い足場を組んでそこを往還しながら平幹二朗が大岡信の脚本を語ってみせたり、唐見博に大胆なる美術を作らせて破格の演出をした（破格といえば、長年実相寺組を支えてきた照明の牛場賢二は、まず普通は舞台には使わない蛍光灯で唐見の美術を引き立てた）。

このほか、演出する側の意図しだいで「千変万化の上演形態」に料理できる「ストラヴィンスキーが残した可塑的な表現様式」だと分析する『兵士の物語』など、実相寺はさまざまな楽曲に取り組んで、二〇〇四年に東京藝大オペラ科教授の任を終えたが、さてこうした音楽への深甚なる造詣を持つ監督が、自らの映画作品のサウンドトラックづくりにはどういう思いを持つものなのかは気になるところだ。

ここで思い出すのは、親しき監督であった相米慎二（彼もまたオペラ好きで、オペラ歌手がヒロインの映画『光る女』も撮っているが）に「映画への音楽の入れ方がわからない」と言われ、自らも頭を抱えたという逸話である。そもそも若き日の実相寺は、音楽に精通していたがゆえのことではあるが「劇中で音源のあるものか、効果音を心理的に響かせる手段しか、使い方がわからないことが多かった。いわゆる劇伴の挿入の方法が皆目わからなかった」のである。

もちろんサウンドトラックというのは、割り切って鈍感に画にあてるなら何も作業は難しくもないだろう。悲しいところに暗いメロディーを当てればいいだけのことだ。しかし、黒澤明のコントラプンクト（対位法）やゴダールの異化効果のように、画と音の掛け算をもくろむ時、一気にサウンドトラックをめぐる思考は深みにはまる。実相寺の以下の文章は、まさにそれである。「（ある特定の機会や作品のために書かれた）機会音楽が独立して歩み出す例はプロコフィエフやショスタコーヴィッチなど数多いが、だからと言って、その映画と音楽のかかわり方が蜜月だったかと言えば、そんな音楽の自立性からのみ判断できるものではない」……ひらたく言えば、ある楽曲がそれ単体でもじゅうぶん鑑賞にたえ得る傑作であったとしても、それは映画の劇伴として「掛け算」を成就させてくれるとは限らない、ということだ。

逆に実相寺は、武満徹の「付随音楽」のみを聴いていると物足らない気がしてくるのだが、それは決して音楽の自立性が弱いということではなく、「武満さんの機会音楽が映像との密着性が高い、ということの証し」だとする。そしてまた、こうした新作のみならず、既成のクラシックについてもヴィスコンティ『ベニスに死す』のマーラー、ブレッソン『抵抗』やベルイマン『鏡の中の女』のモーツァルトを「映像と分かちがたく密着している」音楽の好例として称揚しつつも、なぜそこにその音楽なのかという「その不即不離の関係を論証することなど、出来るものではない」のであって、結局その根拠となるのは「個人的な幻想」「好みと生理」でしかないという結論に達さざるを得ない。そんな思考ゆえに初期スタジオドラマで音楽を排除気味だった実相寺だが、その姿勢に大島渚は「音楽でもなんでも、利用できるものはそうするものだ」とアドバイスをしたと言い、実相寺はずいぶん気が楽になったらしい。

そうして作曲家に音楽を発注する行為に、やがて実相寺も秘かな「個人的な幻想」を潜り込ませるようになったようだ。その作になるピアノ協奏曲を聴いて、いつかサウンドトラックを依頼したいと思っていた松下功に『悪徳の栄え』の音楽を発注する時、なんと実相寺は「映像とのかかわりや描写性、間尺といったことをまったく念頭に置いていなかった。映画というものを、新しく音楽を発想し創作するひとつの機会ということに限定していた。映画のために使われることを第一義としなくてもよい。独立した純音楽を依頼する側に立ちたかったのだ」と思っていたという。そしてメシアンの「世の終わりのための四重奏曲」を思わせるその曲が、昭和の終わりに生み出されたことに実相寺は感慨を抱くのだったが、しかもその曲は思惑どおり音楽が自立して、コンサート・ピースになった。

そのことに味を占めた実相寺は「二匹目の泥鰌を狙うことにした」と言って、後の『屋根裏の散歩者』でも松下を起用、コンサート・ピースにすることだけを目標に、単楽章でも多楽章でもかまわないが、じゅうぶんな時間をもった室内楽を書いてほしいとだけ注文を出したという。実は『ウルトラQ　ザ・ムービー星の伝説』の時も、実相寺は石井眞木に「さまざまな感情の要素を含んだ「包括的な一曲の誕生を願って」いたというが、これとて同様の狙いがあったに違いない。

それにしても、いったい裏に何たる狙いをこめた発注であろうかと笑いを禁じ得ないが、これでいてそれぞれ肝心の映画本篇にも絶妙に合った楽曲となっていたので不思議なことである。そして実相寺はこんなことを書いている。「音楽を生む場、機会としての映画、まだ捨てたものじゃない。音楽を注文するときだけ、監督は、かりそめの王侯貴族気分を味わえるのだ」。

禅堂

小説・随筆

官能小説

　実相寺昭雄は映画も撮るしオペラも演出するし書画も見事だが、小説にエッセイに著述家としても相当量の仕事を残しているので、その主なところを振り返ってみる。

　一九七七年にはエッセイや対談を集めた初の著書『闇への憧れ』（創世記）を上梓しているが、本書には「所詮、死ぬまでの《ヒマツブシ》」という副題がついている。実相寺はこの副題をいたく気に入っていたが、しかし、もともとこの言葉を考えたのは実相寺ではなかった。

　TBS「調査情報」誌で実相寺の連載を担当していた編集部の榎本陽介が、実相寺に『闇への憧れ』を書かせた編集者であった。若き日から膨大な文章を書き続けていた実相寺は、当時「もの書きに憧れていたこともあったけれど、才能もないと疾に見切りをつけていたので、本を出すことなど考えていなかった」そうだが、榎本が「どうせ、死ぬまでのヒマツブシじゃないの」と言うのでその気になったという。これは編集後記にも記されているが、榎本本人からも聞いたことがある。

　榎本はちょっと昭和の怪人じみたところがあって、元俳優をやっていたとも聞いたが、八〇年代に私と親しき折はTBSを中心とするテレビ業界の重鎮たちから不思議な信頼と親愛の情を得ている編集者、雑文家であった。九〇年代半ばには癌で亡くなったが（五十歳ぐらいではなかったか）、その逝去後に、ATG映画『日本の悪霊』『日本妖怪伝　サトリ』などを観ていると榎本が俳優として登場するので驚いた。しかもそれが常に氏が忌嫌った官憲の役であるところが笑わせた（実相寺作品では『青い沼の女』の画廊の場面に映っている）。けれども、このたびの執筆にあわせて元実相寺邸の書架を調査していると、なぜか榎本陽介脚本、堀川とんこう演出の『七人の刑事』の台本が発見されて、またまた驚かされた。調べればこれはオクラ入りした幻の作であるというが、榎本陽介はつくづく正体不明の、あの頃のテレビ業界の周辺にたむろした胡乱の人であった。

やや迂回したが、「所詮、死ぬまでの《ヒマツブシ》」は、『帝都物語』の一瀬隆重プロデューサーもひじょうに好きな言葉だと語っていたし、実相寺自身の名文句として流布しているふしがあるので、この機に詠み人の正体を明かしておこうと思った次第である。いずれにしても、この言葉は実相寺という才能の惹句にしてもいいくらいの、とても実相寺に似合った言葉であった。

そして『闇への憧れ』そのものは、実相寺がありったけの既出稿を榎本に渡して構成を委ねたもようだが、これがなかなかよくまとまっていて実相寺の多面性を表出させている。石井隆のきわどく美しい挿画がたびたび挿まれて本書のカラーを鮮やかに打ち出しているが、実相寺は石井作品について「あの幻のような、厳密な、そして一ミリ狂っても色が匂わぬような崩れ易い線のエロスは、ぎりぎり弁別可能な陰画の中で、辛うじて情緒と詩を歌っているのだろう」と愛を表明してやまない。

実相寺が愛すべき先輩として胸襟を開いて対談している加藤泰監督が、実相寺の『無常』を観た感想として、確かに長尺で後半はとても退屈したが、それは決して悪い意味ではないと前置きして「伊藤大輔先生の助監督をしてました時にね、〝なんでこんなものをゴテゴテ撮ってはりますねん〟といったら、〝これがいるのや〟と言わはったことを未だ覚えてますけれど。何かありますよね。そんなことをしとると、お金出してくれはる人が〝お前、何しとんねん、えらいもったいない〟と言って怒られるとかね。でもありますよね。どうしても撮らなあならんものが…」と稀代の目利きとしてのエールを送っているのが印象的である。これに対して実相寺は、自分の映画が「観念の具象化」と思われているふしがあるけれども、むしろイメージは「自分の生理的なもの」から出て来ているもので、それが「観念が先にたって」いるように見えてしまうのは自分の「欠陥」であり「混乱」であると自らを評している。

このように実相寺はあれだけ特異な技法の人でありながら（通常そういう作家は芸術家肌で思い込みが激しいものだが）、自他の作品に対する批評は極めて怜悧なもので本書におさめられたテレビジョン論や、ゴダール、ブレッソン、アントニオーニらの映画をめぐる論考はひじょうに論理的な切れ味に富み、最後に日記ふうに自らの作品歴にふれた「私のテレビジョン年譜」は、一九五九年のＴＢＳ入社から一九七七年『歌麿 夢と知りせば』公開直前の晩夏まで、今や見ることもかなわないテレビドラマ草創期の自作を含めた解説として、ひじょうに貴重なものである（多くの映画監督やドラマの演出家がこれほど筆まめであれば、映画史やドラマ史はどれほど貴重な資料を得られたであろうか）。

さて、映画はもとより、クラシック音楽、電車、古跡探訪、風俗チラシやけろけろっぴなどキャラクターグッズの蒐集まで、実相寺の興味は実にユニークというよりキテレツな広がりを見せ、「死ぬまでの《ヒマツブシ》」の材料には事欠かず、さぞや退屈のない日々であったかと推測するが、著作についてもこの傾向がそのまま反映されていて実に多彩でディレッタンティズムに溢れている。以下、ほかの著作の主なところを振り返ってみたい。

この力作『闇への憧れ』の後、実相寺は好んで官能小説を書き、徳間書店の「問題小説」に掲載された短篇のひとつ『希望ヶ丘夫婦戦争』は、一九七九年六月に日活ロマンポルノとして映画化された。当時のロマンポルノ期の日活は意欲的なプロデューサーが集まった企画部で自社作品の企画を立てていたが、『帰らざる日々』『高校大パニック』『もっとしたたかに、もっとしなやかに』『十八歳、海へ』などの作品を企画していた気鋭のプロデューサー、進藤貴美男がこの実相寺の小説に注目し、桂千穂脚本、西村昭五郎監督、片桐夕子・矢崎滋主演で映画化した。

食品会社の総務部につとめるサラリーマンが、住宅ローン返済のためだけに働き続ける人生に不毛を感じ、事故で不能になったと偽って、家庭外でさまざまなセックスに喜びを見出し性的復権を図る（専務の秘書や近所の女性との旺盛な交渉にとどまらず、ついには女性の力を借りないでエクスタシーを得るクラブに行き出すなど、その探求ぶりがケッ作である）。いっそ監督までやってみればよかったのではとも思うのだが、西村昭五郎監督の職人的な演出で、実相寺の筆致を汲んだちょっと洒落てコミカルな艶笑譚になっていた。

この短篇を含む「問題小説」掲載の官能小説（「淫ベーダー幻夢」「デラシネの丘」など八篇）をまとめた

初期は「官能小説」の戯作的作家の色が強かった。

『破恋恥タウン』（徳間書店）が翌八〇年に刊行されたが、この本の帯で実相寺がなんと「ヌーベル・ポルノの新旗手登場！」と謳われているのがおかしい。『ウルトラ』の季節を遠く離れて、ちょうどこの『歌麿　夢と知りせば』と『帝都物語』にはさまれた十年間の実相寺は、ＣＭやテレビのドキュメンタリー番組の演出などを主に手がけながら、こうした著述の仕事も前向きに引き受け出していたわけだが、「官能小説のニューホープ」とまで謳われてしまう徹底ぶりが実相寺の「多彩」を超えたところである。

　実際明くる年八一年初頭には次なる官能小説『いろかぶれ枕草子』（日刊スポーツ出版社）が上梓されるのだが、これはなんと当時主たる収入源としていた広告業界にヒントを得ていて、親しい広告代理店の社員をモデルにしているという。おかげでテレビコマーシャルの企画や競合プレゼンテーションの様子などがけっこうリアルな雰囲気のもと描き出され、その合間合間にお気楽な性描写がはさまっている。この今や失われつつある広告業界の派手さやナンセンスなまでの活気の描写には、風俗小説としての面白さもあって、実相寺のひとつの極であるスラップスティックな味がよく出ている。これは前年の日刊スポーツで一一六回にわたって連載したものであった。ほかに実相寺の官能小説集としては八四年の『官能の宴』（徳間書店）、九六年の『ちんぷんかんのうき世かな　東京デカメロン〈１〉』『未完成交響楽　東京デカメロン〈２〉』（風塵社）がある。

　こうした官能小説のはざまに著された、けだし珍品のミステリが『怪盗ルパンパン』（徳間書店）である。終戦直後の混乱期に、ＧＨＱになびいた豪閥の邸では享楽的な宴が夜な夜な繰り広げられていたが、高級将校の情婦であった子爵夫人が怪盗に凌辱される。同様の事件が頻発し、ＧＨＱは警視庁に怪盗の捕縛を命ずる

実相寺の官能小説の戯作は終生続いた。

のだが、そのルパンに憧れる怪盗は、戦後の権力の闇にのみこまれてパンパンに堕した妹の復讐に燃えるのだった。この面白うてやがてかなしき物語を、実相寺は乗りに乗った快調な筆致で書き上げている。華族の宴のデカダンスなどは後の『悪徳の栄え』に、怪盗ルパンパンの怨念の描写は『怪奇大作戦』に通じるようで実相寺ごのみの世界観だったが、いかんせん大きな反響は呼ばなかった。

この後、一九八六年に旺文社から出た『空海に出会う』という松田修、陳舜臣ら八名の学者、作家たちが空海論を展開する論集の巻頭に、実相寺は「密教のエロス」という長い論考を寄稿しているが、これは実相寺の書いた文章のなかでも異彩を放つものかもしれない。ここで実相寺は「十年間映画を撮っていない監督」として、自作の『無常』『曼陀羅』『あさき夢みし』『歌麿　夢と知りせば』に自らの密教への関心と絡めながら註釈を施すというもので、なかなか短い要約は難しいが実相寺のエロスへの認識が種々に披歴される文章は極めて興味深い（後に実相寺がアダルトビデオ作品でも持ち出す誤解多き「理趣経」をめぐってのデリケートな解釈も展開される）。

特撮文化の伝承

さて、実相寺の小説が一躍注目されたのは、一九八七年に刊行された『星の林に月の舟　怪獣に夢見た男たち』（大和書房、のち筑摩書房）だろう。実相寺がTBSから円谷プロに出向となって『ウルトラマン』の監督をつとめた頃のエピソードをもとにした自伝的なフィクションである。この題名は柿本人麻呂の万葉集巻七雑歌冒頭「天の海に　雲の波立ち　月の舟　星の林に　漕ぎ隠る見ゆ」から来ているが、この広大な天の海に航行する月の船はあたかもUFOのようであり、実相寺としてはここに円谷プロ時代の作り手たちの夢をかぶせたのかもしれない。

だが、本書でたびたびふれたように、実相寺はその挑戦的な試行が局内で白眼視されて長く干され、その苦境をなんとか打開するために出向監督となったのであり、当時のそんな尖鋭な実相寺の感覚からすると『ウルトラマン』の怪獣造型や特撮演出にはかなり落胆するところも多かった（『怪奇大作戦』の時分にようやく納得のゆくものが出来たはずだ）。

したがって、実相寺にとって『ウルトラマン』の現場はそんなに甘美な思い出でもなかったであろうに、こうして「星の林に〜」とファンタジックな歌に絡めて回顧するというのは、やはり歳月の経過あってのことかもしれない。実際、この刊行の直後に『帝都物語』を撮っていた実相寺は、私に「『ウルトラマン』をもう一度やってみたいんですよ」と語っていた。

本書は実相寺自身をモデルとする主人公のテレビディレクター、吉良平治（実相寺家は古くは由緒ある吉良姓を名乗っていたという）がその芸術志向を局に理解されず、出向先の円谷プロダクションで怪獣番組づくりに奮闘するという物語である。円谷英二と息子の円谷一、金城哲夫については実名で語られ、実相寺の畏敬の対象となっているが、ほかの匿名の局の社員やプロダクションのスタッフについてはけっこうシニカルな描写も多い。

当初、『ウルトラマン』の現場を麗しく回顧する内容かと思いきや、当時の恋人との不倫やスタッフとの摩擦軋轢の逸話が辛口で描きこまれていて、主人公の吉良平治も純粋なクリエーターとして美化されず、時として尊大だったり気弱だったりする、けっこうやっかいなアンチヒーロー扱いで、そこがまた面白さを募らせた（以後の『ウルトラマン』回顧本ではこの辛口は徐々に影を潜めてゆく）。本書はともに『ウルトラマン』に携わっていた飯島敏宏、樋口祐三らの企画、佐々木守の脚本により一九八九年三月にTBSで二時間ドラマ『ウルトラマンをつくった男たち　星の林に月の舟』として放映された。吉良平治役は三上博史、ヒロインのスクリプター（宍倉徳子がモデル）に南果歩、円谷英二に西村晃と、なかなかいい配役で丁寧に作られたドラマだったが、佐々木守は実相寺原作のシニカルな部分を濾過して、主人公も特撮の現場に素朴に感動して演出に打ち込んでゆく熱血漢に改変されており、これには実相寺は大いに違和感を持ってつまらない出来だと評していた。

もっとも原作のことを忘れると、このドラマは清々しい好印象の作品で、一般の評価は上々だったはずである。科学特捜隊のフジ隊員の役を実相寺の愛娘で女優の実相寺吾子が演じていたり、妻の原知佐子が下宿のおばさん役で登場するというお楽しみもあった。〈怪獣墓場〉のシーボーズの動きの演出のくだりや〈空の贈り物〉のフラッシュビームとカレーライスのスプーンを間違えるアイディアの部分など、こうした特撮作品の知識が何もない視聴者にとってもとっつきやすかったことだろう。

ともあれ『星の林に月の舟』は実相寺の著作のなかでは初めてロングセラーとなるのだが、このきっかけを作って以後の特撮関連の著作の多くを担当していた編集者の青木真次も当時を遡ること二十年前に、実相寺の円谷作品を幼い視聴者として夢中になって見ていた世代である。ちょうどこれとシンクロする時期に実相寺に『帝都物語』の企画を運んできたプロデューサーの一瀬隆重もまるで同年代で、かつて『ウルトラQ』にオマージュを捧げた『闇が来る！』という自主映画をつくった時には佐原健二はじめ本家『ウルトラQ』の出演者を総動員するという筋金入りであった。すなわち、実相寺は自らが二十年前に種子を蒔いて育てた実相寺チルドレンたちによって、出版や映画の新たな展開をもたらされたのであった。

翌一九八八年、『星の林に月の舟』に続いて、実相寺はジュニア向けにアナログ特撮の魅力を紹介した『ウルトラマンのできるまで』（ちくまプリマーブックス）を書いているが、その最後はこう締めくくられる。「ウルトラマンは、お面になりうる最後のヒーローではないか。手漉きの、厚さも統一できないが、やさしさとぬくもりのある和紙にちかい、最後のヒーロー、ではないか。お面をかぶった子どもが、家路につくとき、きっと、星が流れるだろう。心の中で、ねがいごとを唱えるだろう。そして、夢を見るだろう。それはウルトラの夢だろう。お面をかぶった少年たちが成長して、きっとＳＦＸの技術をも消化して、新しいヒーローをつくりあげてくれるにちがいない」。クールで皮肉屋の実相寺が時おり見せる、この根っこの部分での優しさには意外なものがあるが、まさに「お面をかぶった少年たちが成長して」実相寺の前に現れたというわけである。

この『ウルトラマンのできるまで』は、まだVFXという言葉はなかったがCGやSFXという言葉がすっかり定着してきた時代にあって、円谷の「手漉きの」アナログ特撮の賛歌を綴った好著で、『ウルトラマン』から『怪奇大作戦』『シルバー仮面』までの「テレビ映画」の逸話が極めて面白く、興味深く記されており、もともと特撮番組を子供向けとして作らなかった実相寺の真摯な姿勢が、ジュニア向けの本書にもよくよくにじみ出ている。

そして同じく八八年、『ウルトラQ』から『ウルトラマンタロウ』に至る未映像化シナリオを目玉にして、『闇への憧れ』では昭和五二年で終わっていた自作史「私のテレビジョン年譜」の続篇も付けたという、より熱烈なファン向けに青木真次が編んだのが『夜ごとの円盤 怪獣夢幻館』（大和書房）であった。しかしこの本の象徴的なところは、あれほど現場のレベルに失望したと言い放っていた円谷プロをめぐる「いつか故山に帰りたし——円谷プロの時代」という文章で始まり、「私は、ある種の俳優さんに拒絶されたところから『帝都物語』を愛しはじめたのです。何と言っても、EXE以外のプロデューサーなら、私を監督に起用する愚も犯さなかったでしょうから。私の映画をお断りになったみなさん、とりわけ俳優さんとマネージャーのみなさん、…あなた方がサリエリであり、私はモーツアルトである、という幻想から『帝都物語』をつくりました」という痛烈な皮肉まじりの呪詛で終わるところであろう。

こういう異色の映画を断って「コマーシャルで受け、テレビドラ

上：自伝的小説から特撮文化の申し送りが始まった。
下：小説「星屑の海」脱稿時。

マではしゃいで」いるようなタレントたちにげっそりしながら、いよいよ欲も得もなくスタッフ、キャストが特撮番組に傾倒していた円谷プロの時代は郷愁の対象になっていった。その思いがにじむのが、『ウルトラマンのできるまで』の好評を受けて九〇年に刊行されたジュニア向け続篇『ウルトラマンに夢見た男たち』（ちくまプリマーブックス）である。前著が「自分のやった範囲にそくして、手引書をつくった」のに対し、この本では撮影の中堀正夫、美術の池谷仙克、特技監督の高野宏一、大木淳吉、音楽の冬木透、音響の小森護雄、擬斗の二家本辰巳といったスタッフたちに実相寺がインタビューを試みながら、特撮全般にまで射程を拡げて語っている。この『ウルトラマンに夢見た男たち』と前著『ウルトラマンのできるまで』というふたつの好著は、二〇〇六年の実相寺が亡くなる直前の夏、「合体」して『ウルトラマン誕生』（ちくま文庫）という堂々たる一冊になった。

そして翌九一年、あらためて実相寺は小説という形式で『星の林に月の舟』の後日談を著した。その『星屑の海 冬の怪獣たち』（筑摩書房）については当時映画誌に寄せた書評があるので、それを引用する。

…特撮ドラマという胡乱なジャンルに夢を託す青年・吉良平治の姿を描いた『星の林に月の舟』。あの自伝的小説は、特撮を支えた円谷プロ周辺の個性的な人物たちのエピソードを織り込んだ日本の特撮史秘話というべきものだったけれども、その興味の尽きない題材とともに、主人公が自らの無垢な夢を守りながら現実に迷い、とまどう青春の模索の記としても印象的だった。

そして今回の『星屑の海』の舞台は、それから十年後。ハリウッドの精緻ながらぬくもりのない「SFX」パワーの評判とは対照的に、わが日本の「特撮」は冬の時代を迎えている。あの青年・吉良平治はテレビ局を退社し、フリーランスの演出家として世知辛い日々を送っている。彼と周りの仲間たちは、あいかわらず特撮への夢を捨てることなく、もうウルトラマンや怪獣、宇宙人の企画となると熱っぽく盛りあがる。しかし、『星の林に月の舟』のときの貧しいながら現場に活気と勢いのみなぎる時代とは違って、変わらぬ情熱に生きる作り手たちの意欲満々の企画は、次から次へとうたかたのように没になってゆく。ウルトラマンを海外と合作する企画にスタッフは勇躍アイディアの花を咲かせるがあえなく制作延期、シナリオライターが誠意をもって文明批評のメッセージを託した怪獣物のスペシャル番組は突然局とスポンサーに「極左思想」呼ばわりされてロケハン中に制作中止…。実相寺は子どものようにいきいきと特撮へのロマンを語りながら、オトナたちの権力的なしがらみと認識不足によってその夢の実現をはばまれ、うなだれる若いスタッフたちの姿を愛情をこめて見つめ続ける。そして今回、結婚問題をはじめ生活を真摯に考えざるを得ない年齢になった平治が巻きこまれる得体の知れない金と欲の陰謀の世界は、彼の愛する特撮の夢とはまさに対極の、まがまがしいオトナの暗黒面だ。

このやりきれない世界に嘆息する平治は、天空の星屑の海に特撮の先達の加護を感じ、マッターホルンの威容に怪獣の悠久を思う。生来の清潔さによって希望を失わない平治に私たちも救われる思いだ。前作『星の林に月の舟』よりもフィクショナルに、ミステリー・タッチの興趣も盛り込まれた力作である…

こんな思いのこもった『星屑の海』とほぼ同時に珍しく淡交社から出した随筆集が『旅の軽さ』だ。仰々しく「旅の重さ」などというのはカッペだ（実相寺はつまらない映画を観ると「あれはカッペだ」という表現をよく用いた）と言わんばかりの書名にまずくすっと笑ったが、生前のスナップを渉猟するとパリやローマやプラハやカリフォルニアなど世界各地にＣＭの仕事で赴いているのが確認できるのに、「人間はみな旅人だ。テレビに出てくる旅の専門家と称する手合いは眉唾物だ。これからも、私は軽い旅を続けるだろう」と言って、華々しい観光スポットへの旅を語ることは皆無に近い。

そのかわり、実相寺が赴くのは、主に東京都下のなんでもない街であり、そこに大正、昭和の古びた建築や旧跡が残存していたらそれだけでじゅうぶん愉しそうである。乗り物にしたところで、「サロン・カー」とは、伊豆急行が運用している広い窓に回転安楽椅子つきの応接風車輌で、下田から熱海まで、たっぷり風光をたのしめる代物である。特別料金千円でお大尽の気分を味わえるのも悪くはない」とスーパービュー踊り子号で大満足の様子だ。

とにかく旅好きなのにいたく出不精で、天気が悪くても、飲み過ぎても、風邪をひいても、すぐに予定をとりやめ、指定券を買ったり宿を予約することを凄く煩わしく思ってしまう人物の旅エッセイというのは稀代のものではなかろうか。そのゆえに、本書に登場するのはせいぜい都内か近郊のなんでもない街のなんでもない寺社であったりする。映画『ウルトラQザ・ムービー 星の伝説』に使われた浦島伝説の町と寺社のロケハンは実相寺としてもとても愉しかったようでよく話に出るが、本書にも詳しく記されている。

また、この出かけるのが億劫なのに旅したい気持ちが募ると、家にいて空想の旅をすることが楽しくなってくるという。その際も思い浮かべるものは絵に描いたような観光地ではなく、名所旧跡もない、街並みもよくない、物見遊山の客相手の宿もない、まるで見どころのない、足を運んでもつまらないような土地を訪ねたくて、それはどこかと空想するのだが、案外と全く取り柄のない町が思い浮かばず途方に暮れる。こんなくだりは爆笑ものであるが、実相寺は至って真面目にそう思っている。

ところで、実相寺はもともと日記をつけたり、物を蒐集することを面倒に思わない性分なので、海外ロケに行った際にもホテルの部屋の間取り図を書いたり、旅の思い出のものを貼りつけたりして、凝った記録帳を遺しているが、本書によればこれはNHKの名ディレクターであった和田勉の影響らしい。「鞄に放り込んでもボロボロにならないような硬質の表紙」がついた「縦書き原稿罫の帳面」を、「旅先での出来事、行動、金銭の出納をメモすると同時に、泊まった宿の間取りを描き、面白い小物があればスケッチし、さらにスクラップも兼ねる便利帳」として使っていたが、これはモスクワで食べたアイスキャンデーの棒まで貼ってあったという和田のスクラップの「何でも貼ってやろう、という情熱の深さ」に感動したことがきっかけだという。実相寺はこのノオトによって、くだんの空想の旅に加えて追想の旅に興ずるのである。本書ではスケッチの抜粋のように挿入された数々の実相寺の書画が活きていた（それにしても若い頃からメモなどの数々に自己流のイラストやレタリングを遊びで試している痕跡があるのだが、こうして何をやっても玄人仕事になるところは驚きを禁じ得ない）。

この近郊の「軽い旅」の滋味に浸る実相寺が、たとえば都内での『ウルトラ』シリーズのロケ地を探訪したらどうなるかという企画が続く九三年の『ウルトラマンの東京』（ちくまプリマーブックス）だった。戦時中、実相寺が小学生の頃は、たとえば世田谷は「郊外」であり、農園や菜園が多く「空気と水のきれいな別天地」であり、昭和四〇年代初めに円谷プロで『ウルトラマン』を撮っていた頃は「まだまだ緑の気配が濃厚だった」にもかかわらず、「東京オリンピックが、町を変える要因をつくったが、高速道路が東京を醜く変えはじめ」ることとなり、『ウルトラマン』には辛うじて「（昭和四三年に銀座の）柳が消える前の時代のにおいが反映されている」と見る。

そして、「ヒーローは、誕生した時代背景と自然環境から切りはなせないものなので」あって、『ウルトラマン』には「現代におきかえることが不可能な、時代に密着したにおいと技術と空気感が、あのシリーズにはただよっていたのだ」という。この感覚はいたく理解できるのだが、確かに『ウルトラマン』は高度成長期の前後をまたぐ、都市のモダンデザインと田園のメルヘンが融和した端境期的な作品という印象が強い。

そこで連想したのは、前著『旅の軽さ』でもふれられていた、まさにこの時期に実相寺が購入した川崎市麻生区万福寺の自宅マンションのことである。最寄駅でいうと小田急線の百合ヶ丘にある（この万福寺で百合ヶ丘という取り合わせから脚本家としてのペンネーム「万福寺百合」が生まれた）。「マンションと書くと、何やら洒落たものを想像される向きもあるだろうが、私の住いは単に鉄筋コンクリートの長屋である。築二五年を過ぎており（※一九九一年時点）、五階建てだがエレベーターもない。窓や硝子戸はアルミサッシュではなく鉄枠で、開閉するのは「よいしょっ、と…」というかけ声が必要である」というそのマンションはそれこそ『ウルトラマン』に出てきてもおかしくない、当時としてはかなりモダンな意匠であったに違いない。

　実相寺自身がずいぶん後になって知ったというが、「百合ヶ丘」という地名自体がもともと存在したものではなく、川崎市麻生区のシンボル花がヤマユリだったことから、このなにもない新興の土地に「百合丘」の名を冠したのだという。要はそれほどただの「郊外」であったこの地の、急な坂をのぼった小高い場所にあるマンションからは、それこそ当時は田園風景あるのみで、ただ国道二四六号が走っているだけだったという。

　部屋に向かう階段をのぼっていると、ちょうど風景の定点観測をするにはおあつらえの、いかにも六〇年代的な意匠の洒落た三角形の小窓があって、実相寺はこの窓のフレーミングを通して、日々「郊外」の風景が消えてゆくさまを眺めていたわけである（ちなみに実相寺はこの部屋を膨大な資料置き場として温存しつつ、九四年には鵜の木に転居した）。そんな実感とともに、「わたしは〝消えた風景〟の空気感が『ウルトラマン』であり、怪獣たちだったと思う。とりわけ、怪獣たちは消えた風景そのものだった、と思わずにいられない。わたしたちは、怪獣に、ある時代背景を投影してきたのである」と、本書の思い出のロケ場所巡礼の散策に赴くのであった。その思い出の回復修正作業は、実に細かい。

　実相寺の諸著作が皮切りとなって、主に特撮ヒーロー物の作り手や出演者の回顧譚のような書籍が山のように出たが、そういうものと本書をはじめとする実相寺の著作をきっぱり隔てるものは、こうした失われた風景や人々に対する執着が甘美な郷愁の域を超えていることである。実相寺は『ウルトラマンの東京』にこう記している。


　どの時代へ遡っても、「むかしは良かった」となげく老人に出会うおかしさが、ルネ・クレールの『夜毎の美女』という映画に、皮肉たっぷりに描かれていたが、ひょっとすると、わたしも、そういった類の老人かもしれない。しかし、むかしは良かった、と慨嘆すること、高度成長の時代までなら、退嬰的なことと非難されたかもしれないが、いまでは、ちがう、という気がする。ウルトラの旅をしてみると、むかしは良かった、ということに自信を持っても不思議ではない、という思いにとらわれてしまった。

この実相寺の認識には大いに共鳴するものである。こうして実相寺の人と作品をえんえんと振り返っている作業とて、決して弛緩したノスタルジィに駆られてのことではない。実相寺が高度成長期以前の東京を回顧する時と同じように、私は実相寺の創作の姿勢にどんどん人びとが不自由に首を絞め合って閉塞している現在の文化状況と切り結ぶ自由さや頑なさを読んで、現在を撃つものとして「むかしは良かった」と言いたいのである。

さて、本書に続いて一九九四年に実相寺は日本テレビ放送網から音楽をめぐる随想集『チェレスタは星のまたたき　世紀末のクラシックと劇場空間』を刊行している。これは日本テレビ『波の盆』のプロデューサーであった山口剛が出版に異動していた縁であったが（本書については【鐘楼】の章を参照されたい）、同じく山口の依頼で今度はＴＢＳ運動部の猛者がジャイアンツ・ナイターの中継権の獲得に執念を燃やす『小説ジャイアンツ・ナイター』（風塵社）を著き下ろした。

だが、テレビ・ラジオ各局の内幕にふれ、ジャイアンツの無理な要求に翻弄される各社の暗闘などを描いたこの小説は日本テレビからの出版かなわず、実相寺の官能小説を出していた風塵社から刊行された。野球中継がすっかり旗色悪くなっている現在からすると隔世の感もある、ジャイアンツ戦の中継権にまつわる業界内の熱い描写は、テレビマン出身の実相寺ならではのリアルさもあったが、それまでの自伝的小説の情感には乏しい本作は、実相寺の著作のなかでもちょっと浮いた感じの一作であまり評判にはならなかった。

この後、一九九〇年代後半の実相寺は実に三〇年ぶりに『ウルトラ』の世界に帰還して意気揚々と新

永遠の電車少年として
国内外の鉄道を愛した。

「けろけろけろっぴ」グッズの蒐集で部屋がいっぱいになった。

最愛のぬいぐるみ・ちな坊は毎年の年賀状にも登場した。

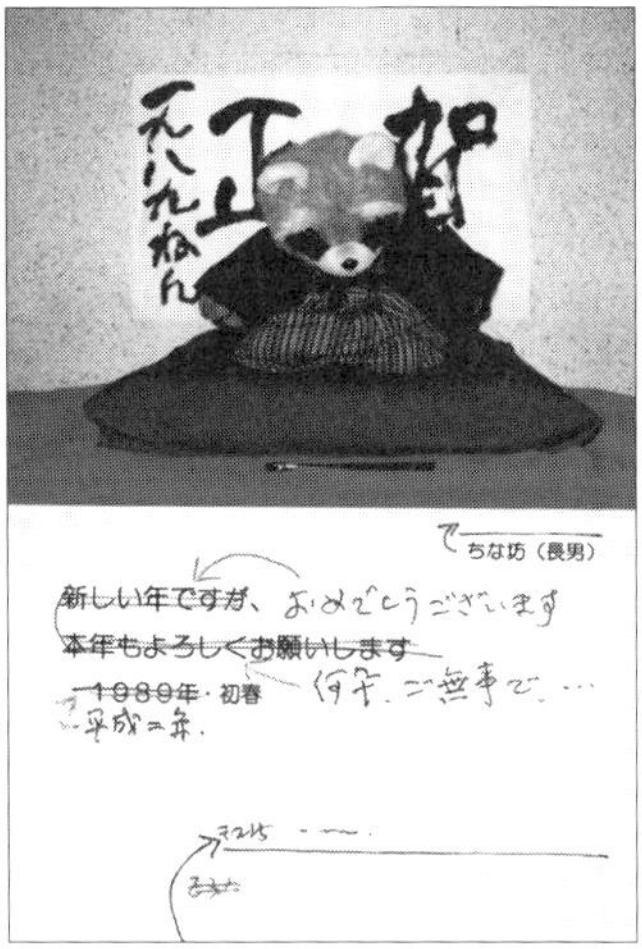

実相寺のマンション廊下の小窓。

妻・知佐子と娘・吾子との団らん。

作の『ウルトラマン』諸作を実相寺調をもって撮りあげるのだが、世紀をまたいだ二〇〇一年、円谷英二の生誕一〇〇年にもちなんで刊行した『怪獣な日々　わたしの円谷英二100年』（ちくま文庫）は、円谷英二の特撮演出をめぐる詳細な論考を目玉に、近作の『ウルトラマン』の制作過程をめぐる逸話まで、特撮関連の既出稿を豊富に集めた一冊である。

「第七章　円谷英二讃仰」では『ゴジラ』を自らコンテに起こして細かなカット分析を試みるほか、戦前から晩年までの東宝特撮における円谷特撮のセンスについて語っているが、凡庸な論考では特撮部分の精密さだけで話題が終わってしまうところ、実相寺の場合は常に本篇部分との相関において語られ、「円谷さんの特撮を見ると、お話とうまくからみあった（物への）フェティシズムに酔わされる」と指摘した後、それがうまく行かない時の原因は「本篇と特撮のバランス上、特撮の作る異空間がフェティシズムを超えて空想的になっていったこと、もうひとつは物から出発していない点にある」「本篇の方でフェティシズムを捉える視座に欠けていること」とかなり繊細な見方を施している。

また、これは私自身も本多猪四郎監督から聞いた、「怪獣と人間に意思の交流があるわけないんだから、発生感とでも言うべきものと、存在感を、怪獣なりに匂わせればいいんです。出てきちゃったものをドキュメンタルに追うこと。人間の心情をかぶせないこと、…これが基本でした」という言葉を引用しながら、「その言葉で、フラハーティの『アラン』と『ゴジラ』は一つになったし、私は怪獣映画の持つ本質も解ったのである。怪獣は、必ず人間が自然への畏怖を失った時にしか生まれない。人間が思い上がった時の厳しい自然が怪獣とイコールなのである」と実相寺は悟るのだが、これらは特撮映画、怪獣映画をめぐる最も本質的でハイブロウな観点を提供している。実相寺の深い影響を受けている庵野秀明の『シン・ゴジラ』も、まさに敬虔にこの視座にのっとって描かれている。

さて、次に一転、心を許して趣味性全開で書かれたのが翌二〇〇二年の『昭和電車少年』（JTB）で、これはもう万年電車マニアを自認する実相寺が、ひたすら偏愛する電車のコレクションを鉄道少年のように嬉々と語りながら、電車にまつわる時代の追想や、自分を耽溺させる電車のシズルについて言及する。実相寺はなんと自らが夢想した架空の理想的な電車のスケッチを書き溜めていて、その子どもじみた情熱は微笑ましい限りなのだが、これもまた特撮にもつながる「物へのフェティシズム」の一端なのであろう。

実相寺は、電車の切符や写真にとどまらず、風俗チラシから自分の切った爪に至るまで、とにかく「物」を遺し続けた。ある映画作家のことを研究する時に、たいてい課題となるのは、資料価値はのちのちになって生ずることが多いので、作品の制作・公開当時の資料が（かなりメジャーなものまで）現存していないということである。逆に実相寺の場合は、重要なものであれそうでないものであれ、気になったものは可能な限り保存してあり、その洪水のような資料にまみれることで、実相寺の最も本質的な部分が見え難くなってしまうことである（そんなことはまず実相寺以外ではあり得ない）。こうしてふれてきた著作の荒唐無稽なまでのレンジの広さも、その迷走を助長する。実相寺についてエッセンシャルな思考を試みる時は、その個々の資料を「どう捨てていくか」を問われることになるのである。

逝去直前の実相寺が撮った自室の床。

後餓鬼

終章にかえて

実相寺監督から事実上の遺作となる『シルバー假面』の初号試写の誘いを受けた私は、二〇〇六年一一月二〇日、イマジカ第二試写室へ赴いた。ようやくの思いでチェック作業に立ち合ったという実相寺監督の姿はすでになく、中堀正夫カメラマンの表情がきわめて厳しいものだったのをよく覚えている。私が到着するより前に試写室に着いたひし美ゆり子氏は、たまさか車椅子で出て来る実相寺監督に会っている。その際、「体調を崩しちゃってね」と立ち上がって挨拶できないことをしきりに詫びながら、初めて監督のほうから握手を求めてきた。ひし美氏が握ったその手は驚くほど冷たかったという。実相寺監督が鬼籍の人となったのは、それから間もない一一月二九日のことであった。

一二月二日、実相寺家の菩提寺である湯島の麟祥院で葬儀が執り行われた。ここは春日局が開基で「からたち寺」の愛称で親しまれてきた由緒ある寺である。実相寺監督は幼い頃、ここで遊びまわっていたというが、表の春日通りには路面電車も走っていたのできっとお気に入りの場所だったことだろう。喪主の知佐子夫人は「私は実相寺の最初と最後の二度主演女優をやらせてもらいました。今日がその最後のほうです」（「最初」とは監督が演出デビューして間もない頃のスタジオドラマ『おかあさん』の〈さらばルイジアナ〉のことである）という挨拶につづく、出棺の光景を見ていると、そのぴんと冷たい空気と澄んだ光の木立の映像が『ウルトラセブン』〈狙われた街〉冒頭の葬儀のシーンを思い出させた。これは私だけでなく、実際そのシーンの登場人物であったひし美ゆり子氏も同じ感想を記していた。まるで実相寺監督自身が演出しているようなひとときだった。

このときの澄明なヌーヴェル・ヴァーグ的な光が連想させるのは、実相寺監督が、仮に自分の遺作となるならばこれにしたいという思いをもって進行させていた企画だ。それは日野啓三原作の「光」であった。ひじょうにユニークな小説で、月面で事故に遭って逆行性健忘症になった元宇宙飛行士が、入院した精神科の病院で中国人のナースに出会う。男は、ナースが心のよりどころとする黄河について語る時、なんと月面の表土を思い出し、ともに失われし記憶を探ってゆく。そして彼は、宇宙空間で見た本当の闇と、その向こうの光を思い出す…。

　奇しくもこの原作は、ゆかりの深い中国の大地の記憶と宇宙をめぐる特撮＝ＳＦ世界の夢、そして男女の特異なる愛…と、実相寺監督ごのみのモチーフが月の石のようにひんやりと結晶したような、まさに実相寺昭雄のためにあるような小説であった。よくぞこんな恰好の原作を発見されたものだと唸った。主役のふたりに阿部寛、ヴィッキー・チャオを想定しつつ、改稿とロケハンまで進められていたこの作品は、実相寺監督の逝去により文字通り幻となった。これはいかにも観てみたい異色作の予感がたちこめたが、志なかばで天に召され、星の林を通過しながら、監督は真の闇と光を見たであろうか。

　さて、あとがきを悪戯めいて「後餓鬼」にしたのは、実相寺監督最後の著作『ウルトラマン誕生』にあやかったまでだが、それこそまだまだ「餓鬼」であった私を実相寺監督に紹介したのは『闇への憧れ』の編集者の榎本陽介氏だった。一九八〇年代半ば、ＴＢＳ「調査情報」誌で実相寺監督と私はそれぞれ連載を持っていて、その共通の担当編集者が榎本氏であったのだ。

　このご縁を機に、実相寺監督とお酒やお茶をご一緒したり、時にはあらたまったインタビューをして「調査情報」に発表したり、あるいはけっこうな分量の書簡のやりとり（真摯な内容が多く、本書の執筆にあたって大いに参考になった）をしたり、ついには映画のシノプシスを書いてほしいと頼まれたこともあった。そのうちのひとつである江戸川乱歩「陰獣」を翻案したプロットは大変気に入ってもらえて、監督もぜひ映画化したいと動かれたが、あいにくこの原作権がフランスの映画会社に押さえられていて実らなかった。すると今度は『実相寺昭雄の不思議館』というオリジナルビデオを作るので監督をしませんかと誘ってくださったが、畏れ多いと固辞したことが今は悔やまれる。

　そして実相寺監督は、『星の林に月の舟』はじめ主要著作の編集者であった青木真次氏を私に紹介し

最後まで映画化に意欲を燃やしていた日野啓三原作「光」と準備稿。

た。青木氏の編集で、以後の私は幾冊もの日本映画やテレビドラマをめぐる単行本を書くことになるのだが、そのなかの一冊「テレビヒーローの創造」（一九九三／筑摩書房）における実相寺監督や周囲のプロデューサーたちへの濃厚なインタビューと作品潮流の考察は、後に（鬼籍に入られた方も増えて）ひじょうに貴重なものとなった。本書の執筆にあたっては、これらの脂ののった時期の実相寺監督との対話や作品公開時に「キネマ旬報」誌などに発表した同時代の批評や書評など、いつの間にかこつこつと積み重ねていた「年代物」の実相寺研究のストックを一気に蔵出しして、一冊の書物に織り上げることになった。

今ひとり、特撮関係の貴重な資料を発掘、膨大なインタビューや記事を蒐集編纂して目覚ましい洋泉社の若き編集者・小沢涼子氏は、私と水野久美氏の共著「女優水野久美」の編集者でもあるが、彼女の編集によるムック「実相寺昭雄 研究読本」（二〇一四）はこれまでのところ最もボリュームのある実相寺研究の必読書で、私もその筆者の一員である。この実相寺を愛する書き手たちのごった煮的な饒舌と熱気に満ちた労作は圧巻だが、自分もその当事者のひとりとして思ったのは、こうして実相寺の多様性をそのまま騒然としたかたちで思い思いに記しておくのは、ひとつの誠実なオマージュではある。だが、没後二十年、三十年…と、この異能の人の真の凄さを申し送りしていくためには、一方でもう少しまとまった視座から「実相寺昭雄とは何だったのか」というクリティックを記しておくことが、絶対に必要なのだ。それがなければ、結局将来実相寺はよくわからない多彩で胡乱な才人みたいな見切られ方をするだろう。実は没後まだ十年の現在にして、その兆しはほうぼうで感じられる。

以心伝心というべきかそんなことを思った昨秋以降、ふたつの会社の編集者から没後十年に向けて実相寺研究本を書きませんかと申し出があった。その時分から「もしも書くならいくつもの伽藍の配置かならなる実相寺という寺に見立てて章立てするのはどうかしら」などと与太話をして編集者各位を笑いとともに頷かせながら（そして本当にそうなったのだが）、しかし一向にエンジンがかからず、そんな難儀な書物は別に私でなくても誰か最適な書き手が書いてくれればいいのだと思っていた。ところが、そんなふうにのんきに構えているうちに、没後十年は何もそんな再評価の気配すらなく迫ってきた。あの広大な実相寺世界を受けて立つにはそれ相当の覚悟が要るから、あれほど愛を表明している書き手たちもひるむのだろう。無精な私が、やはり覚悟を決めて書いておけばよかったかなと思った時、目の前にいたのが論客として編集者として勇名を馳せる中川右介氏であった。時すでに実相寺昭雄の全貌にふれた書物を書きおろすのに必要な刻限をとうに過ぎていたが、中川氏は「これは、没後十年の節目に向けてぜひやるべきである」と即座に無謀な決断をして版元のアルファベータブックス（彼が創業し、現在は外部スタッフとして関わっている）と交渉し決めてくれた。そういう昭和な無茶には無条件に乗る体質の私は、まさかの執筆にとりかかった。これを意気に感じた実相寺組スタッフとゆかりの方々からなる「実相寺昭雄研究会」の全面的協力を頂いたことで、作業は奇跡的な進捗を見た。

だが、書き進めてみると、実はこの極端なる制限時間つきの執筆が、むしろ実相寺を考えるにあたっては極めて奏功していることに気づいた。それは実相寺という人物の特異さに由来する。すなわち、監督や俳優など映画人は往々にして自らの仕事の痕跡を遺さないので、その推理や捜索に窮して時を要するのだが、実相寺はティーンの時代から亡くなる直前までそれはもう信じ難いほどの文章、絵画、資料、グッズそのほか気になったものの数々を保存し続けた。たとえば川崎市麻生区万福寺の「寓居」と称される資料部屋にて、その大海のごとき生の痕跡に耽溺しているだけで、もうこちらの一生も終わりそうなレベルである。したがって、本書のように「実相寺昭雄とは何だったのか」というエッセンス抽出をもくろみつつも、執筆に余裕があってうかつにその遺された品々にいちいち愛着を感じていると、それこそ実相寺という大伽藍に収拾なく呑まれてしまったことだろう。

すなわち「実相寺昭雄とは何だったのか」をいくぶんロングショットで落ち着いて考えるためには、（通常の作家論なら貪欲に資料の蒐集に専心すべきところを）資料を一種クールに捨てて捨てまくるくらいの意志が必要なのだ。今回の有無を言わさぬ執筆の速度は、おのずからその意志の持続が必要であったので、結果的には歓迎すべきなりゆきであった（もちろん、その取捨選択も先述したように数十年にわたり書きためた論考とインタビューのストックを背骨としてのことであり、ただむやみに捨象していったわけではない）。

ただ一点、そんななかで実相寺監督が高校生、大学生、就職を経て社員演出家としてデビューするまでの克明な日記については、熟読するにつけ発見があり、あの作家性の原点を知るうえでいくぶん詳細にとりあげた。

また、この往年の日記をはじめ本書では「実相寺昭雄研究会」のご協力で貴重な資料の数々をご提供頂いたが、これをただ風味なきアーカイブ然と掲載しては実相寺監督に申し訳ないと思い、生涯のパートナーであった撮影監督の中堀正夫氏に無理を申し上げて、「資料の画像を実相寺調で撮影してください」とお願いをした。その思いつきを面白がってくださった中堀氏は、時間なきなか素晴らしい画像を撮りおろしてくださった。言わば本書自体が実相寺映画の延長にある訳で、そこもまた読者諸兄にはお愉しみ頂きたいところだ。

さらに、実相寺作品の助監督をつとめて来られた勝賀瀬《しょうがせ》重憲氏には、映画からＴＶ番組、ＣＭに至る

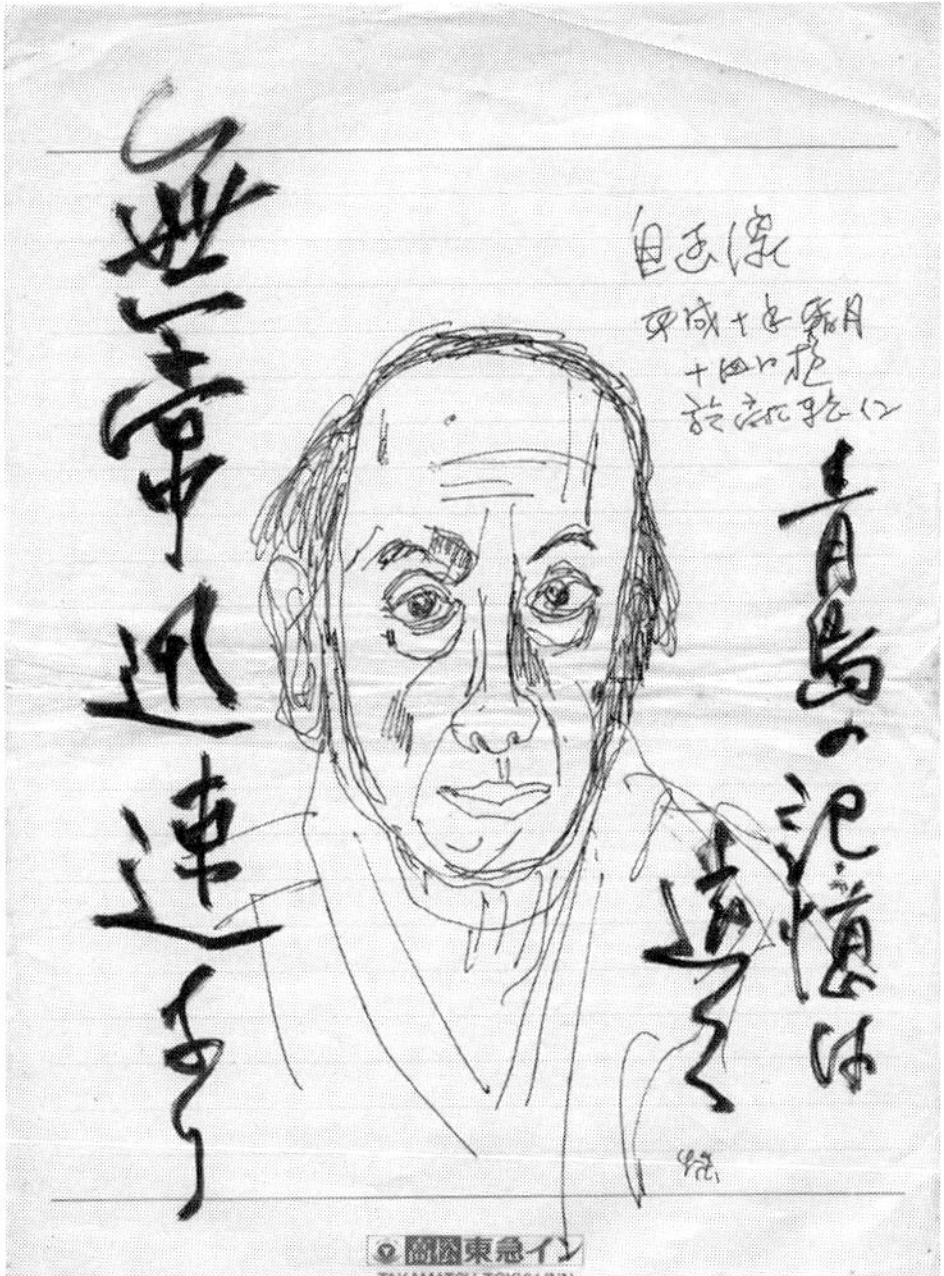

さまざまな珍しい現場スナップの数々を渉猟、ご提供頂いた。こうして揃った画像の数々を、これまで「万華鏡の女 女優ひし美ゆり子」など幾冊かの拙著を手がけてくださって全幅の信頼をおく装丁の倉地亜紀子氏が、阿吽の呼吸でシックにデザインして下さった。実相寺監督のお気に入りだった編集者の名越加奈枝氏には、本書の企画成立前から陰に陽に各方面への調整の労をとって頂いた。アルファベータブックスの茂山和也氏は、中川氏の提案に乗って出版を決断してくださった。こうした方々の得難いお力を得て、きっと何も言わなければ構想十年、執筆五年と謳っても大丈夫なくらいの構えの書物にはなったと思う。

このほか、実相寺監督の肖像をご提供くださったカメラマンの塩澤秀樹氏、円谷プロダクションの大岡新一社長、宣弘社の小林隆吉社長、渡辺邦彦氏、アルバトロス・ジャパンの村田修一氏、笠智衆氏ご子息の笠鉄三氏、大島渚プロダクションの大島新氏、コダイ・グループの小谷野祥子氏はじめご協力を賜った皆さまに心よりの謝辞を捧げたい。

そして、何よりこの場を借りて実相寺監督夫人の原知佐子氏にねぎらいの言葉をお贈りしたい。資料を読み解くほどに、あの破天荒な実相寺監督の創作人生が奥方への長年の愛情と依拠に支えられていることが確認できた。私にとっての原氏は映画『黒い画集 あるサラリーマンの証言』『その場所に女ありて』やドラマ『赤い疑惑』の名女優だが、演出家・実相寺昭雄を開花させ鼓舞し続けたことは作品歴に残らないいたく貴重な業績である。

実相寺昭雄監督 没後十年の日に

樋口尚文

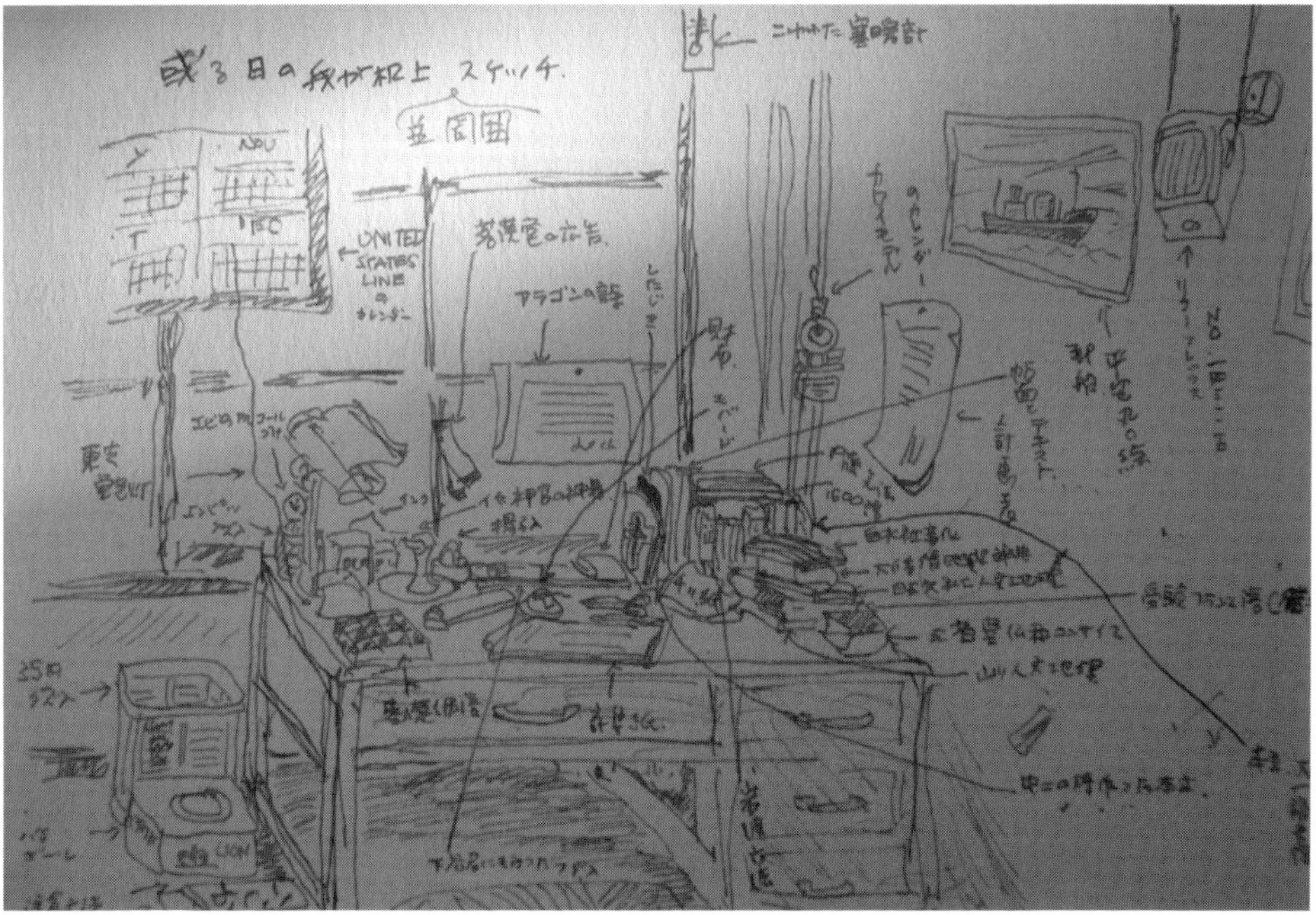
或る日の我が机上 スケッチ.
こわれた寒暖計
UNITED STATES LINE のカレンダー
アラゴンの詩

大庫裏

実相寺昭雄　主要作品リスト

※実相寺昭雄の作品は映画、テレビから小説まで極めて多岐にわたるので、あくまで主要作品だけを収録（TVCMについては不明の作品も含めて膨大な量であるため割愛した）。

●テレビ番組

放映日	タイトル	局、制作会社
1961年		
10月12日	歌う佐川ミツオ（劇場中継）	TBS
12月31日	日劇ビッグパレード　オールスター大行進（劇場中継）	TBS
1962年		
3月3日	歌謡ショー・君恋し（劇場中継）	TBS
6月14日	おかあさん　第139回〈あなたを呼ぶ声〉	TBS
8月2日	おかあさん　第145回〈生きる〉	TBS
9月13日	おかあさん　第151回〈あつまり〉	TBS
1963年		
1月1日	明治ハイティーン・ア・ラ・モード・ショー　ビート！ファイト！シュート！	TBS
1月10日	おかあさん　第168回〈鏡の中の鏡〉	TBS
2月14日	おかあさん　第173回〈さらばルイジアナ〉	TBS
3月30日	7時にあいまショー〈若さ・現在・未来〉	TBS
5月4日	7時にあいまショー〈歌う倍賞千恵子〉	TBS
5月25日	7時にあいまショー〈歌だ！若さだ！〉	TBS
6月2日	現代の主役〈ウルトラQのおやじ〉	TBS
6月8日	7時にあいまショー〈TVっ子、九ちゃん〉	TBS
8月8日	おかあさん　第197回〈汗〉	TBS
8月23日	近鉄金曜劇場〈いつか極光《オオロラ》の輝く街に〉	TBS
8月31日	7時にあいまショー〈若さがある〉	TBS
12月31日	歌くらべオールスター大行進（劇場中継）	TBS
1964年		
1月4日	でっかく生きろ！　第1回〈不満族〉	TBS
1月11日	でっかく生きろ！　第2回〈夢の話〉	TBS
1月18日	でっかく生きろ！　第3回〈忍びの女〉	TBS
1月25日	でっかく生きろ！第4回〈恋愛一時禁止協定〉	TBS
2月1日	でっかく生きろ！第5回〈日本版マイ・フェア・レディ〉	TBS
3月28日	でっかく生きろ！第13回〈その日まで、さようなら〉	TBS
1966年		
6月2日	現代の主役〈ウルトラQのおやじ〉	TBS

7月10日	ウルトラマン誕生！〈前夜祭〉	TBS
10月16日	ウルトラマン　第14話〈真珠貝防衛指令〉	TBS、円谷プロ
10月23日	ウルトラマン　第15話〈恐怖の宇宙線〉	TBS、円谷プロ
12月11日	ウルトラマン　第22話〈地上破壊工作〉	TBS、円谷プロ
12月18日	ウルトラマン　第23話〈故郷は地球〉	TBS、円谷プロ
1967年		
3月5日	ウルトラマン　第34話〈空の贈り物〉	TBS、円谷プロ
3月12日	ウルトラマン　第35話〈怪獣墓場〉	TBS、円谷プロ
5月17日	レモンのような女 第2話〈私は私―アクチュアルな女―より〉	TBS、国際放映
5月24日	レモンのような女 第3話〈燕がえしのサヨコ〉	TBS、国際放映
6月7日	レモンのような女　第5話〈夏の香り〉	TBS、国際放映
6月14日	レモンのような女　第6話〈そばとオハジキ〉（3本のオムニバスの中の1本）	TBS、国際放映
11月19日	ウルトラセブン　第8話〈狙われた街〉	TBS、円谷プロ
11月29日	風　第9話〈走れ！新十郎〉	TBS、松竹
12月17日	ウルトラセブン 第12話〈遊星より愛をこめて〉	TBS、円谷プロ
12月27日	風　第13話〈絵姿五人小町〉	TBS、松竹
1968年		
2月21日	風　第21話〈誰がための仇討ち〉	TBS、松竹
3月20日	風　第25話〈江戸惜春譜〉	TBS、松竹
7月28日	ウルトラセブン　第43話〈第四惑星の悪夢〉	TBS、円谷プロ
8月11日	ウルトラセブン　第45話〈円盤が来た〉	TBS、円谷プロ

10月6日	怪奇大作戦　第4話〈恐怖の電話〉	TBS、円谷プロ
10月13日	怪奇大作戦　第5話〈死神の子守歌〉	TBS、円谷プロ
1969年		
2月16日	怪奇大作戦　第23話〈呪いの壺〉	TBS、円谷プロ
3月1日	怪奇大作戦　第25話〈京都買います〉	TBS、円谷プロ
11月12日	Oh！それ見よ　第7話〈坐り込み大作戦〉	TBS、国際放映
11月19日	Oh！それ見よ　第8話〈あざやかな詩人〉	TBS、国際放映
1971年		
11月28日	シルバー仮面　第1話〈ふるさとは地球〉	TBS、宣弘社
12月5日	シルバー仮面　第2話〈地球人は宇宙の敵〉	TBS、宣弘社
1972年		
4月30日	遠くへ行きたい〈歩く　大和路〉	よみうりテレビ、テレビマンユニオン
1973年		
6月23日	ウィークエンド・クッキング	TBS、サンオフィス
11月25日	遠くへ行きたい〈おんなみち〉	よみうりテレビ、テレビマンユニオン
1974年		
2月3日	遠くへ行きたい〈さすらいの主題〉	よみうりテレビ、テレビマンユニオン
3月3日	遠くへ行きたい〈城下町〉	よみうりテレビ、テレビマンユニオン
8月4日	遠くへ行きたい〈あめのうた〉	よみうりテレビ、TVマンユニオン

9月8日	遠くへ行きたい〈非冒険者の旅〉	よみうりテレビ、TVマンユニオン
12月22日	遠くへ行きたい〈宿場町〉	よみうりテレビ、TVマンユニオン
1975年		
2月16日	歴史はここに始まる〈救世軍廃娼運動・仁義ある戦い〉	TBS、国際放映
3月9日	歴史はここに始まる〈本郷菊富士ホテル大正遁走曲〉	TBS、国際放映
1976年		
	対談ドキュメント〈よろずことば　岸恵子、大岡信〉	テレビ朝日、TVマンユニオン
	対談ドキュメント〈母人　水上勉、山本安英〉	テレビ朝日、TVマンユニオン
1977年		
10月1日	あゝプロ野球 第1回〈人生球場・風雲編〉	朝日放送、TVマンユニオン
10月15日	あゝプロ野球 第3回〈長島さんは英語がお好き〉	朝日放送、TVマンユニオン
10月22日	あゝプロ野球 第4回〈日本シリーズのルーツ〉	朝日放送、TVマンユニオン
11月5日	あゝプロ野球 第6回〈くたばれ日本シリーズ〉	朝日放送、テレビマンユニオン
11月26日	あゝプロ野球 第9回〈頑張れ阪神タイガース〉	朝日放送、TVマンユニオン
1978年		
1月7日	あゝプロ野球 第13回〈黒江コーチのサインの挑戦〉	朝日放送、テレビマンユニオン
3月26日	すばらしき仲間〈早春の大和路〉	中部日本放送、イースト
8月6日	甲子園開幕スペシャル あゝ栄冠は君に輝く	朝日放送、テレビマンユニオン
9月16日	私は旅をする〈巴里マレー地区〉	朝日放送、イースト
9月30日	私は旅をする〈ロワール河流域〉	朝日放送、イースト
11月19日	オーケストラがやって来た〈ザ・ロンゲスト・シューベルト　史上最大の作曲〉	TBS、テレビマンユニオン
1979年		
1月28日	オーケストラがやって来た〈中村紘子　私のラフマニノフ〉	TBS、テレビマンユニオン
3月11日	オーケストラがやって来た〈コーラスの神髄おきかせします〉	TBS、テレビマンユニオン
3月18日	オーケストラがやって来た〈ウルトラマンVS宇宙戦艦ヤマト〉	TBS、テレビマンユニオン
4月20日	放送広告の日スペシャル・コマーシャル音楽の世界	全民放、テレビマンユニオン
7月1日	日曜特バン・生中継スイスアルプス	
7月15日	オーケストラがやって来た〈若き血に燃ゆるもの〉	TBS、テレビマンユニオン
8月5日	オーケストラがやって来た〈あゝ栄冠は君に輝く〉	TBS、テレビマンユニオン
8月26日	オーケストラがやって来た〈ああアメリカ、アメリカ　グランドキャニオン〉	TBS、テレビマンユニオン
9月9日	オーケストラがやって来た〈井上道義・背番号40番〉	TBS、テレビマンユニオン

10月28日	オーケストラがやって来た〈ラベルが『展覧会の絵』を見たとき〉	TBS、テレビマンユニオン
11月11日	オーケストラがやって来た〈中村紘子・北への憧憬　グリーク　ピアノ協奏曲〉	TBS、テレビマンユニオン
12月23日	オーケストラがやって来た〈生放送・小澤征爾のクリスマス〉	TBS、テレビマンユニオン
12月30日	オーケストラがやって来た〈決定版！朝比奈隆の第九交響曲〉	TBS、テレビマンユニオン
1980年		
1月	バジール教授　2001年への旅	TBS、イースト
1月13日	オーケストラがやって来た〈小澤征爾の0番の発見〉	TBS、テレビマンユニオン
1月20日	オーケストラがやって来た〈直輸入・ボストン→東京〉	TBS、テレビマンユニオン
2月10日	オーケストラがやって来た〈シューマンの春が来ララ〉	TBS、テレビマンユニオン
3月9日	オーケストラがやって来た〈恋は魔術師・一つのスペイン物語〉	TBS、テレビマンユニオン
3月30日	オーケストラがやって来た〈石井眞木〈曙光〉の輝き〉	TBS、テレビマンユニオン
4月20日	オーケストラがやって来た〈バレエの双子座・堀内元、充兄弟デビュー〉	TBS、テレビマンユニオン
4月21日	放送広告の日スペシャル　CMの作り方おしえます	全民放、テレビマンユニオン
4月27日	オーケストラがやって来た〈室内楽の愉しみ〉	TBS、テレビマンユニオン
5月18日	オーケストラがやって来た〈五木ひろしの歌のふるさと〉	TBS、テレビマンユニオン

8月3日	オーケストラがやって来た〈松本城にやって来た〉	TBS、テレビマンユニオン
10月10日	二十四の瞳（日生ファミリースペシャル）（実写とアニメによるドラマの実写部分）	フジテレビ、東京ムービー新社
11月9日	オーケストラがやって来た〈ベーゼンドルファー1819　中村紘子とリストのピアノ〉	TBS、テレビマンユニオン
12月14日	オーケストラがやって来た〈音の錬金術・シェーンベルグ氏のお手並み〉	TBS、テレビマンユニオン
12月28日	オーケストラがやって来た〈ローマの休日・チャイコフスキーの想い出〉	TBS、テレビマンユニオン
	長嶋茂雄スペシャル	フジテレビ、テレビマンユニオン
1981年		
1月18日	オーケストラがやって来た〈竹村健一のオーケストラ経済学〉	TBS、テレビマンユニオン
2月22日	オーケストラがやって来た〈運命はかく扉を叩く〉	TBS、テレビマンユニオン
3月29日	オーケストラがやって来た〈初めよければすべてよし〉	TBS、テレビマンユニオン
4月19日	オーケストラがやって来た〈中村紘子・モーツァルトの場合〉	TBS、テレビマンユニオン
4月21日	放送広告の日スペシャル　日本のCM傑作50選	全民放、テレビマンユニオン
5月31日	オーケストラがやって来た〈新人王有力候補サムライ君〉	TBS、テレビマンユニオン
7月5日	オーケストラがやって来た〈パイヤールの弦楽の楽しみ〉	TBS、テレビマンユニオン

7月12日	オーケストラがやって来た〈立川清登のパパゲーノ〉	TBS、テレビマンユニオン
10月4日	オーケストラがやって来た〈音の画家・ピエール・ボルト〉	TBS、テレビマンユニオン
11月3日	カラヤンとベルリン・フィルのすべて 第2回	TBS、テレビマンユニオン
11月4日	カラヤンとベルリン・フィルのすべて 第3回	TBS、テレビマンユニオン
11月6日	カラヤンとベルリン・フィルのすべて 最終回	TBS、テレビマンユニオン
12月13日	オーケストラがやって来た〈天使の声　イ・ムジチ・モーツァルト〉	TBS、テレビマンユニオン
12月16日	原辰徳スペシャル 第1回〈王貞治のみた原辰徳〉	日本テレビ、テレビマンユニオン
12月23日	原辰徳スペシャル 第2回〈原と巨人の仲間たち〉	日本テレビ、テレビマンユニオン
12月27日	オーケストラがやって来た〈岡村喬生・シューベルトを歌う〉	TBS、テレビマンユニオン
1982年		
1月6日	原辰徳スペシャル 第3回〈原辰徳へのアンケート〉	日本テレビ、テレビマンユニオン
1月13日	原辰徳スペシャル 最終回〈原辰徳・予測〉	日本テレビ、テレビマンユニオン
3月	関西ビジネス最前線スペシャル	テレビ大阪
3月28日	オーケストラがやって来た〈中村紘子・重大コンチェルト〉	TBS、テレビマンユニオン
4月4日	オーケストラがやって来た〈苦しき事のみ多かりき・数住岸子〉	TBS、テレビマンユニオン

4月18日	オーケストラがやって来た〈誰よりも名器を愛す・前橋汀子〉	TBS、テレビマンユニオン
4月25日	オーケストラがやって来た〈バイオリンの恍惚・佐藤愛子〉	TBS、テレビマンユニオン
5月24日	伝説のピアニスト ホロヴィッツ・コンサート	テレビ朝日、テレビマンユニオン
9月16日	オーケストラがやって来た〈小澤征爾シリーズ1・新世界に光あり〉	TBS、テレビマンユニオン
9月23日	オーケストラがやって来た〈小澤征爾シリーズ2・運をつかむ〉	TBS、テレビマンユニオン
10月14日	ボクの音楽武者修行82・小澤征爾の世界	朝日放送、TCU
11月14日	オーケストラがやって来た〈ゼルキンと小澤征爾　浪漫派ゼルキン〉	TBS、テレビマンユニオン
11月21日	オーケストラがやって来た〈皇帝ゼルキン　小澤と共演〉	TBS、テレビマンユニオン
11月28日	オーケストラがやって来た〈数住岸子1・堤琴夢弦〉	TBS、テレビマンユニオン
12月5日	オーケストラがやって来た〈数住岸子2・錬琴術公開〉	TBS、テレビマンユニオン
12月12日	オーケストラがやって来た〈数住岸子3・想像力の飛翔〉	TBS、テレビマンユニオン
	スーパー新人王！（生放送バラエティー）	フジテレビ、テレビマンユニオン
	世界の豪華料理・パリ・美食の饗宴	テレビ東京、テレビマンユニオン
1983年		
1月9日	オーケストラがやって来た〈武満徹・SEA（海）の秘密〉	TBS、テレビマンユニオン

1月30日	オーケストラがやって来た〈シュヴァルベシリーズ1 バイオリンを逃すな！〉	TBS、テレビマンユニオン
3月20日	オーケストラがやって来た〈最後のブラームス 小澤征爾 和解の協奏曲〉	TBS、テレビマンユニオン
11月15日	波の盆	日本テレビ、テレビマンユニオン
	花人生七変化～市川猿之助の華麗な世界	日本テレビ、テレビマンユニオン
1984年		
9月9日	遠くへ行きたい〈神田 味の路地〉	よみうりテレビ、TVマンユニオン
12月	先生！聞いて下さい 斎藤秀雄メモリアルコンサート	日本テレビ、テレビマンユニオン
12月30日	遠くへ行きたい〈実朝 夢や夢 鎌倉〉	よみうりテレビ、テレビマンユニオン
	諸君！スペシャルだ〈上海にジャズが流れた日〉	TBS、渡辺企画
	春への憧れ LONGING FOR SPRING	池上通信機、バビック
1985年		
9月1日	遠くへ行きたい〈珍味 塩釜 気仙沼〉	よみうりテレビ、テレビマンユニオン
11月10日	遠くへ行きたい〈たら腹 満腹 北海道〉	よみうりテレビ、テレビマンユニオン
11月14日	中村敦夫の地球発22時〈日本の秋〉	毎日放送、創都
	交響曲・宇宙戦艦ヤマト	NHK衛星放送

1986年		
1月2日	消え行くなつかしの小学唱歌大全集	日本テレビ、タキオン
1月12日	遠くへ行きたい〈長崎蘭学事始〉	よみうりテレビ、テレビマンユニオン
9月7日	遠くへ行きたい〈石見路ア・ラ・カルト〉	よみうりテレビ、テレビマンユニオン
11月4日	青い沼の女（火曜サスペンス劇場）	日本テレビ、コダイ
	東京幻夢	NVS研究会
	私のショパン・アレクシス・ワイセンベルグ	タキオン
1987年		
	キャスリーン・バトル 人見記念講堂リサイタル	
1988年		
	追跡／君の名は	日本テレビ
1991年		
	ファンタスマ・カンスト	TBSハイビジョン
1997年		
5月17日	ウルトラマンティガ 第37話〈花〉	毎日放送、円谷プロダクション
6月7日	ウルトラマンティガ 第40話〈夢〉	毎日放送、円谷プロダクション
1998年		
5月30日	ウルトラマンダイナ 第38話〈怪獣戯曲〉	毎日放送、円谷プロダクション

2004年		
9月14日	ウルトラQ ～dark fantasy～ 第24話〈ヒトガタ〉	エイベックス、ソニー・ピクチャーズ、IMAGICAエンタテインメント
9月21日	ウルトラQ ～dark fantasy～ 第25話〈闇〉	エイベックス、ソニー・ピクチャーズ、IMAGICAエンタテインメント
2005年		
11月26日	ウルトラマンマックス 第22話〈胡蝶の夢〉	中部日本放送、円谷プロダクション
12月10日	ウルトラマンマックス 第24話〈狙われない街〉	中部日本放送、円谷プロダクション

●劇場用映画　監督作品

公開日	タイトル	製作
1969年2月15日	宵闇せまれば	プロダクション断層
1970年8月8日	無常	実相寺プロダクション、ATG
1971年9月11日	曼陀羅	実相寺プロダクション、ATG
1972年6月17日	哥	実相寺プロダクション、ATG
1974年10月26日	あさき夢みし	中世プロダクション、ATG
1975年7月20日	藤戸（沖縄海洋博用映画）	サンオフィス
1977年9月17日	歌麿　夢と知りせば	日本ヘラルド映画、太陽社
1979年3月17日	実相寺昭雄監督作品 ウルトラマン	円谷プロダクション
1988年1月30日	帝都物語	エクゼ
1988年8月27日	悪徳の栄え	にっかつ
1990年4月14日	ウルトラQザ・ムービー 星の伝説	円谷映像、松竹、セガ・エンタープライズ、東北新社
1994年3月26日	屋根裏の散歩者	TBS、BANDAI
1998年5月16日	D坂の殺人事件	東映、東北新社
2005年7月16日	姑獲鳥の夏	日本ヘラルド映画、ジェネオン、電通
2005年11月5日	乱歩地獄〈鏡地獄〉	ミコット・エンド・バサラ、ジェネオン、ニューセレクト、角川映画、東映チャンネル、カルチュア・パブリッシャーズ
2006年12月23日	シルバー假面 第壱話〈はなやしき〉	ジェネオン
2007年1月27日	ユメ十夜〈第一夜〉	日活、IMAGICAM、I&S BBDO、ダイコク電機

●劇場用映画　監督以外の作品

公開日	タイトル	製作
1979年6月2日	希望ヶ丘夫婦戦争（原作）（監督：西村昭五郎）	日活
1991年4月20日	超高層ハンティング（監修）（監督：服部光則）	バンダイ、テレビ東京、円谷映像
2004年7月7日	いかレスラー（監修）（監督：河崎実）	ファントム・フィルム
2006年9月2日	日本以外全部沈没（監修）（監督：河崎実）	クロックワークス、トルネード・フィルム
2006年9月16日	ヅラ刑事（監修）（監督：河崎実）	トルネード・フィルム
2006年12月23日	シルバー假面　第弐話〈於母影〉（総監修、監督：北浦嗣巳）	ジェネオン
2006年12月23日	シルバー假面　第参話〈鋼鉄のマリア〉（総監修、監督：服部光則）	ジェネオン
2009年6月13日	希望ヶ丘夫婦戦争（監督：高橋巖）	バイオタイド

●ビデオ監督作品

発売日	タイトル	制作
1987年2月28日	THE レイプマン　第2話〈竜子〉	円谷映像／コダイ／ハーフムーン
1989年7月29日	アリエッタ arietta（劇場公開題「いじめて、ください。アリエッタ arietta」）	九鬼
1990年2月15日	ラ・ヴァルス La Valse（劇場公開題「ラ・ヴァルス　わたし暴行されました」）	九鬼
1992年12月25日	ディアローグ「對話」より　堕落～ある人妻の追跡調査（劇場公開題「私、なんでもします！」）	コダイ
1992年4月23日	実相寺昭雄の不思議館1〈受胎告知〉	バンダイビジュアル
1992年9月	堕天使の契約（吉良平治名義）	九鬼
1993年8月13日	隣人（劇場公開題「観月マリ本番乱交」、吉良平治名義）	エクセス

●ビデオ　監修、企画した作品

発売日	タイトル	制作
1988年	地球防衛少女イコちゃん2　ルンナの秘密（監督：河崎実）	角川メディアオフィス、バンダイ、リバートップ
1991年11月18日	ミカドロイド（監督：原口智生）	東宝
1992年2月28日	マイ・ブルー・ヘヴン　わたし調教されました（監督：寺田農）	エクセス
1992年4月23日	実相寺昭雄の不思議館1	バンダイビジュアル
1992年6月21日	実相寺昭雄の不思議館2	バンダイビジュアル
1996年7月21日	東京デカメロン（監督：小林浩一）	センテスタジオ
1997年12月24日	実相寺昭雄のミステリーファイル1「幻の館」	エアフィールド

1997年12月24日	実相寺昭雄のミステリーファイル2「怪の館」	エアフィールド
1997年12月24日	実相寺昭雄のミステリーファイル3「奇の館」	エアフィールド

●テレビ放映され、後にビデオ化された作品

放映日	タイトル	制作
1989年3月21日	ウルトラマンをつくった男たち 星の林に月の舟（原作）	オフィスヘンミ、木下プロダクション、円谷プロダクション、TBS
1991年4月27日〜9月14日	怪奇千夜一夜物語（企画）	TBS、円谷映像

●演劇・オペラ・コンサートの演出

上演日	タイトル	演奏者、劇場
1974年	三島由紀夫「癩王のテラス」	日生劇場
1981年	三島由紀夫「近代能楽集・熊野」	国立劇場小劇場
1985年	A・ベルク「ヴォツェック」（演奏会形式のオペラ上演）	小澤征爾／新日本フィル
1986年	メシアン「アッシジの聖フランシスコ」（演奏会形式のオペラ上演）	小澤征爾／新日本フィル、東京カテドラル
1986年	R・シュトラウス「エレクトラ」（演奏会形式のオペラ上演）	小澤征爾／新日本フィル、川口市民会館、東京文化会館
1986年	サントリーホール オープニング「ザ・ガラ」（構成）	サントリーホール
1986年12月25日	「石井漠・山田耕筰生誕百年記念公演」（構成）	草月ホール
1987年1月28日	TOKYO MUSIC JOY「武満徹と愉快な仲間たち」（構成）	ゆうぽーと
1988年6月10日	オルフ「カルミナ・ブラーナ」	小澤征爾指揮／新日本フィル
1988年	ムソルグスキー「ボリス・ゴドノフ」	岡村喬生／新日本フィル
1989年4月18日、20日	ラヴェル「スペインの時」	手塚幸紀／新日本フィル、人見記念講堂（19日）、東京文化会館（20日）
5月24日	マーク・ナイクルグ「薔薇のむこうに」（企画構成・武満徹）	銀座セゾン劇場
6月2日	バルトーク「青ひげ公の城」	藤沢市民オペラ、藤沢市民会館
1990年1月24日	「イントレランス」（無声映画に語りと生演奏を付き上映の構成）	大友直人／新日本フィル
4月2日	石井眞木「水炎伝説」	バリオホール
5月11日、14日、15日	モーツァルト「イドメネオ」	小澤征爾／新日本フィル、アルカイックホール、東京文化会館
10月11日、13日	オネゲル「ダヴィデ王」	山田一雄／新日本フィル、東京文化会館
10月27日	曹洞宗「修証義」公布１００年記念	幕張メッセ
11月12日	オネゲル「ダヴィデ王」	山田一雄／新日本フィル、人見記念講堂
1991年12月6日	東京交響楽団定期演奏会	オーチャードホール

12月8日	ストラヴィンスキー「兵士の物語」	秋山和慶／東京交響楽団
12月18日	JR東海コンサート	中部電力ホール
1992年5月23日、24日	ストラヴィンスキー「兵士の物語」	神戸オリエンタル劇場、ゴールドブレンドコンサート
7月28日	オルフ「カルミナ・ブラーナ」（映像収録も）	石丸寛／東京交響楽団、ゴールドブレンドコンサート
	「中村紘子インビテーショナル・コンサート」（構成）	
	東京交響楽団定期演奏会	オーチャードホール
1993年1月30日	「ジャン・コクトーと同時代の作曲家たち」	アート・スフィア
4月25日	「エレクトロニクス薪能・武蔵野」（ハイビジョン収録も）	多摩東京都移管１００年記念TAMAらいふ21、パルテノン多摩
1994年1月8日	ハイドン「十字架上のキリストの最後の七つの言葉」	ハーレー・ストリングス・クァルテットカザルスホール
1月28日、30日	シェーンベルク「モーゼとアロン」	秋山和慶／東京交響楽団、サントリーホール
11月29日、12月1日	ベートーヴェン「フィデリオ」映像収録も	朝比奈隆（副指揮：外山雄三）／新日本フィル、人見記念講堂
1995年2月16日	ベートーヴェン「フィデリオ」	朝比奈隆／大阪フィル、フェスティバルホール
1995年11月14日、15日	ストラヴィンスキー「兵士の物語」	JTアートホール

1997年1月1日	プロコフィエフ「イワン雷帝」（構成台本）	ロストロポーヴィチ／新日本フィル、サントリーホール
10月2日、3日	モーツァルト「フィガロの結婚」	藝大定期第42回、メルパルクホール
11月30日	オネゲル「火刑台上のジャンヌ・ダルク」	名古屋グリーンエコー公演
1998年	モーツァルト「魔笛」（構成台本）	新日本フィル「成人の日コンサート」、サントリーホール
6月6日	モーツァルト「魔笛」	大町陽一郎／藝大オーケストラ、奏楽堂開館記念演奏会
10月1日	オルフ「カルミナ・ブラーナ」	井上道義／東京交響楽団、りゅーとぴあ新潟
10月13日、14日	モーツァルト「魔笛」	藝大定期第44回、すみだトリフォニーホール
12月5日、6日	モーツァルト「魔笛」	香川県民ホール
1999年	ヴェルディ「椿姫」	新日本フィル「成人の日コンサート」、サントリーホール
	「音と色彩」	藝大公演、奏楽堂
3月28日	リーム「狂ってゆくレンツ」	若杉弘／東京室内歌劇場、新東京国立劇場小劇場
２０００年2月25日、26日、27日	モーツァルト「魔笛」	二期会、東京文化会館
3月13日〜26日	実相寺昭雄・映像と音楽の回廊〜ファンタスマ（映像も）	コダイ創立15周年記念イベント、アートスフィア
8月24日、25日	ストラヴィンスキー「兵士の物語」	長野音楽祭２０００、メルパルクNAGANOホール

2001年10月8日	モーツァルト「ドン・ジョヴァンニ」	若杉弘／藝大オーケストラ、奏楽堂
10月27日	黛敏郎「古事記」	東京交響楽団、サントリーホール
2003年2月21日〜24日	ビゼー「カルメン」	二期会、飯森範親／東京フィルハーモニー交響楽団、東京文化会館
2004年6月19日	ヘンツェ「裏切られた海（午後の曳航）」	秋山和慶／東京交響楽団、サントリーホール
2005年3月4日〜6日	モーツァルト「魔笛」	二期会、下野竜也／東京フィルハーモニー交響楽団、新国立劇場

●コンサートの映像収録の監督

上演日	曲名、コンサート名	演奏者、ホール
1987年5月1日	リリック・ソプラノ キャスリーン・バトル・リサイタル	人見記念講堂
1988年12月14日	ベートーヴェン：交響曲第9番	朝比奈隆／新日本フィル、サントリーホール
1989年2月5日	ベートーヴェン：交響曲第1番、第3番	朝比奈隆／新日本フィル、サントリーホール
3月11日	ベートーヴェン：交響曲第2番、第7番	朝比奈隆／新日本フィル、サントリーホール
4月6日	ベートーヴェン：交響曲第4番、第6番	朝比奈隆／新日本フィル、サントリーホール
5月15日	ベートーヴェン：交響曲第5番、第8番	朝比奈隆／新日本フィル、サントリーホール
7月9日	マーラー：交響曲「大地の歌」	朝比奈隆／大阪フィル、ザ・シンフォニーホール
12月5日	マーラー：交響曲第2番「復活」（毎日放送で90年1月放送）	小澤征爾／ボストン交響楽団、フェスティバルホール
2月5日	ブラームス：交響曲第1番、二重協奏曲	朝比奈隆／新日本フィル、オーチャードホール
4月3日	ブラームス：交響曲第2番、ヴァイオリン協奏曲	朝比奈隆／新日本フィル、オーチャードホール
5月1日	ブラームス：交響曲第3番、ピアノ協奏曲第1番	朝比奈隆／新日本フィル、オーチャードホール
6月1日	ブラームス：交響曲第4番、ピアノ協奏曲第2番	朝比奈隆／新日本フィル、オーチャードホール
11月6日	武満徹作品	小澤征爾／新日本フィル、東京文化会館
11月12日	エルガー「威風堂々」（フジテレビ「即位の礼」の番組内）	山田一雄／新日本フィル、人見記念講堂
1991年6月7日	オッフェンバック「青髭」	ベルリン・コーミッシェ・オーパー来日公演、東京文化会館
6月18日	プッチーニ「ラ・ボエーム」	ベルリン・コーミッシェ・オーパー来日公演、グリーンホール相模大野
6月22日	モーツァルト「フィガロの結婚」	ベルリン・コーミッシェ・オーパー来日公演、神奈川県民会館
1992年5月13日	ブルックナー：交響曲第4番、ブラームス「ハイドンヴァリエーション」	朝比奈隆／新日本フィル、東京文化会館

9月2日	ブルックナー：交響曲第5番	朝比奈隆／新日本フィル、サントリーホール
9月8日	ブルックナー：交響曲第7番	朝比奈隆／新日本フィル、サントリーホール
12月14日	ベートーヴェン「荘厳ミサ曲」	朝比奈隆／新日本フィル、東京文化会館
1993年9月3日〜8日	オネゲル「火刑台上のジャンヌ・ダルク」	小澤征爾／サイトウ・キネン・オーケストラ、長野県松本文化会館
11月22日	ブラームス：交響曲第4番他（94年5月、テレビ朝日で放映）	小澤征爾／ウィーン・フィルハーモニー、サントリーホール
1994年2月3日	チャイコフスキー：交響曲第6番「悲愴」、ラフマニノフ：ピアノ協奏曲第2番	朝比奈隆／園田高弘／新日本フィル、サントリーホール
3月24日	プッチーニ「トスカ」	小澤征爾／新日本フィル、アルカイックホール（尼崎）
5月9日	マーラー：交響曲「大地の歌」	朝比奈隆／新日本フィル、東京文化会館
9月8日	ヴェルディ：レクイエム WOWOW	小澤征爾／サイトウ・キネン・オーケストラ、長野県松本文化会館
1995年9月4日	ストラヴィンスキー「道楽者のなりゆき」（ゲネプロ）	サイトウ・キネン・フェスティバル松本、長野県松本文化会館
1996年12月12日	ブルックナー 交響曲第3番	朝比奈隆／新日本フィル、東京文化会館
1997年12月14日、15日	宝塚歌劇 宙組公演「エリザベート」	宝塚大劇場
2000年1月2日、3日	マーラー：交響曲第2番「復活」	小澤征爾／サイトウ・キネン・オーケストラ、東京文化会館
1月4日	マーラー：交響曲第9番 ネットのライブ配信	小澤征爾／サイトウ・キネン・オーケストラ、東京文化会館
1991年11月1日	1791-1891-1991 Vienna：モーツァルト、ブラームス、武満	ウィーン交響楽団、ウィーン・アルティス弦楽四重奏団

●映像のための取材

1991年12月13日	「伊福部昭の自画像」	伊福部昭、石井眞木／新星日本交響楽団、府中の森ドリームホーム
1992年1月7日、9日	「伊福部昭の自画像」	伊福部昭邸
1992年3月20日	新日本フィル「武満徹作品集」	小澤征爾・小澤幹生　対談収録
1993年9月18日〜10月3日	「ブラームス交響曲全集」のためのドイツ・オーストリアロケ	
1996年12月14日	朝比奈隆と対談	ホテル・オークラ
1996年12月25日	朝比奈隆・松原千代繁と鼎談	大阪

●著書

発行年月	書名	ジャンル	発行所
１９７７年12月	闇への憧れ～所詮、死ぬまでの《ヒマツブシ》～	エッセイ	創世記
１９８０年２月	破恋痴タウン	小説	徳間書店
１９８１年１月	いろかぶれ枕草紙	小説	日刊スポーツ出版社
１９８１年２月	快盗ルパンパン	小説	徳間書店（Tokuma novels）
１９８４年12月	官能の宴	小説	徳間書店
１９８６年４月	空海に出会う	エッセイ	旺文社
１９８７年２月	星の林に月の舟～怪獣に夢見た男たち～	小説	大和書房
１９８８年１月	ウルトラマンのできるまで	エッセイ	筑摩書房ちくまプリマーブックス
１９８８年２月	夜ごとの円盤～怪獣夢幻館～	エッセイ	大和書房
１９９０年３月	ウルトラマンに夢見た男たち	エッセイ	筑摩書房ちくまプリマーブックス
１９９１年６月	星屑の海～冬の怪獣たち～	小説	筑摩書房
１９９１年７月	旅の軽さ	エッセイ	淡交社
１９９３年６月	ウルトラマンの東京	エッセイ	筑摩書房ちくまプリマーブックス
１９９３年10月	ウルトラマンＶｏｌ．１〈ゴールドラッシュ作戦〉	小説	小学館（スーパークエスト文庫）
１９９４年10月	チェレスタは星のまたたき～世紀末のクラシックと劇場空間～	エッセイ	日本テレビ放送網
１９９５年１月	ウルトラセブンＶｏｌ．１〈狙われた星〉	小説	小学館（スーパークエスト文庫）
１９９５年11月	ナメてかかれ！	エッセイ	風塵社
１９９６年７月	ちんぷんかんのうき世かな～東京デカメロン１	小説	風塵社
１９９６年11月	未完成交響曲～東京デカメロン２	小説	風塵社
１９９６年12月	小説ジャイアンツ・ナイター	小説	風塵社
１９９７年５月	立て！キンダーマン	小説	風塵社
２００１年７月	怪獣な日々　わたしの円谷英二１００年	エッセイ	筑摩書房
２００２年１月	昭和電車少年	エッセイ	ＪＴＢ
２００６年６月	ウルトラマン誕生	エッセイ	筑摩書房ちくま文庫

『実相寺昭雄　略年譜』

１９３７年（昭和12年）3月29日　東京四谷に生まれる。
１９４０年　中国山東省青島市へ移住。
１９４３年　帰国し、東京の滝野川に住む。暁星小学校二年生へ編入。
１９４４年　内蒙古張家口へ移住。
１９４５年　満州で敗戦を経験し、帰国。
１９４６年　暁星小学校4年生に復学。
１９４９年　暁星学園へ進学（中高一貫校）
１９５５年　早稲田大学第一文学部仏文科入学。
１９５７年　在学中に外交官試験に合格し、外務省に勤務するため、早稲田大学第二文学部へ転籍。

１９５９年　早稲田大学第二文学部仏文科卒業、ラジオ東京（現ＴＢＳ）に入社。演出部に配属される。
１９６１年　『歌う佐川ミツオ・ショー』の中継で演出家としてデビュー。
１９６２年　『おかあさん』の〈あなたをよぶ声〉でテレビドラマ初演出。
１９６３年　12月31日の歌番組で美空ひばりを撮るも、視聴者から抗議が殺到する。
１９６４年　スタジオドラマ『でっかく生きろ！』を降板させられ、干される。原知佐子と結婚。パリに遊学。
１９６５年　ＴＢＳ映画部へ異動し、円谷プロへ出向。
１９６６年　『ウルトラマン』で『ウルトラ』シリーズの仕事が始まる。
１９６７年　長女・吾子、生まれる。
１９６９年　自主製作の『宵闇せまれば』で映画監督デビュー。
１９７０年2月、ＴＢＳを退社。映像制作会社「コダイ」（現・株式会社コダイ）の設立に参加。長編映画第一作『無常』を監督、ロカルノ国際映画祭グランプリ受賞。
１９７１年　『シルバー仮面』（宣弘社）を手がけるも低視聴率となり、以後、テレビ映画から離脱。
１９７４年　三島由紀夫の『癩王のテラス』を演出。舞台の演出も手がけるようになる。
１９７７年　初の著書となる『闇への憧れ』を上梓。以後、エッセイや小説を書くようになる。『歌麿　夢と知りせば』でメジャー映画へデビュー。
１９７８年　テレビ番組『オーケストラがやって来た』の演出を担う。
１９７９年　テレビシリーズを再編集した『実相寺昭雄監督作品ウルトラマン』公開。
１９８３年　テレビドラマ『波の盆』で文化庁芸術祭大賞を受賞。
１９８７年　小説『星の林に月の舟 怪獣に夢見た男たち』（大和書房）を上梓。
１９８８年　『帝都物語』を監督。
１９９５年　東京藝術大学教授に。『ウルトラマンティガ』で『ウルトラ』シリーズに復帰。
１９９８年　モーツァルト『魔笛』を演出。
２００６年11月29日、胃癌のため東京都文京区の病院で死去。享年69。戒名は「龍徳院禅徹定昭居士」。

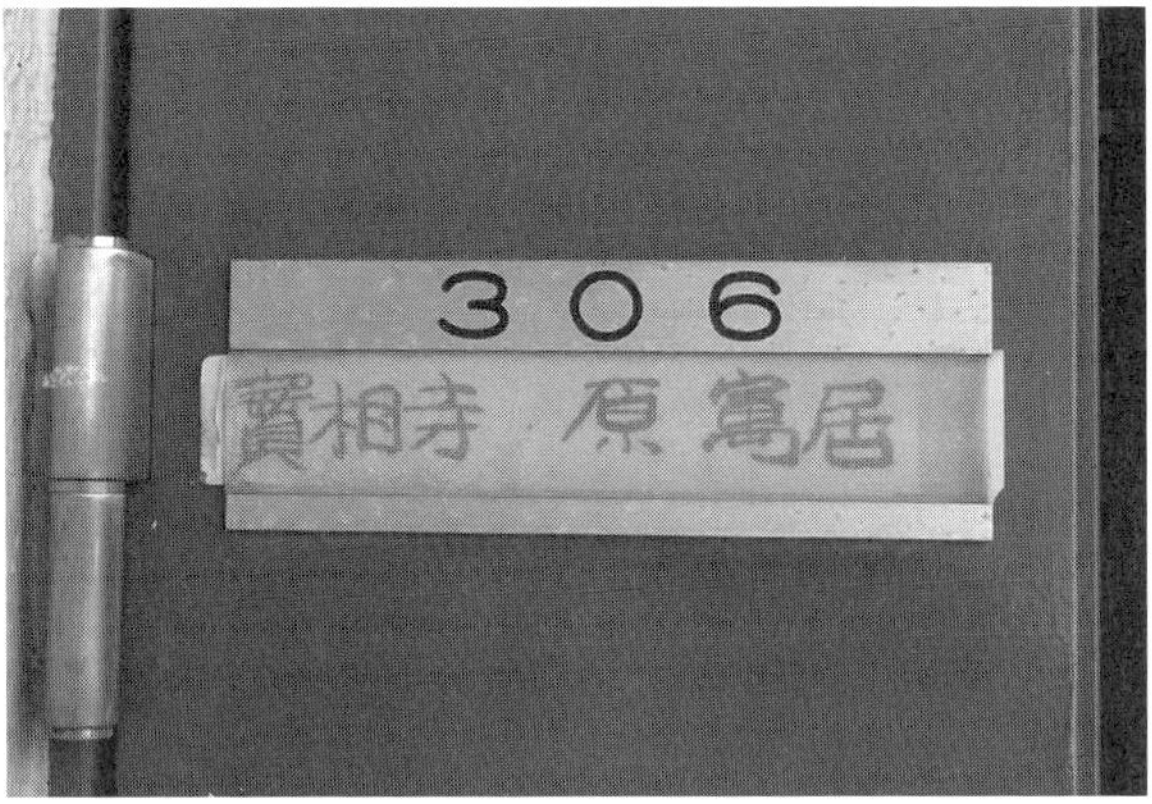
306
寶相寺 原 寓居

樋口尚文（ひぐち・なおふみ）

1962年生まれ。映画評論家、映画監督。

私立芝高校時代から早稲田大学政治経済学部在学中にかけて監督した自主映画が大島渚、大林宣彦らに激賞され、ぴあフィルムフェスティバル（PFF）ほか数々の賞を受賞し、イメージ・フォーラム主催のダゲレオ映像評論賞にも入賞。1985年に処女評論集を刊行し映画評論家デビュー。朝日新聞、キネマ旬報、Yahoo! ニュースなどに映画評論を寄稿。文化庁芸術祭、芸術選奨、キネマ旬報ベスト・テン、毎日映画コンクール、日本映画プロフェッショナル大賞、日本民間放送連盟賞、藤本賞などの審査員を委嘱される。

また、1987年に電通に入社、以来30年にわたってクリエーティブ局のCMプランナー、クリエーティブ・ディレクターとして膨大なTVCMを企画。2013年、閉館する映画館・銀座シネパトスを舞台にした劇場用映画『インターミッション』で映画監督デビュー。

主な著書に『大島渚のすべて』（キネマ旬報社）、『黒澤明の映画術』（筑摩書房）、『グッドモーニング、ゴジラ　監督本多猪四郎と撮影所の時代』（筑摩書房／国書刊行会）、『ロマンポルノと実録やくざ映画』（平凡社新書）、『「砂の器」と「日本沈没」70年代日本の超大作映画』（筑摩書房）、『女優水野久美』（洋泉社）、『万華鏡の女 女優ひし美ゆり子』（筑摩書房）、『女優と裸体』（読売新聞社）、『映画の復讐』（フィルムアート社）、『テレビ・トラベラー 昭和・平成テレビドラマ批評大全』（国書刊行会）、『テレビヒーローの創造』（筑摩書房）、『「月光仮面」を創った男たち』（平凡社新書）ほか。

叢書・20世紀の芸術と文学

実相寺昭雄《じっそうじあきお　**才気《さいき》の伽藍《がらん》**

鬼才映画監督の生涯と作品

第1刷発行　2016年12月25日

著者●樋口尚文
編集・制作●中川右介
発行人●茂山和也
発行所●株式会社アルファベータブックス
〒102-0072　東京都千代田区飯田橋 2-14-5 定谷ビル
電話 03-3239-1850 Fax 03-3239-1851
http://ab-books.hondana.jp/
E-mail alpha-beta@ab-books.co.jp

印刷●株式会社エーヴィスシステムズ
製本●株式会社難波製本

ISBN 978-4-86598-024-0 C0374